AMIR LEVINE

Uzun yıllar insan davranışı, yetişkin ve anne bebek psikolojisi üstüne araştırmalar yaptı. Yetişkin, çocuk, ergen psikiyatristi ve nörobilimci olan Amir Levine, Columbia Üniversitesi'nde psikiyatri doçenti ve SecureLab'in direktörlüğünü yapıyor. Bireysel, çift ve aile terapisi veriyor. İnsanların daha güvenli hissetmelerini hedefleyen yeni bağlanma nörobilimi temelli tedaviler üstüne terapistlere eğitimler veriyor ve çalışmalarını denetliyor. Alanında çok sayıda ödül sahibi.

RACHEL S.F. HELLER

Columbia Üniversitesi'nde davranış bilimleri (psikoloji, antropoloji ve sosyoloji) alanında lisans, sosyal psikoloji alanında yüksek lisans eğitimi aldı. Kamu ve özel sektörde yönetici psikolog olarak görev yapıyor. Çalışmalarında bağlanma temelli ilkeleri bilişsel davranışçı terapi, kabul ve bağlılık terapisi ve deneyim temelli yaklaşımlarla bütünleştiriyor.

BAĞLANMA

AŞKI BULMANIN VE KORUMANIN
BİLİMSEL YOLLARI

AGANTA KİTAP
009

Bağlanma - Aşkı Bulmanın ve Korumanın Bilimsel Yolları
Özgün adı: Attached: The New Science of Adult Attachment and How It Can Help You Find –and Keep– Love

Birinci Basım Nisan 2018
Yirmi Sekizinci Basım Ocak 2026

ISBN 978-605-2389-40-9
Sertifika 52101

İngilizceden çeviren: Ebrar Güldemler

Editör: Tülin Er
Kapak tasarımı: Tane Mavitan
Teknik hazırlık: Tila Sadeki

Aganta Kitap
Notos Kitap Yayıncılık Eğitim Danışmanlık
ve Sanal Hizmetler Tic. Ltd. Şti.'nin tescilli markasıdır.
Ömer Avni Mahallesi, Prof. Dr. Tarık Zafer Tunaya Sokak
No: 11/6 Gümüşsuyu Beyoğlu İstanbul
0212 243 49 07
www.notoskitap.com
instagram.com/AgantaKitap
facebook.com/AgantaKitap
x.com/AgantaKitap

Baskı ve Cilt
İmak Ofset Basım Yayın A.Ş.
Akçaburgaz Mh. 137. Sk. No:12
34522 Esenyurt İstanbul
Sertifika 71320
0212 800 13 13

AMIR LEVINE
RACHEL S.F. HELLER

BAĞLANMA

AŞKI BULMANIN VE KORUMANIN BİLİMSEL YOLLARI

İNGİLİZCEDEN ÇEVİREN
Ebrar Güldemler

Büyük dalgaların içine atlamayı öğreten babama ve
bilimsel keşfi çocukluğumun bir parçası haline getiren anneme
Amir Levine

Aileme
Rachel S.F. Heller

İÇİNDEKİLER

GİRİŞ

İlişki Davranışını Çözümlemek

- *Sadece iki haftadır o adamla çıkıyorum ve daha şimdiden beni çekici bulup bulmadığı, arayıp aramayacağı konusunda çaresizce endişelenmeye başladım. Yeterince iyi olmadığım konusundaki korkularım başlar başlamaz da o kendini gerçekleştiren kehanetin yaşanacağını, bir ilişki şansını daha mahvedeceğimi biliyorum!"*
- *Benim derdim ne? Gayet başarılı, kariyeri sahibi, yakışıklı, akıllı bir adamım. Verecek çok şeyim var. Birkaç harika kadınla çıktım ama kaçınılmaz şekilde, birkaç hafta içinde kendimi tuzağa düşmüş hissetmeye başlıyorum. Dengim olan birini bulmak bu kadar zor olmamalı."*
- *Kocamla yıllardır evliyiz, yine de kendimi yalnız hissediyorum. Benimle duygularını ya da ilişkimizi konuşmazdı zaten ama her şey gittikçe daha da kötüleşiyor. Hafta içi her akşam işyerinde mesaiye kalıyor ve hafta sonları ya arkadaşlarıyla golf oynamaya gidiyor ya da televizyonda spor kanalına takılıp kalıyor. Bizi bir arada tutan hiçbir şey yok. Belki de yalnız olsam daha iyi.*

Bu sorunların her biri çok acı verici ve insanların hayatındaki en derin noktalara dokunuyor. Fakat yine de hiçbir açıklama ya da çözüm meseleyi açıklığa kavuşturmuyor. Her vaka kişisel ve kendine has görünüyor, her biri sonsuz sayıdaki olası temel sorundan kaynaklanıyor. Nedenleri çözümlemek, konuya dahil olan insanları çok iyi tanımayı gerektiriyor. Geçmişleri, önceki ilişkileri, kişilik yapıları bir terapistin takip etmesi gereken yollardan sadece birkaçı. En azından ruh sağlığı alanında uzman kişiler olan bizler böyle öğrendik ve inandık; ta ki yukarıdaki üç sorun ve daha fazla sorunun tek bir basit açıklamasının olduğunu keşfedene kadar. Bu keşfin hikâyesi ve ardından gelenler bu kitapta anlatılıyor.

AŞK YETER Mİ?

Birkaç ay önce yakın arkadaşımız Tamara yeni biriyle görüşmeye başladı:

Greg'i ilk gördüğümde Greenwich Bulvarı'nda ona doğru yürüyordum, bir merdivende oturuyordu. İnanılmaz derecede yakışıklıydı ve gözüne çarptığım gerçeğini gurur verici buldum. Birkaç gün sonra başka insanlarla beraber yemeğe çıktık ve bana baktığında gözlerindeki heyecan pırıltısına karşı koyamadım. Fakat sözlerini ve birliktelik imasını daha cazip buldum. Yalnız olmama vaadi. "Tamara, tüm gün evde yalnız olmak zorunda değilsin, gel benim evimde çalış," gibi şeyler söylüyordu. "Beni ne zaman istersen arayabilirsin." Bu ifadelerde rahatlık vardı: birine ait olmanın ve dünyada yalnız olmamanın konforu. Daha dikkatli dinleseydim, vaadiyle ters düşen başka bir mesajı da kolaylıkla duyabilirdim. Greg'in çok yakınlaşmaktan korktuğu ve bağlanmaktan rahatsızlık duyduğunu açıkça ortaya koyan mesajı. Birkaç kez, oturmuş bir ilişkisinin hiç olmadığını ve her nedense kız arkadaşlarından yorulduğunu ve hayatına devam etme ihtiyacı hissettiğini söyledi.

Bu meseleleri potansiyel olarak sorunlu diye tanımlayabilsem de o zaman bu imaları doğru bir şekilde nasıl değerlendireceğimi bilmiyordum. Elimde rehber olarak hepimizin çocukken öğrendiği o inanç vardı: aşkın her şeyi fethettiği inancı. Ve böylece aşkın beni fethetmesine izin verdim. Benim için hiçbir şey onunla birlikte olmaktan daha önemli de-

ğildi. Bir yandan, bağlanmayı beceremediğine dair başka mesajlar da veriyordu. Benimle işlerin farklı olacağına dair güvenle onları umursamıyordum. Tabii ki hata ediyordum. Yakınlaştıkça, verdiği mesajlar daha da tutarsız olmaya başladı, her şey dağılıyor gibiydi. Bana o ya da bu gece buluşamayacak kadar meşgul olduğunu söylüyor ve hafta sonu buluşmayı teklif ediyordu. Kabul ediyordum fakat bir şeylerin ters gittiğini hissediyordum, neydi peki?

O andan itibaren hep endişeliydim. Nerede olduğuna kafam takılıyordu ve ayrılmak istediği iması taşıyan herhangi bir şeye karşı aşırı duyarlıydım. Fakat her ne kadar Greg'in davranışları memnuniyetsizliğini yeterince ortaya koysa da tam gerektiği yerde şefkat göstermesi ve özür dilemesi beni ayrılmaktan alıkoyuyordu.

Bir süre sonra iniş çıkışlar beni yıpratmaya başladı ve duygularımı kontrol edemez oldum. Nasıl davranacağımı bilmiyordum ve durumun farkında olsam da arama ihtimaline karşın arkadaşlarımla plan yapmaktan kaçınıyordum. Benim için önemli olan her şeye ilgimi kaybetmiştim. İlişkinin bu gerilime dayanamayacak hale gelip son bulması çok sürmedi.

Arkadaşları olarak bizler, Tamara'nın kendisini heyecanlandıran biriyle görüşmesine başta sevindik fakat ilişki ilerledikçe, onun sürekli Greg'le meşgul olmasından endişelenmeye başladık. Canlılığının yerini kaygı ve güvensizlik almıştı. Bizimle birlikte eskiden keyifle geçirdiği vakitleri artık ya Greg'den telefon bekleyerek ya da ilişkisi için endişelenerek geçiriyordu. İş hayatının da iyi gitmediği aşikârdı ve bir noktada işini kaybedeceğinden kaygılandığını söyledi. Biz Tamara'yı daima son derece dirençli ve çok yönlü biri olarak görmüşüzdür fakat güçlü biri olduğu konusunda yanıldığımızı düşünmeye başladık. Tamara, Greg'in ciddi bir ilişki sürdürememe geçmişinin ve belirsizliğinin, hatta kendisinin onsuz daha mutlu olabileceğinin de farkında olmasına rağmen, kendinde ondan ayrılacak gücü bulamıyordu.

Biz ruh sağlığı uzmanları olarak, Tamara gibi akıllı ve entelektüel bir kadının gerçek benliğinden nasıl bu kadar uzaklaştığını anlamakta zorlandık. Bu kadar başarılı bir kadın neden böyle çaresiz bir tutum içindeydi? Yaşamdaki zorlukların çoğuna kolayca adapte olmasıyla bilinen biri, bunda neden böyle güçsüzdü? Denklemin diğer tarafı da aynı ölçüde kafa karıştırıcıydı. Greg, bizim baktığımız yerden bile onu *sevmiş* olduğu çok net görülmesine rağmen neden karmaşık mesajlar veriyordu? Bu sorulara bir sürü karmaşık psikolojik yanıt verilebilir fakat bu duruma, basit olmakla birlikte içgörülü bir yanıt beklenmedik bir yerden geldi.

ANNE-BEBEK TERAPİSİNDEN YETİŞKİN AŞKININ BİLİMSEL UYGULAMASINA

Tamara Greg'le çıkarken, Amir Kolombiya Üniversitesi'ndeki anne-bebek terapisinde yarızamanlı olarak çalışıyordu. Genellikle ev içi şiddet sonucu yaşanan Travma Sonrası Stres Bozukluğu (TSSB) çeken annelere bağlanma-yönlendirmeli bir terapi uyguluyordu. Bu anneler bebekleriyle ilgilenirken TSSB semptomları –geçmişe dönüş, şaşkınlık, duygusal donukluk– yaşıyordu. Çocuğun ağlaması ya da yere attığı bir oyuncak, annenin TSSB belirtilerini tetiklemeye yetiyordu. Bu da geri çekilmesine sebep oluyor ve çocuğuyla güvenli bir bağ kurmaktan onu alıkoyuyordu. Aslında, bu vakaların neredeyse hepsinde çocuklar anneleriyle güvensiz bir bağ kurdu ve güvensiz bir bağlanma stili ortaya koydular.

Bağlanma stilleri ilk olarak Mary Ainsworth tarafından keşfedildi. Bağlanma teorisinin kurucusu John Bowlby'le de çalışmış olan Ainsworth bu alana en önemli katkılarda bulunanlardan biridir. Anne-bebek etkileşimlerini gözlemlerken, bebeklerin ve çocukların bakım veren kişiyle üç belirgin bağlanma şekli geliştirdiğini gözlemledi: *Güvenli, Kaygılı* ve *Kaçıngan.* (Daha az rastlanan karmaşık, kaygılı ve kaçınganın birleşimi olarak sonradan listeye eklendi.) Güvenli bağlanma kurmuş bebekler dünyayı keşfetmekte, öğrenmek ve gelişmekte, yorgun ya da kızgın olduklarında rahat ve güvende hissetmek için annelerini güvenli dayanak olarak kullanabiliyor. Güvensiz bağlanma (kaygılı veya kaçıngan) stiline sahip olanlar ya sakinleşmek için annesinin nerede olduğunu bilmeye ihtiyaç duyuyor (kaygılı) ya da ihtiyaç duyduğunda güvenli bir dayanak olmak için annesi fazlasıyla yabancı kalıyor (kaçıngan).

Amir anne-bebek terapisinde annenin çocuğuyla daha güvenli

bir bağ yaratmasına yardımcı olmak için bağlanma-yönlendirmeli terapi uyguladı. TSSB sahibi anneler sık sık çocuk davranışına yetişkin niyeti yükleme eğiliminde olur –"Çok hırçın, benden nefret ediyor"– ve Amir de durumun bu olmadığını, çocuğun aslında anneyle bağ kurmak için aşırı heyecanlı olduğunu nazikçe gösterirdi. Anneye, kendi yıkıcı travması ve TSSB belirtileri ile çocuğun davranışlarını ayrıştırmayı öğreterek çocuğuyla yeniden bağ kurmasında yardımcı olurdu. Bu bağlanma temelli müdahalelerin sonucu dikkat çekiciydi. Çocuğun öfke nöbetleri azalır, anne daha güvenli ve sakin hisseder, çocuktan kaynaklanan TSSB belirtilerinde göze çarpan bir azalma yaşanırdı.

Bağlanma-yönlendirmeli tedavinin anneyle çocuk arasındaki ilişkiye olan güçlü etkisi, Amir'i bağlanma teorisi hakkındaki bilgilerini derinleştirmeye sevk etti. Bu da sonunda onun için muhteşem bir keşfin yolunu açtı. Cornell Üniversitesi İnsan Ekolojisi bölümünden Cindy Hazan ile California-Davis Üniversitesi'nden Phillip Shaver'ın elde ettiği ilk araştırma bulgularında, çocukların ebeveynlerine bağlanma biçimiyle yetişkinlerin partnerlerine bağlanma modelinin benzerlik taşıdığına dikkat çekiliyordu. Amir yetişkin bağlanması hakkında daha çok okudukça, çevresindeki yetişkin bağlanma davranışlarını incelemeye başladı. Bu keşfin, günlük yaşamda çığır açacak anlamlar ifade edebileceğini fark etti.

GÜVENLİ, KAYGILI VE KAÇINGAN

Bağlanma teorisi, yetişkinlerin romantik ilişkilerde yakınlığı algılayışı ve tepkileriyle ilgili olarak çocukluktakine paralel üç ana "bağlanma" stili olduğunu ortaya koyar: Bunlar, Güvenli, Kaygılı ve Kaçıngan olarak ifade edilir. Basitçe, *güvenli* insanlar yakınlık konusunda rahattır, çoğunlukla sevecen ve sevgi doludur. *Kaygılı* insanlar yakınlık ihtiyacındadır, kafaları çoğunlukla ilişkileriyle meşguldür ve partnerinin sevgisine karşılık verip veremeyeceği konusunda endişe duyma eğilimindedir. *Kaçıngan* insanlar yakınlığı özgürlüğün kaybedilmesiyle eş tutar ve sürekli asgari düzeyde tutma çabasındadır. Ayrıca bu bağlanma stillerine sahip olanlar şu noktalarda birbirinden ayrılır:

- Yakınlığa ve birlikteliğe bakışları
- Çatışmayla başa çıkma yöntemleri
- Cinselliğe karşı tutumları
- İstek ve ihtiyaçlarını ifade etme becerileri
- Partnerlerinden ve ilişkilerinden beklentileri

Toplumumuzdaki herkes, ister birisiyle yeni çıkmaya başlamış ister kırk yıllık evli olsun, bu kategorilerden birine girer veya nadir olsa da son ikisinin (kaygılı ve kaçıngan) bir karışımıdır. İnsanların yüzde 50'den biraz fazlası güvenli, yaklaşık yüzde 20'si kaygılı ve yüzde 25'i kaçıngandır. Kalan yüzde 3-5 arası ise daha az yaygın olan *karmaşık* kategorisine girer.

John Bowlby 1950'lerde ve 1960'larda, bağlanma temellerinin beynimizde oluştuğu ve yaşam boyu sürdüğü yorumunda bulundu. Sadece çocukluktaki davranışlarımızı değil, yetişkinlik hayatımız boyunca romantik ilişkilerimizi de kontrol etmeyi sürdürdüğüne inanıyordu. Fakat bu fikir ancak yaklaşık otuz yıl sonra, 1987'de Cindy Hazan ve Phillip Shaver tarafından test edildi. Ufuk açan makalelerinde, yetişkinlerin çocuklarda görülen üç bağlanma stilinden birine sahip olduğunu kanıtladılar. Hazan ve Shaver'ın çalışması tamamen yeni bir araştırma alanı –yetişkin bağlanması– açtı ve geçtiğimiz yirmi yıl boyunca yetişkinlerin yakın ve romantik bağlarını çözümleyen yüzlerce bilimsel makale, onlarca kitap yayımlandı. Bu araştırmalar Amerika, Avustralya, Kanada, Almanya, İsrail, İtalya, Portekiz, Hollanda ve İngiltere'nin de içinde olduğu pek çok ülke ve kültürde, yetişkinlerin bu bağlanma stillerine sahip olduğunu doğruladı.

Bağlanma stillerini anlamak, insanların herhangi bir romantik durumdaki davranışlarını anlamanın ve öngörmenin kolay, güvenilir bir yoludur. Aslında bu teorinin ana mesajı, romantik ilişkilerde önce*den belirlenmiş* bir şekilde davranmaya programlı olduğumuzdur.

Bağlanma Stilleri Nereden Gelir?

Önceleri, yetişkin bağlanma stillerinin asıl olarak büyütülme şeklinizin ürünü olduğu düşünülürdü. Dolayısıyla şu anki bağlanma stilinizin bebekken size nasıl bakıldığıyla ilgili olduğu sanılırdı: Ebeveynleriniz hassas, ihtiyaç duyduğunuzda yanınızda ve duyarlı insanlarsa, güvenli bir bağlanma stiliniz olur. Duyarlılıkları değişkenlik gösterdiyse kaygılı bir bağlanma geliştirirsiniz. Uzak, sert ve duyarsız bir tavır takınmışlarsa kaçıngan bir bağlanma stiliniz olur. Günümüzde yetişkin bağlanmasının çeşitli etkenlerin etkisi altında kaldığını ve bunlardan yalnızca birinin, ebeveynlerin bize bakma biçimi olduğunu biliyoruz. Genlerimizin ve yaşam deneyimlerimizin de dahil olduğu diğer etkenlerin de rolü var. Daha fazlası için ikinci kısımdaki "Rahatça Yakınlaşmak: Güvenli Bağlanma Stili" bölümüne bakabilirsiniz.

ERGEN MERAKINDAN YAŞAM PROJESİNE

Bağlanma teorisinin yetişkin ilişkilerindeki etkisini keşfeden Amir'in ilk yaptığı şey, Rachel'ı aramak oldu. Arkadaşlığımız lisede başladığı için, bu bizim alışkanlık haline getirdiğimiz bir şeydi. İnsan davranışına dair yeni bir içgörü kazandığımızda birbirimizi arardık. Gençlik yıllarımızda bu, ev telefonunun kordonunu uzatıp odamıza götürmek anlamına gelirdi; bu yüzden evin diğer sakinleri değerli telefon zamanını meşgul ettiğimiz için sabırsızlanırken, biz bulduğumuz yeni içgörüler üzerine uzun uzun konuşurduk.

Amir aradığında, bu kez aramızda birer cep telefonu ve birkaç saat fark vardı. Artık meraklı ve genç öğrenciler değildik. Amir psikiyatr ve nörolog olmuştu. Rachel da eğitim psikoloğu olarak çalışıyordu. "Bence en iyisi bunu bir yere oturup öyle dinle," dedi Amir. "Yakın zamanda, insanların romantik ilişkilerde ne kadar farklı davranabildiğini çok isabetli biçimde ifade eden bir teori hakkında çok ama çok fazla okuma yaptım; bayağı ürkütücüydü." Bağlanma teorisinin, yetişkin ilişkilerindeki çeşitli davranışları nasıl etkin biçimde tanımladığını açıklamaya devam etti. Rachel'dan akademik çalışmaları ve bilimsel verileri, insanların kullanabileceği pratik rehberlere ve öğütlere çevirme konusunda yardım isterken Amir'in heyecanı hissediliyordu. "Yapılacak çok iş var," dedi. "Var mısın?" Böylece işe koyulduk, ara ara canımızı dişimize takarak öyle çok çalıştık ki yine telefonda çok konuştuğumuzu düşünen sevdiklerimiz halimize yazıklanır oldu.

TAMARA VE GREG: YENİ BİR BAKIŞ AÇISI

Arkadaşımız Tamara'nın hikâyesine yeniden baktığımızda, onu yeni bir bakış açısıyla değerlendiriyoruz. Greg'in –kaçıngan bağlanma stiline sahip– bir prototipini de içeren bağlanma araştırmasının her detayı doğruydu. Nasıl düşündüğü, nasıl davrandığı ve tepki verdiğini özetliyordu. Mesafe koyuşunu, Tamara'da kusur buluşunu, ilişkilerinin ilerlemesine mâni olan kavgalarını ve "seni seviyorum" demekte aşırı zorlanışını öngörüyordu. Tuhaftır ki araştırma sonuçları, Tamara'ya yakın olmak isterken onu ittiğini açıklıyordu – bunun (Tamara'nın sandığı gibi) ondan "hoşlanmaması" ya da onun "yeterince iyi olmaması"yla ilgisi yoktu. Aksine bunlar, Greg yakınlık ve samimiyetin arttığını hissettiğinde yaşanıyordu.

Sonradan anlaşıldı ki Tamara yalnız değildi. Teori onun davranışlarının, düşüncelerinin ve tepkilerinin, kaygılı bağlanma stiline sahip biri için tipik olduğunu şaşırtıcı bir kesinlikle açıklıyordu. Greg'in uzaklaşması karşısında onun gittikçe artan tutunuşunu öngörüyordu; ayrıca işe odaklanamayışını, kafasının sürekli ilişkiyle meşgul olmasını ve Greg'in yaptığı her şeye karşı fazla duyarlı oluşunu da öngörüyordu. Greg'den ayrılmaya karar verse bile bunu yapacak cesareti toplayamayışını da ortaya koyuyordu. Kendi kanaati ve yakın arkadaşlarının nasihatlerine rağmen, ona yakın olmak için neden elinden gelen her şeyi yaptığını gösteriyordu. En önemlisi de bu teori, Tamara ile Greg'in birbirlerini sevmelerine rağmen neden geçinemediklerini açıklıyordu. İki farklı dil konuşuyorlardı ve birbirlerinin doğal eğilimlerini tetikliyorlardı – Tamara'nınki fiziksel ve duygusal yakınlık, Greg'inki özgürlük tercihi ve yakınlıktan kaçıştı. Teorinin çifti tanımlamadaki kusursuzluğu olağanüstüydü. Uzmanlar, bu çiftin en mahrem anlarını ve özel düşüncelerini gizlice dinlemiş gibiydi. Psikolojik yaklaşımlar bazen muğlak ve yoruma açık olabilir. Fakat bu teori, kendine has bir ilişkiye dair kanıtlara dayalı ve tastamam doğru (yanıltıcı ve tahmini olmayan) bir içgörü geliştirmeyi başarmıştı.

Kişinin kendi bağlanma stilini değiştirmesi imkânsız değildir ama –ortalama dört kişiden biri, dört yıllık dönemlerle bunu yapabilir– çoğu insan bundan habersizdir. Yani bu değişimler, onlar farkında bile olmadan (ya da neden olduğunu bilmeden) gerçekleşir. Hayatı değiştirebilecek güçteki bu değişimlerde insanların biraz kontrolünün olmasını sağlasak harika olmaz mı, diye düşündük. Hayatın onları dört bir yana savurup durmasındansa daha sağlam bağlanma stilleri geliştirseler, ne büyük bir fark yaratılmış olurdu!

Bu üç bağlanma stilini öğrenmek gerçek anlamda gözümüzü açtı; yetişkin bağlanma davranışının her yerde olduğunu keşfettik. Kendimizin ve çevremizdekilerin romantik ilişkilerdeki davranışlarını yeni bir bakış açısıyla ele alabiliyorduk. Hastaların, iş arkadaşlarının ve dostların bağlanma stillerini belirleyebildiğimizde, ilişkilerini farklı şekilde yorumlayıp daha büyük bir netlik elde edebildik. Davranışları artık karmaşık ve kafa karıştırıcı görünmüyor, aksine bu şartlar altında tahmin edilebilir geliyordu.

EVRİMSEL BAĞLAR

Bağlanma teorisi, genlerimize işlemiş yakınlık kurma ihtiyacını temel alır. John Bowlby'nin dâhiyane fikri, evrimsel olarak hayatımızdaki bazı bireyleri seçip ayırmaya ve değerli kılmaya programlı olduğumuzu ortaya çıkardı. Bir eşe bağlı olacak şekilde yetiştirildik. Bu ihtiyaç rahimde başlar ve ölünce sona erer. Bowlby, evrim boyunca genetik seçilimin bağ kuranlardan yana olduğunu ortaya attı. Tarihöncesi zamanlarda sadece kendilerine güvenen ve kendilerini koruyacak kimsesi olmayan insanlar av olmaya daha yatkındı. Kendisiyle yakından ilgilenen birine sahip olanların hayatta kalma şansı artıyor, yakın bağlar kurma tercihlerini yavrularına da aktarıyorlardı. Aslında, özel birine yakın olma ihtiyacı o kadar önemlidir ki beynimizde bağlanma figürlerimizle (ebeveynler, çocuklar ve partnerler) bağlantı kurma ve bunları düzenleme için özel bir biyolojik mekanizma var. *Bağlanma sistemi* adı verilen bu mekanizma, sevdiklerimizin yanındayken güvende olmayı ve korunmayı sağlayan davranış ve duygulardan oluşur. Bu mekanizma, bir çocuğun annesinden ayrıldığında neden paniğe kapıldığını, çılgınca arandığını ve onunla yeniden bağlantı kurana kadar neden kontrolsüzce ağladığını açıklar. Bunlara *tepkisel davranışlar* denir ve yetişkinler olarak bunları hâlâ sergileriz. Tarihöncesi zamanda bir partnere yakın olmak ölüm kalım meselesiydi ve bağlanma sistemimiz bu tür bir yakınlığı kesin gereklilik olarak görecek şekilde gelişti.

Partnerinizin New York'tan Londra'ya uçtuğu akşam Atlantik'te bir uçak kazası olduğu haberine rastladığınızı düşünün. Midenize çöken o hisle birlikte gelen isteri hali bağlanma sisteminizin iş başında olduğuna işaret eder. Telaş içinde havalimanını arayışınız, sizin tepkisel davranışınızdır.

Evrimin en önemli yanlarından biri heterojenliktir. İnsanlar görünüşte, tavırda ve davranışta büyük değişkenlikler gösteren oldukça heterojen bir türdür. Bu da varlığımızın büyüklüğünü ve dünyada neredeyse her türlü çevresel konuma uyum sağlayabilme yeteneğimizi gösterir. Eğer aynı olsaydık, en ufak bir çevresel zorluk hepimizi dünyadan silebilirdi. Çeşitliliğimiz, toplumun bazı bakımlardan özgünlüğü olan kesiminin, diğerlerinin hayatta kalmayacağı durumlarda hayatta kalma ihtimalini artırır. Bağlanma stili de diğer insani özelliklerden farklı değildir. Hepimiz yakın ilişkiler kurma ihtiyacı hissetsek de bunları oluşturma şeklimiz farklılık gösterir. Çok tehlikeli bir ortamda tek bir insana zaman ve enerji harcamak kârlı olmaz, çünkü çok uzun süre oralarda olmayacaktır; daha az bağlanıp yoluna devam etmek (kaçıngan bağlanma stili) daha mantıklı olur. Zorlu bir ortamda diğer seçenek de tam tersi davranmak, bağlanma figürünüze olabildiğince ısrarcı ve aşırı tetikte yaklaşmaktır (kaygılı bağlanma stili). Daha huzurlu bir ortamda, belli bir bireye büyük emek vererek kurulan bağların hem karşılıklı bireylere hem de çocuklarına büyük faydası olur (güvenli bağlanma stili).

Şu bir gerçek ki, modern toplumda bizler atalarımız gibi avcılar tarafından kovalanmıyoruz, fakat evrimsel olarak, olayların bu döngüsünden sadece azıcık uzaktayız. Duygusal beynimiz bize, tamamen farklı bir dönemde yaşayan Homo Sapiens'ten miras. Duygularımız, onların karşılaştığı tehlikeler ve yaşam tarzları üzerinden şekillendi. Günümüzde ilişkilerdeki duygu ve davranışlarımız, ilk atalarımızınkinden pek farklı değil.

DİJİTAL ÇAĞDA TEPKİSEL DAVRANIŞ

Günlük hayattaki bağlanma stilleri konusundaki çıkarımlara dair yeni içgörülerimizi kuşanmış halde, insanların davranışlarını farklı bir şekilde değerlendirmeye başladık. Birinin kişisel özelliği olarak gördüğümüz ya da fazla abartılı bulduğumuz davranışlar, bağlanma teorisi objektifinden bakıldığında dosdoğru ve net bir şekilde anlaşılıyordu. Tamara'nın onu çok üzen erkek arkadaşı Greg'den ayrılmakta zorlanmasına yeni bir açıdan bakıyorduk. Bunun mutlaka zayıflıktan kaynaklanması gerekmiyordu. Her ne pahasına olursa olsun, bağlanma figürüyle bağı koparmamaya dair temel güdüden geliyordu ve bu durum, kaygılı bağlanma stiliyle de oldukça güçleniyordu.

Tamara için Greg'le kalma ihtiyacı en ufak bir tehlikede tetikleniyordu; yani başı dertte ya da sevgilisinin ulaşılmaz, duyarsız olduğu zamanlarda. Bu durumlarda, olayları akışına bırakmak evrimsel olarak bakıldığında çılgınlık olurdu. Bu açıdan değerlendirildiğinde, onu kıskandırmak gibi tepkisel davranışlar mantıklı görünüyordu.

Bağlanma teorisiyle ilgili en sevdiğimiz şey, nüfusun çoğu için geçerli olmasıydı. Terapiye gelen çiftler esas alınarak oluşturulmuş başka modellerin aksine, bunda herkes için bir şeyler vardı. Mutlu bir ilişkisi olanlar, olmayanlar, hiç tedavi görmemiş olanlar ve aktif olarak ilişki arayanlar. Bu teori, ilişkilerde sadece ters giden değil, yolunda giden şeylerden de öğrenmemizi, ayrıca ilişkiler hakkındaki kitapların çoğunda neredeyse hiç bahsedilmeyen bir grup insanı görüp dikkat etmemizi sağladı. Dahası, bu teori davranışları sağlıklı ya da sağlıksız olarak nitelendirmiyor. Bu bağlanma stillerinden hiçbiri "patolojik" durumlar değil. Aksine önceden tuhaf ya da yanlış görünen romantik davranışlar şimdi anlaşılabilir, öngörülebilir ve hatta beklenir oldu. Sizi sevdiğinden emin olmadığınız biriyle mi birliktesiniz? Gayet anlaşılır. Ayrılmak istiyor ve birkaç dakika sonra fikrinizi değiştirip çaresizce kalmaya mı karar veriyorsunuz? Bu da anlaşılır.

Ama bu davranışlar işe yarıyor mu veya bunca sıkıntıya değiyor mu? Bu başka bir mesele. Güvenli bir bağlanma stiline sahip insanlar, kendi beklentileri dahilinde iletişim kurmayı bilir ve bu teknikleri *bilmeden* de partnerinin ihtiyaçlarına etkin bir şekilde karşılık verebilir. Geri kalanımız içinse, anlamak sadece başlangıçtır. Artık etkin şekilde iletişim kurmayı ve düzgünce karşılık vermeyi öğrenmemiz gerekir.

TEORİDEN UYGULAMAYA – BAĞLANMA TEMELLİ ÖZEL MÜDAHALELER GELİŞTİRMEK

Yakınlık ve samimiyet ihtiyacı söz konusu olduğunda insanların büyük çeşitlilik gösterdiğinin ve bu farkların çatışmaya neden olduğunun anlaşılmasıyla, araştırma bulguları romantik ilişkilere yeni bir gözle bakmamızı sağladı. Bu araştırma romantik ilişkileri daha kolay *anlamayı* sağlıyordu ama bunlarda nasıl bir fark yaratabilirdik? Bu teori, insanların yakın bağlarını geliştirmeyi vaat etse de laboratuvardan çıkıp günlük hayata uygulanması henüz söz konusu değildi. İnsanları daha iyi ilişkilere yönlendirebilecek bir anahtar bulduğumuza inanarak, üç bağlanma stili ve bunların günlük olaylarla etkileşimleri konusunda olabildiğince çok şey öğrenmeye koyulduk.

Yaşamın her kesiminden insanlarla röportajlar yapmaya başladık. Çalışma arkadaşlarımız ve hastalarımızla olduğu kadar, meslekten olmayan, farklı geçmişlerden gelen, farklı yaşlardaki insanlarla da görüşmeler yaptık. Bizimle paylaştıkları ilişki geçmişlerinin ve romantik deneyimlerinin özetlerini çıkardık. İlişki içindeki çiftleri gözlemledik. Yorumlarını, tavırlarını ve davranışlarını değerlendirerek, bağlanma stillerini belirledik ve zaman zaman bağlanma temelli özel müdahaleler teklif ettik. İnsanların –nispeten kısa zamanda– birinin bağlanma stilini anlayabileceği bir teknik geliştirdik. İnsanlara, bağlanma güdüleriyle savaşmak yerine onları nasıl kullanabileceklerini öğrettik. Böylece umutsuz ilişkilerden kurtulmakla birlikte emek vermeye değer incileri keşfetmeyi de başarabilirlerdi – ve işe yaradı!

Birçok farklı ilişki durumuna uygun bir yöntem olan Uygulamalı Yetişkin Bağlanması dediğimiz şeyi oluşturduk. Çoğunlukla bekârlara ya da halihazırdaki çiftlere odaklanan diğer ilişki müdahalelerinden farklı olarak, bağlanma teorisi, romantik hayatlarının *her* aşamasındaki insanlar için faydalı uygulamaları barındırıyor. Flört edenler, bir ilişkinin ilk aşamalarında olanlar, uzun vadeli ilişkilerini sürdürenler, bir ayrılığı atlatmaya çalışanlar ya da sevdikleri birinin kaybıyla acı çekenler için de belli uygulamalar söz konusu. Bağlanma teorisi bütün bu durumlara uygulanarak verimli sonuçlar doğurabilir, böylelikle insanların sevdikleriyle yaşam boyu daha iyi ilişkiler kurmalarına rehberlik edebilir.

İÇGÖRÜLERİ EYLEME DÖKMEK

Bir süre sonra, bağlanmaya ilişkin jargon çevremizdeki insanlarda alışkanlık halini aldı. Bir terapi seansında ya da yemekte, "Onsuz yaşayamıyorum, kaçıngan olduğu kesin" ya da "Beni tanıyorsunuz, kaygılıyım. Kısa bir ilişki, ihtiyacım olan son şey" dediklerini duyuyorduk. Yakın zamana kadar bu üç bağlanma stilinden habersiz oldukları düşünülürse!..

Tamara elbette bağlanma teorisi hakkında öğrenebileceği her şeyi öğrendi. Her sohbetimizde konuyu açıp yeni keşiflerimizden haberdar oldu. En sonunda, gevşek bağlarını koparıp Greg'ten ayrılacak gücü topladı. Kısa bir süre sonra başkalarıyla görüşmeye başladı. Tamara yeni öğrendiği bağlanma bilgileri eşliğinde, artık kendisine uygun olmadığını bildiği kaçıngan bağlanma stili sahibi potansiyel adaylardan nazikçe uzak durabiliyordu. Geçmişte olsa ona günlerce acı çektirebilecek –ne düşündüğüne, arayıp aramayacağı ya da ciddi olup olmadığına kafa yoracağı– insanları çaba sarf etmeden geride bıraktı. Bunun yerine Tamara, yeni tanıştığı insanların, istediği yakın ve sevecen ilişkiye uygun olup olmadığına odaklanıyordu.

Bir süre sonra Tamara, güvenilir olduğu anlaşılan Tom'la tanıştı ve ilişkileri o kadar düzgün gelişti ki Tamara pek bahsetmedi bile. Bizimle özel ayrıntıları paylaşmak istemediğinden değil, nihayet güvenli bir temel bulduğu ve artık anlatacak krizler ve olaylar olmadığı için konuşmuyordu. Sohbetlerimiz artık genellikle yaptıkları eğlenceli şeyler, gelecek planları, yeniden tüm hızıyla ilerleyen kariyeri etrafında dönüyordu.

İLERLEMEK

Bu kitap, bağlanma araştırmasını uygulamaya geçirmemizin ürünü. Umarız siz de birçok arkadaşımız, meslektaşımız ve hastamız gibi kitabı kişisel hayatınızda daha iyi kararlar vermekte kullanırsınız. Gelecek bölümlerde, üç bağlanma stilini ve bunların romantik durumlardaki davranış ve düşünce tarzınızı hangi şekillerde belirlediğini öğreneceksiniz. Başarısızlıklarınıza yeni bir gözle bakacak, kendinizin ve diğerlerinin gerekçelerini daha net biçimde göreceksiniz. İhtiyaçlarınızı ve bir ilişkide mutlu olmak için kiminle birliktelik kurmanız gerektiğini öğreneceksiniz. Sizinkiyle çatışan bir bağlanma stiline sahip biriyle halihazırda ilişki içindeyseniz, içgörü kazanacak ve neyi neden yaptığınızı anlayarak ilişkideki tatmin düzeyinizi geliştireceksiniz. Her durumda değişimi görmeye başlayacaksınız – daha iyi yönde bir değişim elbette.

BAĞIMLILIK KÖTÜ BİR KELİME DEĞİLDİR

Birkaç yıl önce, dünyanın her yerinde birbirine karşı yarışan ve zorlu görevleri tamamlaması gereken çiftlerin olduğu bir televizyon programı vardı. Karen ve Tim programın ideal çiftiydi: güzel, çekici, akıllı ve başarılı. Karşılaştıkları çeşitli zorluklarda ilişkilerine dair özel detaylar ortaya çıkıyordu. Karen evlenmek istiyordu ama Tim isteksizdi. Tim bağımsızlığına değer veriyordu, Karen daha yakın olmak istiyordu. Yarışmanın hararetli anlarında, sıklıkla bir tartışmadan sonra, Karen Tim'in elini tutmaya ihtiyaç duyuyordu. Tim mütereddit davranıyordu, bu yakınlık ona fazla geliyordu ve Karen'ın anlık isteklerine boyun eğmek istemiyordu.

Son programa gelindiğinde, Tim ve Karen yarışı önde götürüyordu. Neredeyse büyük para ödülünü kazanmak üzereydiler ama tam bitiş çizgisinde yenildiler. Sezon finali röportajında, onlara geriye baktıklarında neyi farklı yapacakları sorulduğunda Karen dedi ki: "Bence ben Tim'e fazla muhtaç olduğum için kaybettik. Geriye dönüp baktığımda, davranışlarımın biraz aşırı olduğunu görüyorum. Yarışta sık sık Tim'in elimi tutmasını istedim. Bunun benim için neden önemli olduğunu bilmiyorum. Fakat bundan bir ders çıkardım ve artık öyle biri olmak istemiyorum. Neden elini tutmaya o kadar gerek duydum ki? Bu aptalca. Elini uzatmasını beklemeden soğukkanlılığımı korumalıydım." Tim ise daha az şey söyledi: "Bu yarışın hiçbir bakımdan gerçek hayatla alakası yok. Yaşadığım en yoğun deneyimdi. Yarış boyunca birbirimize kızacak zamanımız bile olmadı. Bir görevden diğerine koşturup durduk."

Hem Karen hem de Tim önemli bir gerçekten bahsetmekten kaçınıyordu: Birlikte yapacakları *bungee-jumping*'den önce Tim'in gözü korktu ve az kalsın yarıştan ayrılıyordu. Karen'ın teşvik etmesi ve onunla birlikte atlayacağına dair güvence vermesine rağmen, Tim bunu yapamayacaktı. Bir ara tüm ekipmanları çıkararak bırakıp gidecek noktaya geldi. Nihayetinde cesaretini toplayıp yarışa devam etti. Fakat o tereddüt ânı yüzünden yarıştaki liderliklerini kaybettiler.

Bağlanma teorisi bize, Karen'ın duygusal ihtiyaçlarını kontrol etmesi ve stres ânında kendini sakinleştirmesi gerektiğine dair varsayımının tamamen yanlış olduğunu söylüyor. O, sorunun kendisinin fazla muhtaç davranmasında olduğunu sanmıştı. Fakat araştırma bulguları tam aksini destekliyor. Beynimiz partnerimizin fiziksel ve psikolojik varlığıyla desteğine ihtiyaç duyacak şekilde düzenlenmiştir. Partnerimiz bizi güvende hissettirmekte başarısız olduğunda, o güveni sağlayana kadar girişimlerimizi sürdürmeye programlıyız. Karen bunu anlasaydı, televizyonda yayınlanan bir yarışmanın stres ânında Tim'in elini tutmak istediği için utanmazdı. Tim'e gelince, Karen'ın elini tutmasının ikisine de kazanmak için ihtiyaç duydukları gücü vereceğini bilmesi gerekirdi. Ayrıca Karen'ın ihtiyacına baştan karşılık verseydi, daha sonra onu sakinleştirmek için enerji harcamasına gerek kalmayacaktı. O talep etmeden önce, endişeli olduğunu gördüğünde elini tutabilirdi. Dahası eğer Tim Karen'ın desteğini daha hazır bir şekilde kabul etseydi, muhtemelen atlayışı daha erken yapabilecekti.

Bağlanma prensipleri bize insanların ancak giderilmemiş ihtiyaçları kadar muhtaç olduklarını öğretir. Duygusal ihtiyaçları karşılandığında –ne kadar erken o kadar iyi– ilgi dışarıya yönelir. Bu, bağlanma literatüründe "bağımlılık paradoksu" olarak geçer. İnsanlar bir diğerine ne kadar etkin şekilde bağlanırsa, o kadar cesur ve bağımsız olurlar. Karen ve Tim, aralarındaki duygusal bağı yarışta lehlerine çevirecek şekilde kullanmaktan habersizdi.

ÇOK YOL ALDIK (AMA YETERLİ DEĞİL)

Karen'ın kendini muhtaç olarak görüp suçlaması ve Tim'in bağlanma rolüne karşı özensizliği şaşırtıcı değil, onların hatası da değil. Nihayetinde hepimiz yakınlık, birliktelik ve özellikle de bağımlılığı küçümseyen, bağımsızlığı yücelten bir kültürde yaşıyoruz. Bu tavrı, zararımıza olmasına rağmen, doğru kabul ediyoruz.

İnsanların duygusal olarak kendi kendine yetmesi gerektiğine dair yanlış inanç yeni değil. Batı toplumunda yakın zamana kadar, çocuklar kendi başlarına bırakıldığında ve kendi kendilerini sakinleştirmeyi öğrendiklerinde daha mutlu olacaklarına inanılıyordu. Sonra bağlanma teorisi ortaya çıktı ve bu tavrı –en azından çocuklara karşı– değiştirdi. 1940'larda uzmanlar, üstüne titremenin ileride sağlıksız, uyumsuz yetişkinlere dönüşebilecek güvensiz, âciz çocuklar yarattığı konusunda uyarıyordu. Ebeveynlere, bebeklerine fazla ilgi göstermemeleri, saatlerce ağlamalarına izin vermeleri ve onlara katı bir zaman çizelgesine bağlı bir yemek eğitimi vermeleri söyleniyordu. Hastanelerdeki çocuklar ebeveynlerinden ayrılıyor ve ancak bir camın arkasından görülebiliyordu. Sosyal hizmet görevlileri, en ufak bir sorun alametinde çocukları evlerinden alıyor ve yetiştirme yurtlarına yerleştiriyordu.

Çocuklarla ebeveynleri arasında belli bir mesafe olması ve fiziksel şefkatin azar azar hissettirilmesi gerektiğine dair genel bir inanç vardı. 1920'lerde *Psychological Care of Infant and Child* [Bebeklerin ve Çocukların Psikolojik Bakımı] isimli ebeveynlere yönelik ünlü kitabında John Broadus Watson, "fazla sevgi"nin tehlikelerine karşı uyarmış ve kitabı *"mutlu bir çocuk yetiştiren ilk anneye"* ithaf etmişti. Mutlu bir çocuk kendi kendini idare eden, korkusuz, özgüvenli, uyumlu, çözümcü, fiziksel bir acısı olmadıkça ağlamayan, kendini işe ve oyuna vermiş, bir kimseye ya da bir yere karşı büyük bağlılığı olmayan biriydi.

1950'lerde ve 1960'larda, Mary Ainsworth ve John Bowlby'nin çığır açan çalışmalarından önce, psikologlar ebeveyn ve çocuk arasındaki bağın öneminin farkında değildi. Bir çocuğun anneyle bağının, annenin bir gıda kaynağı olmasından kaynaklandığı düşünülüyordu. Çocuk besini anneyle ilişkilendirmişti ve sonuç olarak varlığına ihtiyaç duyuyordu. Fakat Bowlby, tüm besin ihtiyaçları giderilmiş çocukların bile bir bağlanma figürü olmadığında (mesela İkinci Dünya Savaşı'nda yerlerinden edilmiş ya da kurumlarda büyütülmüş çocuklar) normal bir şekilde gelişim gösteremediklerini gözlemledi. Bu çocuklar fiziksel, zihinsel, duygusal, sosyal gelişim konusunda geri kalmıştı. Ainsworth ve Bowlby'nin çalışmaları, çocuk ile ona bakan arasındaki bağın, çocuğun hayatta kalmasında ekmek ve su kadar gerekli olduğunu açıkça ortaya koydu.

BAĞLANMA İHTİYAÇLARI: SADECE ÇOCUKLAR İÇİN DEĞİL

Bowlby bağlanmanın *tüm* bir insan hayatı boyunca davranışın önemli bir parçası olduğunu iddia etti. Fakat yetişkin bağlanması alanının öncüleri Cindy Hazan ve Philip Shaver'ın 1980'lerin sonunda *Rocky Mountain News*'de yayımladığı "aşk testi"ne dek bu varsayım kanıtlanmamıştı. Testte gönüllülerden ilişkilerdeki duygu ve tavırlarını en iyi ifade eden şıkkı işaretlemeleri istendi. Üç ifade, üç bağlanma stiliyle ilişkiliydi ve bunlar da aşağıdaki gibiydi:

- Başkalarıyla yakınlık kurmaktan, onlara tabi olmaktan ve onların da bana tabi olmasından rahatsızlık duymam. Terk edilme ya da birinin benimle fazla yakınlık kurması gibi konularda pek endişelenmem. (Güvenli bağlanma stilinin ölçütü.)
- Başkalarıyla yakın olmaktan biraz rahatsızlık duyarım, birine tamamen güvenmek, ona bağlı olmak benim için zordur. Herhangi biri çok yakınlaşırsa rahatsız olurum ve sevgililerim kendimi rahat hissettiğimden daha yakın davranmamı ister. (Kaçıngan bağlanma stilinin ölçütü.)
- Başkalarının benim istediğim kadar yakın olmayı tercih etmediğini görürüm. Partnerimin beni gerçekten sevip sevmediği veya benimle olmaya devam edip etmeyeceği konusunda sıklıkla endişelenirim. Biriyle tam olarak bütünleşmek isterim ve bu istek zaman zaman insanları korkutup uzaklaştırır. (Kaygılı bağlanma stilinin ölçütü.)

Dikkate değer biçimde, bu sonuçlar yetişkinlerdeki bağlanma stillerinin küçük çocuklardakine benzer bir dağılıma sahip olduğunu gösteriyordu: Katılımcıların büyük bir kısmı "güvenli" kategorisinde toplanmıştı ve geri kalanlar kaçıngan ve kaygılı arasında bölünüyordu. Ayrıca araştırmacılar, her bağlanma stilinin son derece farklı ve kendine has inançlara, davranışlara, partnerlere, ilişkilere ve genel olarak yakınlığa sahip olduğu sonucuna ulaştı.

Hazan, Shaver ve diğerlerinin yaptığı başka birçok araştırma bu bulgulara katkıda bulundu. Çocuklardaki bağlanma durumuna göre tetiklenen duyguların, düşünce yapılarının ve davranışların, yetişkinlerinkiyle benzerlik gösterdiği ortaya çıktı. Aralarındaki fark yetişkinlerin soyutlama yeteneklerinin daha yüksek olması. Bu yüzden bazen bir başkasının fiziksel olarak sürekli yanımızda olmasını değil, manen de yanımızda olduğunu bilmek istiyoruz.

Fakat nihayetinde, yakın bir bağ ve partnerimize her an ulaşabileceğimize güvenme ihtiyacı hayatlarımız boyunca önemli bir rol oynuyor.

Ne yazık ki geçmişte çocuk-ebeveyn bağının önemi hafife alındığı gibi, bugün de yetişkin bağlanmasına gereken önem verilmiyor. Yetişkinler arasında hâlâ, bir ilişkide çok fazla bağımlılığın kötü bir şey olduğu düşüncesi rağbet görüyor.

KARŞILIKLI BAĞIMLILIK EFSANESİ

Karşılıklı bağımlılık hareketi ve halihazırdaki diğer popüler kişisel gelişim guruları, ilişkileri tıpkı yirminci yüzyılın ilk yarısındaki çocuk-ebeveyn bağının ele alınışına benzer şekilde tanımlıyor. ("Mutlu çocuk"un gereksiz bağlardan azade olduğu fikrini hatırladınız mı?) Günümüz uzmanları da buna benzer bir öğüt veriyor: Mutluluk içinizden gelen bir şey olmalıdır ve sevgilinize ya da eşinize bağlı olmamalıdır. İyiliğiniz onların değil, sizin sorumluluğunuzdur. Aynı şekilde onların iyiliği de sizin değil, kendi sorumluluklarıdır. Her birey kendine bakmak durumundadır. Ayrıca iç huzurunuzun en yakınınızdaki insan tarafından bozulmasına izin vermemeyi öğrenmelisiniz. Eğer partneriniz güvenlik hissinizi tehdit edecek şekilde davranırsa, kendinizi bu durumdan duygusal olarak uzaklaştırabilmelisiniz; "kendinize odaklanın" ve sakin kalın. Bunu yapamıyorsanız sizde bir sorun var demektir. Karşı tarafın ağına düşmüş ya da "karşılıklı bağımlı" olabilirsiniz ve daha iyi "sınırlar" çizmeyi öğrenmek zorundasınız.

Bu bakış açısının altında yatan temel fikir, iki kendine yeten insan arasındaki ideal ilişkinin olgun ve saygılı olması ve öte yandan, sınırların korunması anlamına geliyor. Partnerinizle güçlü bir bağlılık geliştirirseniz, bir şekilde yetersiz olursunuz ve "ayrışmak" için kendi kendinize bunun üzerinde çalışmanız, "daha büyük bir kendilik duygusu" geliştirmeniz öğütlenir. En kötü senaryo, sonunda partnerinize *ihtiyaç duyar* hale gelmenizdir, bu da ona "bağımlılık"la eş tutulur; hepimiz biliriz ki bağımlılık tehlikeli bir sondur.

Karşılıklı bağımlılık hareketinin öğretileri, tiryakilik ya da alkol bağımlılığı gibi durumlarla başa çıkmaya çalışan aile bireyleri için son derece yararlı olmaya devam etse de (ilk niyet buydu), ayrım yapmadan tüm ilişkilere uygulandığında yanlış yönlendirebilir ve hatta zarar verebilir. Televizyon yarışmasından bildiğimiz Karen, toplumumuzda çok yaygın olan bu düşünce tarzının etkisindeydi. Fakat biyolojimiz bambaşka bir şey söylüyor.

BİYOLOJİK GERÇEK

Çeşitli çalışmalar, birbirine bağlanan iki kişinin tek bir fiziksel birim oluşturduğunu söylüyor. Partnerimiz tansiyonumuzu, nabzımızı, solunumumuzu ve kanımızdaki hormon seviyesini düzenleyebiliyor. Artık iki ayrı varlık değiliz. Günümüzün popüler psikolojik yaklaşımlarının çoğunun yetişkinler arası ilişkilerde ayrışmaya yaptığı vurgunun biyolojik açıdan akla yatkın bir tarafı yok. Bağımlılık bir gerçektir; bir tercih ya da seçenek değildir.

James Coan tarafından gerçekleştirilen bir çalışma, özellikle bu etkiye ışık tutuyor: Dr. James Coan, Virginia Üniversitesi Duyuşsal Nöroloji Laboratuvarı'nın yöneticisi. Yakın sosyal ilişkilerin ve daha geniş sosyal ağların duygusal tepkilerimizi nasıl düzenlediğinin mekanizmalarını araştırmakta. Richard Davidson ve Hillary Schaefer'in de desteğiyle yürüttüğü bu çalışmada, evli kadınların beynini incelemek için MRG (Manyetik Rezonans Görüntüleme) teknolojisini kullandı. Kadınların beyin taraması yapılırken Dr. Coan ve meslektaşları, onlara birazdan hafif bir elektrik şoku vereceklerini söyleyerek stresli bir durum yarattılar.

Normalde stres altında hipotalamus harekete geçer ve beyin stresle başa çıkabilmek için daha fazla çalışmaya başlar. Elektrik akımını yalnız başına bekleyen kadınlarla yapılan deneyde de tam olarak bu gerçekleşti. Hipotalamus harekete geçti. Ardından, beklerken bir yabancının elini tutan kadınları test ettiler. Bu sefer ölçümlere göre hipotalamusta bir şekilde daha az hareket oldu. Peki ya kadının tuttuğu el kocasının olduğunda ne oluyordu? Düşüş çok daha etkileyiciydi; stresleri neredeyse tespit edilemiyordu. Dahası, evliliği tatminkâr olan kadınlar kocalarının elini tutmaktan en yüksek faydayı görenlerdi. Ama buna daha sonra döneceğiz.

Bu çalışma göstermiştir ki, iki kişi yakın bir ilişkide olduğunda birbirlerinin fiziksel ve duygusal sağlığını düzenler. Fiziksel varlıkları ve ulaşılabilir oluşları stresi azaltır ve çalışmanın da gösterdiği gibi bu durum kendini hipotalamusta belli eder. Hipotalamusun araştırmaya dahil edilip onunla özel olarak ilgilenilmesinin nedeni, beynin bu kısmının açlık, uyku, hormonlar ve otonom sinir sisteminden sorumlu olmasıdır; bu işlevlerin çoğu kontrolümüzün dışında gerçekleşir. En temel biyolojimizin partnerlerimizden bu kadar etkilendiği bir gerçekken, onlarla kendimiz arasında üst seviyede bir ayrışmayı nasıl sürdürebiliriz?

Örneğimizdeki Karen, stresli bir durumda partnerinin elini tutmanın iyileştirici etkisini içgüdüsel olarak fark etmiş gibidir. Ne yazık ki sonrasında genel yanlış düşüncelere teslim oldu ve içgüdüsünü bir zayıflık, utanılacak bir şey olarak değerlendirdi.

"BAĞIMLILIK PARADOKSU"

Beyin görüntüleme teknolojisi gelişmeden önce, John Bowlby yaşamımızı paylaşacak birine ihtiyaç duymamızın genetik yapımızdan kaynaklandığını ve kendimizi ne kadar sevdiğimiz ya da gerçekleştirdiğimizle ilgisi olmadığını anlamıştı. Bowlby, özel birini seçtiğimizde güçlü ve genellikle kontrol edilemez güçlerin devreye girdiğini keşfetti. Ne kadar bağımsız *olsak da* bilinçli isteğimiz *dışında* yeni davranış biçimleri ortaya çıkmaktadır. Partnerimizi bir kez seçtikten sonra, bağımlılığın olup olmadığı sorusu ortadan kalkar. *O daima vardır.* Mükemmel bir birlikteliğin kırılganlık ve kaybetme korkusu gibi duygular içermemesi kulağa hoş gelse de biyolojimiz böyle değildir. Bir insan çiftinin tek bir fizyolojik birim haline gelmesinin, yani partnerim tepki veriyorsa benim de tepki vermem ya da partnerim üzgünse bunun beni de huzursuz etmesinin hayatta kalmak için güçlü bir avantaj sağladığı evrim vasıtasıyla kanıtlandı. Partnerimin benim bir parçam olması, onu kurtarmak için her şeyi yapacağım anlamına gelir; bir insanın başka birinin esenliği, sağlığı için böylesi çaba göstermesi, her iki taraf için de çok önemli varlığını sürdürme avantajları taşır. Farklı bağlama stillerine sahip insanların bu güçlerle baş etme çeşitliliğine rağmen –güvenli ve kaygılı olanlar bunları kucaklama, kaçıngan olanlar bastırma eğilimindedir– her üç bağlanma stili de o özel kişiyle bağlantı kurmaya programlıdır. "Sevgiyi Kol Mesafesinde Tutmak: Kaçıngan Bağlanma Stili" başlıklı dördüncü bölümde, kaçıngan kişinin bilinçdışı zihninde olan biteni gösteren birçok başarılı deney anlatılmıştır. Bu çalışmalar, kaçınganların dikkati dağıtılıp zihinsel enerjileri başka bir yöne çevrildiğinde, bağlanma ihtiyaçlarının ve farkında bile olmadıkları kırılganlıklarının akınına uğradıklarını göstermiştir.

Peki bu, bir ilişkide mutlu olmak için partnerimizle etle tırnak gibi bağlanmamız ya da hayatımızın kariyer ve arkadaşlar gibi diğer yönlerinden vazgeçmemiz gerektiği anlamına mı gelmektedir? Çelişkili biçimde, bunun tam aksi doğrudur! Tek başımıza dünyaya adım atma yeteneği, güvendiğimiz birinin yanımızda durduğunu bilerek mümkün oluyor. Ve işte bu "bağımlılık paradoksu"dur. Paradoksun mantığını anlamak başta zor görünür. Birine bağlıyken nasıl daha bağımsız olabiliriz ki? Yetişkin bağlanmasının temelini tek bir cümleyle açıklamamız gerekseydi, bu şu olurdu: Bağımsızlık ve mutluluğa giden yola çıkmak isterseniz, öncelikle bağlanılacak doğru insanı bulun ve bu yolculuğa onunla çıkın. Bunu anladığınızda, bağlanma teorisinin özünü de anlamış olursunuz. Bu prensibi gözünüzün önüne getirebilmek için çocukluğunuza, bağlanmanın başladığı yere bir bakalım. Anlatabildiğimizden fazlasını nakletmek için bilimsel alanda "yabancı ortam testi" olarak bilinen testten daha iyisi olamaz.

YABANCI ORTAM TESTİ

Sarah ve on iki aylık kızı Kimmy oyuncak dolu bir odaya giriyor. Cana yakın genç bir araştırma görevlisi odada bekliyor ve onlarla iki çift laf ediyor. Kimmy bu yeni oyuncak cennetini keşfetmeye başlıyor: Arada annesine bakarak etrafta emekliyor, oyuncakları alıyor, yere atıyor, ses çıkarıyor mu, yuvarlanıyor mu, ışıkları yanıyor mu kontrol ediyor.

Ardından Kimmy'nin annesine odadan çıkması söyleniyor; kadın kalkıp usulca dışarı çıkıyor. Kimmy ne olduğunu anladığı anda çılgına dönüyor. Hızla kapıya doğru emekliyor ve ağlıyor. Annesini çağırıyor, kapıya vuruyor. Araştırma görevlisi, Kimmy'nin ilgisini bir kutu renkli blokla çekmeye çalışıyor ama bu sadece Kimmy'yi daha fazla kızdırmaya yarıyor ve bloklardan birini araştırma görevlisinin kafasına atıyor.

Annesi kısa bir süre sonra odaya döndüğünde, Kimmy hızla ona doğru gidiyor ve kollarını kaldırarak kucağa alınmayı bekliyor. İkisi sarılıyor ve Sarah sakince kızını rahatlatıyor. Kimmy annesine sıkıca sarılıyor ve ağlamayı kesiyor. Sakinleştiğinde Kimmy'nin ilgisi yeniden oyuncaklara dönüyor ve oynamaya devam ediyor.

Sarah ve Kimmy'nin katıldığı bu deney, bağlanma teorisi alanındaki muhtemelen en önemli çalışma, *yabancı ortam testi* olarak bilinir ve yukarıda sözünü ettiğimiz, onun kısaltılmış bir versiyonu. Bağlanma teorisi öncülerinden Mary Ainsworth, çocukların keşif isteğinin –oynama ve öğrenme yeteneğinin– annelerinin varlığı ya da yokluğuyla tetiklenmesi ve durması karşısında hayrete düşmüştü.

Ainsworth, bir bağlanma figürünün odadaki varlığının, çocuğun daha önceden bilmediği bir ortama katılmasına ve güvenle araştırmasına yettiğini görmüştü. Bu varlık *güvenli dayanak* olarak biliniyor. Size destek olan birinin arkanızda olduğunu ve ona yüzde yüz güvenebileceğinizi, ihtiyacınız olduğunda dönebileceğinizi bilmek anlamına geliyor. Bir çocuğun keşfetmesi, gelişmesi ve öğrenebilmesi için güvenli dayanak önkoşuldur.

YETİŞKİNLER İÇİN GÜVENLİ DAYANAK

Yetişkinler olarak oyuncaklarla oynamayız ama dünyayı keşfetmemiz, alışılmışın dışında ve zor durumlarla baş etmemiz gerekir. İşimizde başarılı, hobilerimizde sakin ve ilham dolu, çocuklarımız ve partnerlerimiz konusunda da şefkatli olmak isteriz. Güvende hissedersek, tıpkı yabancı ortam testindeki çocuğun, annesi yanındayken hissettiği gibi, dünya ayaklarımızın altında olur. Peki ya güven hissimiz eksikse? Bize en yakın kişinin, partnerimizin bize inandığından, desteklediğinden, ihtiyaç duyduğumuzda yanımızda olacağından emin değilsek odaklanabilmek ve hayata karışmak bizim için zorlaşır. Yabancı ortam testinde olduğu gibi, partnerlerimiz güvenilebilir, kendimizi güvende hissettirebilir kişilerse ve özellikle zor zamanlarda bizi rahatlatmayı biliyorlarsa, hayatın diğer alanlarına dikkat verebilir ve varlığımızı anlamlı kılabiliriz.

Carnegie Melon Üniversitesi İlişki Laboratuvarı yöneticisi Brooke Feeney, güvenli dayanağın yetişkinler için nasıl işlediğini göstermiştir. Dr. Feeney, özellikle çiftlerin birbirlerine nasıl destek verdiği ve bu desteğin kalitesini belirleyen etkenler konusunda çalışmaktadır. Çalışmalarından birinde Dr. Feeney, çiftlerden kişisel hedeflerini ve keşif fırsatlarını bir laboratuvarda birbirleriyle müzakere etmelerini istedi. Katılımcılar, hedeflerinin partnerleri tarafından desteklendiğini hissettiğinde özgüvenlerinin arttığını ve tartışmadan sonra daha iyi bir ruh halinde olduklarını raporladı. Ayrıca görüşmenin ardından, başarma ihtimallerinin görüşme öncesine nazaran daha yüksek olduğunu değerlendirdiler. Partnerlerinin daha müdahaleci ve/veya daha az destek olduğunu hissedenler, hedeflerini konuşma konusunda daha kapalı davrandı ve hedeflerine ulaşma yollarını değerlendirme konusunda özgüvenli değillerdi. Bunun yerine, tartışma esnasında hedeflerini küçültme eğiliminde oldular.

Televizyon programındaki çiftimiz Karen ve Tim'e dönecek olursak, onların deneyimi birçok açıdan çocuklar için yapılan yabancı ortam testine benziyor. Yabancı ortam testine benzer şekilde, araştırmacıların aynalı cam ardından gözlemlediği yyapay olarak strese sokulmuş anne ve çocuk gibi Karen ve Tim de izleyiciler karşısında, bir televizyon programında çeşitli stresli görevleri tamamlamak zorundaydı. Karen ve Tim yetişkin olmalarına rağmen, yabancı ortam testindeki içgüdüsel davranışlar aynen açığa çıkmıştı. Karen yarışmanın stresi altında, desteğinden emin olmadığı için Tim'e elini tutması konusunda ısrar etti. Tim her ne kadar ihtiyacını açıkça belirtmemiş olsa da *bungee jumping*'den önce Karen'ın onu rahatlatması ve gönlünü almasıyla cesaretlendi. Karen, tıpkı annesini arayan Kimmy'nin yaptığı gibi, tepkisel davranışta bulunmuş (o elini tutana kadar devam etmemek), her ikisi de diğer görevlere odaklanana kadar bağlantı figürlerinin kendilerini rahatlatmasına ihtiyaç duymuştu. Güvenli dayanak oluştuğunda diğer aktivitelere geri dönebilmişlerdi.

BAĞLANACAK DOĞRU İNSANI BULMAK

Soru şu: En çok güvendiğimiz –fiziksel ve duygusal yönden bağımlı olduğumuz– kişi bağlanma rolünün hakkını vermediğinde ne olur? Nihayetinde beynimiz, partnerimizi güvenli dayanak olarak belirliyor. O insan ihtiyaç duyduğumuzda başvurduğumuz, duygusal olarak çapa attığımız güvenli dayanak oluyor. Bu kişinin duygusal olarak ulaşılabilirliğini aramaya programlıyız. Peki ya daimi olarak ulaşılabilir değilse? Coan MRG deneyinde, partnerin fiziksel temasının stresli bir durumda endişeyi azalttığını gördük. Ayrıca ilişkide tatmin düzeyi yüksek olanların, partnerlerinden destek görenler olduğunu öğrendik. Diğer deneyler daha ileri sonuçlar verdi. Toronto Üniversitesi'nde psikiyatr ve araştırmacı olan Brian Baker, kalp hastalıkları ve yüksek tansiyon hastalıklarının psikiyatrik yönlerini, özellikle de evlilikteki uyuşmazlığın ve iş geriliminin kan basıncı üzerindeki etkilerini araştırıyor. Dr. Baker araştırmalarının birinde, hafif bir yüksek tansiyonunuz varsa, tatminkâr bir evliliğe sahip olmanın insana iyi geldiğini, partnerinizle vakit geçirmenin kan basıncınızı sağlıklı seviyelere düşüreceğini buldu. Öte yandan, evliliğinizden memnun değilseniz, partnerinizle bağlantıyı sürdürmek tansiyonunuzu yükseltiyor ve fiziksel yakınlığınız sürdüğü müddetçe de yüksek kalıyor. Bu çalışmanın anlattıkları çok önemli: Partnerimiz temel bağlanma ihtiyaçlarımızı karşılayamadığında kronik bir kaygı ve gerilim hissediyoruz, bu da çeşitli kırgınlıklara sebep oluyor. Bize güvenli dayanak sağlayamayan romantik bir partnerle birlikte olmak sadece duygusal sağlığımızı tehlikeye atmakla kalmıyor, fiziksel sağlığımızı da olumsuz yönde etkiliyor.

Görünüşe göre, partnerlerimiz dünyadaki gelişimimizi büyük ölçüde etkiliyor. Bunun aksi imkânsız. Sadece kendimizle ilgili nasıl *hissettiğimizi* etkilemekle kalmıyorlar, ayrıca kendimize *inancımızda* ve hayallerimizi, umutlarımızı gerçekleştirmemizde de etkililer. Doğuştan gelen bağlanma ihtiyaçlarımıza cevap veren bir partnerle birlikte olmak ve güvenli bir dayanak bularak rahat hareket etmek, bizi fiziksel ve duygusal açıdan daha sağlıklı kılar ve daha uzun yaşarız. Varlığı ve desteği tutarsız bir partner gerçekten moral bozucu ve güçsüzleştirici bir deneyimdir, gelişimimiz sahiden durur ve sağlığımız sekteye uğrar. Kitabın geri kalanı, güvenli dayanak olabilecek partneri bulmanıza, böyle bir partner olmanıza ve halihazırdaki partnerinize insanın hayatını değiştirebilecek bu rolü üstlenmesinde destek vermenize dair...

BU KİTABI NASIL KULLANACAKSINIZ?

Bu kitap, aşkı doğru yerde aramanız ve var olan ilişkilerinizi iyileştirmeniz konusunda size nasıl yol gösterebilir?

Bağlanmanın temelleriyle başlayarak, ilişki ihtiyaçlarınızın arkasında yatan biyolojik sebepleri açıklıyoruz ve mutluluğunuzun önünde duran kökleşmiş yanlış yargıları yok ediyoruz. Giriş kısmından sonra sizi "kolları sıvamaya" ve kendi bağlanma stilinizi belirleyerek işe koyulmaya davet ediyoruz. Bu size benzersiz ilişki DNA'nızı ya da bağlanma stilinizi gösterecek. Ardından çevrenizdekilerin bağlanma stillerini tanımayı öğreneceksiniz. Bunlar anahtar bölümler ve ilişkilerde *sizin* ihtiyaçlarınızı ve kimin bu ihtiyaçlarınızı gidereceğini (ya da gideremeyeceğini) anlamada ilk adımlar. Bu süreç boyunca size adım adım rehberlik edeceğiz ve yeni becerilerinizi uygulama fırsatı sağlayacağız.

İkinci kısım, her bir bağlanma stilini daha detaylı inceliyor. Her stilin içyüzünü bildiğinizde daha iyi hissetmeye başlayacaksınız. Bu bölümleri okurken, romantik deneyimlerinizi ve çevrenizdekilerin deneyimlerini bambaşka bir açıdan değerlendirebileceğiniz gerçek bir aydınlanma yaşayacaksınız.

Üçüncü kısım, beraberinde bir uyarı işaretiyle geliyor. Sizin yakınlık ihtiyaçlarınızdan tamamen farklı ihtiyaçlarına sahip olan biriyle bağ kurmanın duygusal bedelini öğreneceksiniz. Kaygılı-kaçıngan kapanının özel problemlerini anlatacağız ve bu tür bir ilişkide kalmanız halinde yapmanız gerekenlerden bahsedeceğiz. Bu türden bir bağ kurduysanız ve yürümesini istiyorsanız, bu kısım size yardımcı olacaktır (dördüncü kısımda bu konuya dair daha fazlası var). Sizin ve partnerinizin bağlanma stilinin kendine has özel ihtiyaçlarını ve kırılganlıklarını öğrenerek, ipuçlarını ve "kaygılı-kaçıngan"a özel belirli müdahaleleri uygulayarak ilişkinizi daha güvenli sulara taşıyabilirsiniz. Ayrılmaya karar verdiğinizde karşılaşacağınız ve sizi bunun üstesinden gelmekten alıkoyacak güçlüklerden bahsedecek ve ayrılık acısını atlatmakta faydalı çözümler önereceğiz.

Son olarak, güvenli bağlanma stiline sahip insanların zihin yapısını inceleyeceğiz. Flörtünüze ya da partnerinize mesajınızı doğru iletmenin yolunu göstereceğiz. Bu beceri sadece ihtiyaçlarınızı ifade etmenize yardımcı olup size güçlü, değerli bir zemin oluşturmakla kalmayacak, partnerinizle ilgili de değerli bilgiler edinmenizi sağlayacak. Tepkileri artık anlam ifade edecek. Ayrıca güvenli bağlanma stiline sahip insanların çatışmayı çözmekte kullandıkları beş metodu inceleyerek, bunları deneyeceğiniz bir çalışma sunacağız. Böylece tekrar çatışma yaşandığında hazırlıklı olacaksınız. Bu bölümler, kaygılı ya da kaçıngan bağlanma stiline sahip kişiler için can yeleği niteliğinde – bir ilişkiyi sağlıklı ve tatmin edici şekilde yaşama konusunda rehberlik edecekler. Güvenli bağlanma içinde olsanız bile, ilişkilerinizdeki tatmin düzeyini yükseltmeye yönelik birkaç ipucu öğrenebilirsiniz. Bu becerilerde ustalaşmak size her tür ilişkide –romantik, iş ya da sosyal ilişkilerde– yardımcı olacak. Bunlar güvenli insanların çevrelerindeki dünyayı daha iyi yönetmesini sağlayan evrensel beceriler.

Umarız ilişkilerinizde bağlanmanın gücünü ve onu yönlendirme yollarını öğrenmek, hayatınızda büyük değişimler –bizimkinde olduğu gibi– yaratır.

I. KISIM

Bağlanma Stillerini Çözümlemek

1

Birinci Adım: Benim Bağlanma Stilim?

Bağlanma teorisini hayatınıza uygulamanın ilk adımı, kendinizi ve çevrenizdekileri bağlanma açısından tanımaktır. Gelecek bölümde, partnerinizin veya müstakbel partnerinizin bağlanma stilini çeşitli ipuçlarıyla belirlemekte yardımcı olacağız. Fakat önce en iyi tanıdığınız kişiyle başlayalım, yani kendinizle.

BENİM BAĞLANMA STİLİM HANGİSİ?

Sonraki sayfada bağlanma stilinizi, yakın ilişkilerde başkalarıyla nasıl ilişki kurduğunuzu ölçmek için tasarlanmış bir anket var. Bu ankette Yakın İlişkide Yaşantı [Experience in Close Relationship – ECR] anketi esas alınmıştır. Yakın İlişkide Yaşantı ilk olarak 1998 yılında Kelly Brennan, Catherine Clark ve Cindy Hazan'la orijinal "aşk testi"ni yayımlayan Philip Shaver tarafından yayımlandı. Yakın İlişkide Yaşantı, yetişkin bağlanmasını iki ana kategori –ilişkide kaygı ve kaçınganlık– açısından inceleyecek kısa sorulardan oluşuyor. Bu anketin, deneklerden ifadeleri okuyup kendi deneyimini en iyi yansıtanı işaretlemelerinin istendiği orijinal aşk testinden daha iyi olduğu ortaya çıktı. Burada, daha kısa cümlelerle daha geniş ifadeler elde edilerek romantik ilişkilerde kaçıngan ve kaygılı iki boyut incelendi ve böylece bağlanma stillerini öngörmede daha doğru sonuçlara varıldı. Artık araştırmada bağlanma stillerini belirlemek için revize edilmiş bir ECR-R enstrümanı mevcut. Aşağıda, günlük hayata en uyumlu olduğunu düşündüğümüz, değiştirilmiş bir versiyona yer verdik.

Bağlanma stilleri zamanla değişebilir. Fakat yakınlığa ve ilişkilere yaklaşımınız büyük ölçüde aynıdır. Bağlanma profilinizi bilmek kendinizi daha iyi anlamanızı sağlar ve etkileşimlerinizde rehberlik eder. Bütün ilişkilerinizde daha mutlu olursunuz.

Sizin için DOĞRU olan her ifade için küçük kutuyu işaretleyin. (Yanıt "doğru" değilse herhangi bir şıkkı *işaretlemeyin.*)

	DOĞRU		
	A	B	C
Sıklıkla partnerimin beni sevmekten vazgeçeceğinden endişe duyarım.	□		
Partnerime şefkat göstermekte zorlanmam.		□	
Biri gerçek beni tanıdığında, olduğum kişiden hoşlanmayacağından korkarım.	□		
Bir ayrılığın ardından çabucak toparlanırım. Birini bu kadar çabuk aklımdan çıkarmam tuhaf.			□
Bir ilişkide olmadığımda kendimi kaygılı ve eksik hissederim.	□		
Partnerim kendini kötü hissettiğinde ona duygusal destek vermekte zorlanırım.			□
Partnerim uzakta olduğunda, bir başkasıyla ilgileneceğinden korkarım.	□		

	DOĞRU		
	A	B	C
Partnerlerime rahatlıkla güvenirim.		☐	
Bağımsızlığım ilişkilerimden önemlidir.			☐
En derin hislerimi partnerimle paylaşmayı tercih etmem.			☐
Partnerime nasıl hissettiğimi gösterirsem benim için aynı şekilde hissetmeyeceğinden korkarım.	☐		
Romantik ilişkilerimden genellikle memnunum.		☐	
Romantik ilişkilerimde trip atma ihtiyacı hissetmem.		☐	
İlişkilerim hakkında çok düşünürüm.	☐		
Partnerlerime güvenmekte zorluk çekerim.			☐
Bir partnere hızla bağlanma eğilimim vardır.	☐		
İhtiyaçlarımı ve isteklerimi partnerime ifade etmekte pek zorlanmam.		☐	
Partnerime zaman zaman nedenini bilmeden öfke duyar ve sinir olurum.			☐
Partnerimin ruh hali beni çok etkiler.	☐		
İnsanların çoğunlukla dürüst ve güvenilir olduğuna inanırım.		☐	
Tek bir partnerle yakınlık kurmak yerine, kimseye bağlanmadığım tek gecelik ilişkileri tercih ederim.			☐
Kişisel fikirlerimi ve duygularımı partnerimle rahatça paylaşırım.		☐	
Partnerim beni terk ederse, bir daha kimseyi bulamayacağımdan endişe duyarım.	☐		
Partnerim çok yakınlaştığında gerilirim.			☐

	DOĞRU		
	A	B	C
Bir çatışma ânında, meselenin gerekçelerini konuşmak yerine, düşünmeden sonradan pişman olacağım şeyler yapma ve söyleme eğilimim vardır.	□		
Partnerimle tartışmak ilişkimizin tamamını sorgulamama sebep olmaz.		□	
Partnerlerim, genellikle benim rahat hissettiğimden daha fazla yakınlık kurmak ister.			□
Yeterince çekici olmadığımdan endişe duyarım.	□		
İlişkilerimde pek dram yaratmadığım için insanların beni sıkıcı bulduğu olur.		□	
Partnerimi ayrıyken özler, bir aradayken kaçma isteği duyarım.			□
Biriyle fikir ayrılığı yaşadığımda düşüncelerimi rahatça ifade edebilirim.		□	
Başka insanların bana bağımlı olduğu hissinden nefret ederim.			□
İlgilendiğim birinin başkalarıyla ilgilenmesi beni korkutamaz. Belli belirsiz bir kıskançlık hissederim ama uçup gider.		□	
İlgilendiğim birinin başkalarıyla ilgilendiğini görünce rahatlamış hissederim. Daha özel bir şeylerin peşinde olmadığını gösterir.			□
İlgilendiğim birinin başkalarıyla ilgilendiğini görmek bana kendimi depresif hissettirir.	□		

	DOĞRU		
	A	B	C
Çıktığım kişi soğuk ve uzak davranırsa, ne olup bittiğini merak ederim ama muhtemelen benimle ilgili olmadığını bilirim.		□	
Çıktığım kişi soğuk ve uzak davranırsa, muhtemelen aldırmam, hatta biraz rahatlamış hissederim.			□
Çıktığım kişi soğuk ve uzak davranırsa, bir şeyleri yanlış yaptığımdan endişe duyarım.	□		
Partnerim benden ayrılacak olursa, ona ne kaçırdığını göstermek için elimden geleni yaparım (biraz kıskançlıktan zarar gelmez).	□		
Birkaç aydır çıktığım biri benden ayrılmak isterse, başta incinirim ama daha sonra toparlarım.		□	
Bazen ilişkide istediğimi elde ettikten sonra, artık neyi istediğimden emin olmam.			□
Eski partnerlerimle (tamamen platonik olarak) bağlantıda kalmaktan rahatsızlık duymam. Nihayetinde birçok ortak yönümüz var.		□	

Fraley, Waller ve Brennan'ın (2000) ECR-R Anketi'nden uyarlanmıştır.

A sütunundan işaretlediğiniz kutuların toplamı: ____________________

B sütunundan işaretlediğiniz kutuların toplamı: ____________________

C sütunundan işaretlediğiniz kutuların toplamı: ____________________

Puanlama Anahtarı

Her kategoride ne kadar fazla ifade işaretlediyseniz, ilgili bağlanma stiline ait o kadar özellik taşıdığınız anlamına gelir. A kategorisi *kaygılı* bağlanma, B kategorisi *güvenli* bağlanma ve C kategorisi *kaçıngan* bağlanma stilini temsil ediyor.

Kaygılı: Partnerlerinize yakın olmayı seviyorsunuz ve büyük bir yakınlık kurabiliyorsunuz. Fakat yine de partnerinizin sizin istediğiniz kadar yakın olmak istemeyeceğinden korkuyorsunuz. İlişkiler, duygusal enerjinizin büyük kısmını tüketiyor. Partnerinizin davranışlarında ve halindeki ufak dalgalanmalara karşı fazla duyarlı olma eğiliminiz var ve genellikle algılarınız doğru olsa da partnerinizin davranışlarını fazla kişisel algılıyorsunuz. İlişki boyunca birçok olumsuz duygu hissediyorsunuz ve moraliniz kolayca bozuluyor. Nihayetinde, trip atıyor ya da sonradan pişman olacağınız şeyler söylüyorsunuz. Diğer kişi size fazlasıyla güvence ve rahatlatma sağladığında, kaygılarınızla olan meşguliyetiniz dağılıyor ve memnun hissediyorsunuz.

Güvenli: Bir ilişkide sıcak ve sevgi dolu olmak sizin için doğal. İlişkileriniz hakkında çok fazla endişelenmeden yakınlığın tadını çıkarıyorsunuz. Konu romantizm olduğunda emin adımlarla ilerliyorsunuz ve ilişki meseleleri moralinizi kolayca bozmuyor. İhtiyaçlarınızı ve hislerinizi partnerinize etkin bir şekilde ifade edebiliyorsunuz, partnerinizin duygusal ipuçlarını okumakta ve onlara karşılık vermekte de iyisiniz. Başarılarınızı ve sorunlarınızı partnerinizle konuşuyorsunuz ve size ihtiyacı olduğunda yanında olabiliyorsunuz.

Kaçıngan: Bağımsızlığınızı ve özyeterliliğinizi sürdürmeniz çok önemli. Bu yüzden genelde özerkliği yakın ilişkilere tercih ediyorsunuz. Diğerleriyle yakın olmayı istemenize rağmen, fazla yakınlıktan rahatsızlık duyuyor ve partnerinizi hep belli bir mesafede tutma eğiliminde oluyorsunuz. Romantik ilişkilerinize ya da reddedilme konusuna fazla kafa yormuyorsunuz. Partnerlerinize içinizi açmıyorsunuz ve onlar da genellikle duygusal açıdan uzak olmanızdan şikâyet ediyor. İlişkilerde kontrol ya da sınır ihlali gibi konularda çok hassas davranıyorsunuz.

PEKİ YA *HÂLÂ* EMİN DEĞİLSEM?

İnsanlar bağlanma stilleri konusunu duyduğunda, genellikle kendilerininkini tanımakta zorluk çekmez. Kimi insanlar ânında "ben kaygılıyım", "ben kesinlikle kaçınganım" ya da "sanırım güvenliyim" diye bağlanma stillerini söyler. Kimileri de tespit etmekte zorlanabilir. Birden fazla bağlanma stilinde yüksek puanınız varsa bağlanma stilinizi belirlemek için gereken iki boyutu öğrenmek işinize yarayabilir:

- Yakınlık ve samimiyet konusundaki rahatlığınız (ya da yakınlıktan *kaçınma* dereceniz).
- Partnerinizin sevgisi ve ilgisi konusundaki kaygınız ve zihninizin ilişkiyle meşgul olması.

Brennan ve meslektaşlarının bağlanma stillerini grafikle gösterdiği tablo faydalı bulduğumuz bir yöntem. Şema, bağlanma stillerini kuşbakışı sunuyor ve sizin bağlanma şeklinizin diğerlerininkiyle ilişkisini görmenize yardımcı oluyor. Aşağıdaki şemanın ortaya koyduğu üzere, iki okun üzerindeki konumunuz bağlanma stilinizi gösteriyor.

İKİ BAĞLANMA BOYUTU

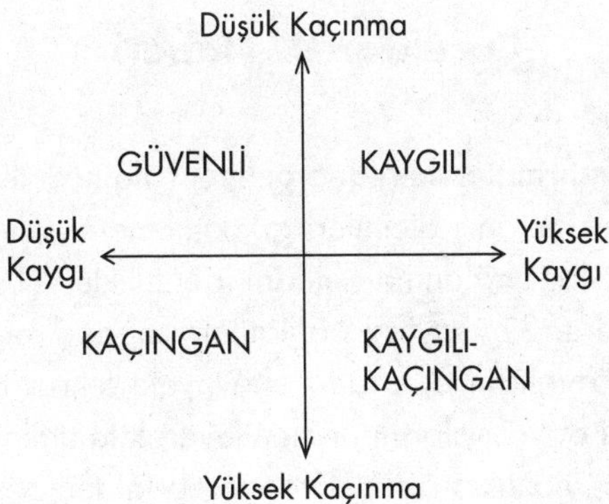

(Brennan, Clark ve Shaver'ın İki Bağlanma Boyutu Ölçeği temel alınarak oluşturulmuştur.)

- Partnerinizle yakınlıktan rahatsızlık duymuyorsanız (yani yakınlıktan kaçınma düşükse) ve size sevgisi konusunda endişelenmiyor, ilişki hakkında takıntılı davranmıyorsanız (yani ilişki kaygısı düşükse) ve akışa bırakabiliyorsanız, muhtemelen güvenlisiniz.
- Yakınlık ve samimiyet istiyorsanız (yani yakınlıktan kaçınma düşükse) ama ilişkinin nereye gittiği hakkında güvensizlikleriniz varsa ve partnerinizin yaptığı ufak tefek şeyler moralinizi bozuyorsa (yani ilişki kaygısı yüksekse), muhtemelen kaygılısınız.
- Yakınlık ve samimiyet arttığında rahatsızlık duyuyorsanız, bağımsızlığınıza ve özgürlüğünüze ilişkiden daha fazla değer veriyorsanız (yani yakınlıktan kaçınma yüksekse) ve partnerinizin hisleri ya da size bağlılığı konusunda kaygı duyma eğiliminiz yoksa, muhtemelen kaçıngansınız.
- Hem yakınlık konusunda rahatsızsanız hem de partnerinizin ulaşılabilirliğiyle ilgili endişe duyuyorsanız, kaygılı ve kaçıngan bağlanmanın nadir bir bileşimisiniz. Ufak bir yüzde bu kategoriye aittir ve eğer onlardan biriyseniz hem kaygılı hem de kaçıngan bağlanma stillerine dair bilgilerden faydalanabilirsiniz.

Çocuktan Al Haberi

Bu gruplandırmalar nereden geliyor? İlginçtir ki bunlar, bebeklerin davranış biçimleri gözlemlenerek oluşturuldu. Araştırmacılar bağlanma stillerini (genellikle 9-18 ay arası) bebeklerin 32. sayfada anlatılan yabancı ortam testi (stresli bir ayrılığın ardından ebeveynle tekrar buluşma) sırasındaki davranışlarını gözlemleyerek tanımladılar.

Burada, çocuklarda belirlenmiş bağlanma stillerinin kısa bir tanımını göreceksiniz. Bebeklerin tepkilerinin bazıları, aynı bağlanma şekline sahip yetişkinlerde de görülebilir: Güvenli – kolayca sakinleşir; kaçıngan – duyarlı ama bağlanma ihtiyaçlarını baskılar; kaygılı – sıklıkla tepkisel davranışta bulunur ve gergin bir olayın ardından sakinleşmekte zorlanır.

Kaygılı: Bu bebek, anne odadan çıktığında aşırı üzülür. Annesi döndüğünde zıt tepkiler verir. Onu gördüğünde mutlu ama aynı zamanda da sinirlidir. Sakinleşmesi zaman alır. Sakinleştiğinde bile bu geçicidir. Birkaç saniye sonra annesini öfkeyle iter, kucağından iner ve gözyaşlarına boğulur.

Güvenli: Güvenli bebek annesi odadan ayrıldığında gözle görülür ölçüde üzülür. Anne döndüğünde mutlu ve onu karşılamaya hevesli olur. Annesi yeniden odada yerini aldığında kolayca güvende hisseder, sakinleşir ve oynamaya devam eder.

Kaçıngan: Anne odadan çıktığında bu bebek hiçbir şey olmamış gibi davranır. Döndüğünde hareketsiz kalmaya devam eder, anneyi görmezden gelir ve aldırmadan oynamaya devam eder. Fakat bu görüntü, hikâyenin tamamını ortaya koymaz. Aslında bebek ne sakin ne de kendine hâkimdir. Araştırmacılar bu bebeklerin kalp atışlarının, gerginliklerini ânında ifade eden bebeklerinki kadar yükseldiğini ve aynı şekilde kortizol (stres hormonu) düzeylerinin arttığını buldu. Dışarıdan istifini bozmuyor gibi görünse de kaçıngan bebeğin içinde fırtınalar kopar.

Bu, bağlanma teorisinin en önemli içgörülerinden biridir. Bu aldırmaz görüntü, söz konusu bağlanma olduğunda, sükûnet ya da güvenlik alameti değildir. Dışarıdan dirençli görünen bebeklerle ilgili bu şaşırtıcı tespit, aynı şekilde kaçıngan bağlanma stiline sahip yetişkinler için de geçerli. Söz konusu bağlanma olduğunda, aldırmaz davranış sakinlik, güven ve direnç anlamına gelmiyor. Gerçekte tam tersi doğru: Kaçıngan bebekler (ve yetişkinler) kaygılı bebeklerle (ve yetişkinlerle) çok daha fazla benzerlik gösteriyor. Onların da hassas bir bağlanma sistemleri var ama bu hassasiyetle kaygılıların tam tersi şekilde, tepki yerine baskılayarak başa çıkıyorlar. Fakat her iki stil de huzurlu, duygusal bir zemine ulaşmakta zorlanıyor. (Bu konuda daha fazlasını kaygılı ve kaçıngan bağlanma stilleri hakkındaki bölümlerde bulabilirsiniz.)

2

İkinci Adım: Kodu Kırmak – Partnerimin Bağlanma Stili?

Başka insanların bağlanma stillerini bulmak, genellikle kendinizinkini bulmaktan zordur. Öncelikle, kendinizi en iyi siz bilirsiniz; sadece nasıl davrandığınızı değil, ilişki içinde ne hissettiğinizi ve ne düşündüğünüzü de bilirsiniz. İkincisi, sürece yardımcı olması için kendi anketinizi doldurabilirsiniz. Ama yeni biriyle çıkmaya başladığınızda ona bir anket uzatıp eski ilişkilerini deşemezsiniz. Neyse ki insanlar bağlanma stillerini anlamanıza yetecek bilgileri farkında olmadan, günlük hayattaki davranışları ve sözleriyle verirler.

İş ne aradığını bilmekte, iyi bir gözlemci ve pürdikkat bir dinleyici olmakta yatıyor. Bağlanma araştırmalarında, araştırmacılar insanları laboratuvara getiriyor ve romantik ilişkileri hakkında sorular soruyor. İnsanların yakınlık ve samimiyete karşı tavırları, zihinlerinin ilişkileriyle ne kadar meşgul olduğu bağlanma stillerini belirliyor. Fakat deneyimimize göre, bu bilgi nereye bakacağınızı bildiğiniz takdirde laboratuvarın dışında da bulunabiliyor.

Bağlanmayı anlamak, yeni tanıştığınız insanlara yaklaşımınızı değiştirmekle kalmıyor, aynı zamanda halihazırda bir ilişki içindeyseniz partnerinizle ilgili şaşırtıcı bir içgörü de kazandırıyor. Bu kavramı algıladıktan sonra, bağlanmayla ilişkili davranışları inceleme alışkanlığı geliştireceksiniz.

Flört ettiğinizde, "Beni seviyor mu?" sorusundan "Bu kişi duygusal yatırımıma değer mi? Bana ihtiyacım olanı verebilecek mi?" sorularına geçiş yapacaksınız. Bir ilişkide ilerlemek *sizin* yapacağınız seçimlerle olacak. Kendinize şu soruları sormaya başlayacaksınız: "Bu insan yakınlık kurmayı becerebilir mi? Karışık mesajlar mı gönderiyor, yoksa içtenlikle yakın olmakla mı ilgileniyor?" Bu bölümü rehber edinerek, zamanla ve uygulamalarla birinin bağlanma stilini önceden tespit etme yeteneği geliştireceksiniz. Sizi heyecanlandıran biri söz konusu olduğunda tarafsızlığınız yıkılır ve o kişi gözünüze hoş görünür. Bu resme uymayan her şey arka plana atılır. Fakat flörtün ilk aşamalarında aldığınız *tüm* mesajlara eşit önem vermek ve onları doğru tanımlamak önemli. Bu, ilişkinin sizin için doğru olup olmadığını belirlemenize ve olumlu yönde ilerlediğinden emin olmanıza yardımcı olacak.

Halihazırda bir ilişki içindeyseniz, şimdiye dek okuduklarınızdan partnerinizin bağlanma stili hakkında bir fikir edinmiş olabilirsiniz. Aşağıdaki araçları kullanarak becerilerinizi geliştirebilirsiniz. Düşünme şekliniz de değişecek. Kendinize, "Beni neden uzaklaştırıyor?" diye sormayacaksınız. Bunun yerine, "Bu durumun benimle ilgisi yok. Yakınlık ona kendini rahat hissettirmiyor sadece," diyeceksiniz. Partnerinizin bağlanma biçimini çözümlemek, çift olarak karşılaştığınız sorunları daha iyi anlamanızı sağlayacak. Bağlanma prensiplerini kullanarak aranızdaki bağı geliştireceksiniz.

ANKET: PARTNERİNİZİN BAĞLANMA STİLİNİ BELİRLEMEK

Partnerinizin bağlanma stilini belirlemenize yardımcı olmak üzere tasarlanmış bir anket var.

Anket üç bölüme ayrılıyor. Her birinde belli özellikler birkaç örnekle anlatılıyor. *Eğer o özellik partneriniz için doğruysa, doğru olarak işaretlemeye dikkat edin. Hepsi değil, sadece bir tanesi partneriniz için doğru olduğunda da doğru olarak işaretleyin.* Her özelliği okuduktan sonra, partnerinizle/flörtünüzle aranızda geçenleri ve sohbetlerinizi esas alarak onun için geçerli olup olmadığını düşünün. Ne kadar doğruysa o kadar yüksek bir puan çıkacaktır. Aşağıdaki ölçekle hesaplayın:

Puanlama Anahtarı

(Onun için)

1. Asla *doğru değil.*
2. Orta derecede doğru.
3. Çok *doğru.*

A GRUBU

Puan	Açıklama	Kulağa nasıl geliyor, nasıl görünüyor?
1 2 3	**Karışık mesajlar veriyor.**	Çok uzak ve soğuk görünürken, bir o kadar kırılgan (ve buna karşı koyamıyorsunuz). Bazen çok sık arıyor, bazen hiç. Zaman zaman "aynı eve çıktığımızda" gibi laflar ediyor, hemen ardından bir çift olarak geleceğiniz yokmuş gibi konuşuyor.
1 2 3	**Bağımsızlığına fazlasıyla değer veriyor** – bağlılığı ve "muhtaçlığı" küçümsüyor.	"Çok fazla alana ihtiyacım var." "İşim o kadar zaman alıyor ki şu anda hayatımda ciddi bir ilişkiye yer yok." "Kendine ait bir kariyeri ve hayatı olmayan biriyle birlikte olamam."

Puan	Açıklama	Kulağa nasıl geliyor, nasıl görünüyor?
1 2 3	**Sizi değersizleştiriyor (ya da eski partnerlerini)** – şaka yollu da olsa.	Ne kadar kötü harita okuduğunuzla ya da kısa ve tombul olmanızın ne kadar "sevimli" olduğuyla ilgili şakalar yapıyor. Bir zamanlar ilgilendiği biriyle birkaç kez çıktıktan sonra fiziksel bir özelliği yüzünden soğuduğunu anlatıyor. Eski bir sevgilisini aldatmış.
1 2 3	**Uzaklaştırma taktikleri uyguluyor** – duygusal ve fiziksel.	Eski bir ilişkisi altı yıl sürmüş ama ayrı evlerde yaşamışlar. Uyumak için evine gitmeyi, ayrı battaniyeler kullanmayı ya da ayrı bir yatakta uyumayı tercih ediyor. Tek başına tatile çıkmayı tercih ediyor. Tekrar ne zaman görüşeceğinize ya da ne zaman taşınacağına dair planları netleştirmiyor. Birlikte yürürken sizden bir adım önde gidiyor.
1 2 3	**İlişkideki sınırlara vurgu yapıyor.**	"Bunlar BENİM arkadaşlarım ve ailem – uzak dur!" hissi yaratıyor. Kendi evine davet etmekten kaçınıyor, zamanını sizin evinizde geçirmeyi tercih ediyor.

Puan	Açıklama	Kulağa nasıl geliyor, nasıl görünüyor?
1 2 3	**Bir ilişkinin nasıl olması gerektiği konusunda gerçeklikten uzak, romantik bir bakış açısı var.**	Bir gün mükemmel insanı bulma özleminden bahsediyor. Eski bir ilişkiyi idealize ediyor ama neyin ters gittiği konusu bulanık. "Bir gün eski sevgilim için hissettiklerimi bir başkası için hissedebilir miyim bilmiyorum."
1 2 3	**Güvensiz** – partneri tarafından suiistimal edileceğinden korkuyor.	Çıktığı kişilerin onu nikâh masasına oturtma peşinde olduğuna emin. Partnerinin onu maddi olarak suiistimal edeceğini düşünüyor.
1 2 3	**İlişkiler konusunda katı görüşleri ve taviz vermeyeceği kuralları var** (ve bunlarla uzlaşmaya mecbursunuz).	Belli bir "tip" partner konusunda güçlü tercihleri var: Çok yakışıklı/güzel veya çok zayıf ya da sarışın gibi. Ayrı evlerde yaşamanın ve evlenmemenin en iyi fikir olduğuna emin. "Tüm erkekler/kadınlar böyledir zaten" veya "Evlendikten ya da aynı eve çıktıktan sonra seni değiştirmeye çalışırlar" gibi genellemelerde bulunuyor. İletişim kurmanızın en temel yolu olsa bile telefonda konuşmayı sevmiyor.
1 2 3	**Tartışma sırasında uzaklaşması gerekiyor, yoksa "patlıyor".**	"Bırak ya boş ver, konuşmak istemiyorum." Kalkarak, öfkeyle uzaklaşıp gidiyor.

Puan	Açıklama	Kulağa nasıl geliyor, nasıl görünüyor?
1 2 3	**Niyetlerini net olarak belirtmiyor –** duygularını tahmin etmeyi karşısındakine bırakıyor.	Birliktelik uzun sürmesine rağmen "seni seviyorum" demiyor. Bir yıl yurtdışında yaşamaktan bahsediyor ama bunun sizi ne durumda bırakacağından söz etmiyor.
1 2 3	**Aranızda olup bitenlerden bahsetmekte zorlanıyor.**	İlişkinin nereye gittiği konusunda rahatça soru soramıyorsunuz. Bir şeyden rahatsız olduğunuzu söylediğinizde, "Üzgünüm..." diyor ve daha fazla açıklama yapmıyor. Bazı konular asla konuşulamıyor.

(1'den 11'e kadar olan soruların puanlarını toplayın.)

A Grubu Toplam Puanı: ________________

B GRUBU

Puan	Açıklama	Kulağa nasıl geliyor, nasıl görünüyor?
1 2 3	**Güvenilir ve istikrarlı.**	Arayacağını söylediğinde arıyor. Önceden plan yapıyor ve plana riayet ediyor. Yapamadığında, önceden bilgi veriyor, özür diliyor ve alternatif bir plan oluşturuyor. Verdiği sözleri bozmuyor. Sözünü tutamaması durumunda açıklama yapıyor.

Puan	Açıklama	Kulağa nasıl geliyor, nasıl görünüyor?
1 2 3	**Kararları sizinle birlikte alıyor** (tek taraflı davranmıyor).	Planları tartışıyor, fikrinizi duymadan karar vermekten hoşlanmıyor. Plan yaparken tercihlerinizi göz önünde bulunduruyor. En iyisini kendisinin bildiğini varsayarak hareket etmiyor.
1 2 3	**İlişkilere dair görüşleri esnek.**	Yaş ve görünüm olarak belli tipte birini aramıyor. Birlikte yaşamak ya da ortak banka hesabı açmak gibi farklı düzenlemelere açık. "Tüm erkekler/kadınlar böyledir zaten", "Evlendikten ya da aynı eve çıktıktan sonra seni değiştirmeye çalışırlar" gibi genellemeler yapmıyor.
1 2 3	**İlişkiyle ilgili konularda iyi iletişim kuruyor.**	İlişkinin gidişatı ve gelecekte birlikteliğinizi nasıl gördüğü konusunda (cevaptan hoşlanmayacak olsanız dahi) rahatça soru sorabiliyorsunuz. Bir şey onu rahatsız ettiğinde anlatıyor, trip atmıyor ya da tahmin etmenizi beklemiyor.
1 2 3	**Tartışmalarda uzlaşmaya varabiliyor.**	Sizi *gerçekten* neyin rahatsız ettiğini anlamak ve konuya parmak basmak için elinden geleni yapıyor. Bir yanlış anlaşılma olduğunda çözüme ulaşmak için tek yaptığı haklılığını ispatlamak değil.

Puan	Açıklama	Kulağa nasıl geliyor, nasıl görünüyor?
1 2 3	**Bağlılık ve bağımlılıktan korkmuyor.**	Onun alanına ya da özgürlüğüne müdahale etmeye çalıştığınız konusunda endişe duymuyor. Sizin veya başka partnerlerin onu evlenmek, parasını almak vb. için tuzağa düşürmeye çalışmasından korkmuyor.
1 2 3	**İlişkiyi zor bir iş olarak görmüyor.**	Bir ilişkinin ne kadar uzlaşma ve çaba gerektirdiğinden bahsetmiyor. Şartlar uygun olmadığında (işin çok zamanını alması gibi) dahi yeni bir ilişkiye başlamaya hazır.
1 2 3	**Yakınlık, daha fazla yakınlık getiriyor** (uzaklığın aksine).	Duygusal veya içinizi döktüğünüz bir konuşmanın ardından, yanınızda olduğunu hissettiriyor. Bir anda korkup uzaklaşmıyor! Geceyi birlikte geçirdikten sonra (*sadece* seksin ne kadar güzel olduğunu değil) onun için ne kadar çok şey ifade ettiğinizi anlatıyor.
1 2 3	**Erkenden aileyle ve arkadaşlarla tanıştırıyor.**	Arkadaş çevresine dahil olmanızı istiyor. Ailesiyle tanışmanız konusunda girişimde bulunmasa da onlarla tanışmak ya da sizinkilerle tanıştırmak isterseniz bunu memnuniyetle yapıyor.
1 2 3	**Hislerini doğallıkla ifade ediyor.**	Genellikle size karşı hislerini daha ilk zamanlarda anlatıyor. "Seni seviyorum" cümlesini cömertçe kullanıyor.

Puan	Açıklama	Kulağa nasıl geliyor, nasıl görünüyor?
1 2 3	**Oyunlar oynamıyor.**	Sizi tahmin yapmak durumunda bırakmıyor ve kıskandırmıyor. "Ben iki kere aradım, şimdi onun sırası" ya da "Beni aramak için tüm gün bekledi, şimdi ben de bir gün bekleyeceğim" gibi hesaplar yapmıyor.

(1'den 11'e kadar olan soruların puanlarını toplayın.)

B Grubu Toplam Puanı: ____________________

C GRUBU

Puan	Açıklama	Kulağa nasıl geliyor, nasıl görünüyor?
1 2 3	**İlişkide çok fazla yakınlık istiyor.**	Tatillere beraber gitmeyi, aynı eve çıkmayı, tüm zamanı birlikte geçirmeyi (kendisi başlatmasa bile) daha en baştan kabul ediyor. Fiziksel temastan (el ele tutuşmak, okşamak, öpüşmek) çok hoşlanıyor.
1 2 3	**Güvensizliklerinden bahsediyor** – reddedilmekten korkuyor.	Geçmiş ilişkileriniz hakkında çok fazla soru soruyor ve kıyaslamada nerede durduğunu belirlemeye çalışıyor. Eski sevgilinize duygularınızın sürüp sürmediğini anlamaya çalışıyor. Sizi memnun etmek için çok çabalıyor. Bir gün ona olan hislerinizi ya da cinsel çekiminizi kaybedeceğinizden korkuyor.

Puan	Açıklama	Kulağa nasıl geliyor, nasıl görünüyor?
1 2 3	**İlişki içinde olmadığında mutsuz.**	Öyle söylemese dahi, birini bulmak istediğini hissedebilirsiniz. Bazen konuşmalarınızın "müstakbel karı/koca" mülakatı olduğunu hissedersiniz.
1 2 3	**İlginizi/dikkatinizi canlı tutmak için oyunlar oynuyor.**	Birkaç gün aramadığınızda uzak ve ilgisiz davranıyor. Meşgul ya da müsait değilmiş gibi yapıyor. Bazı durumları ilginizi çekmeye çalışmak için kullanıyor.
1 2 3	**Onu neyin rahatsız ettiğini ifade etmekte zorlanıyor. Sizin tahmin etmenizi bekliyor.**	Üstü kapalı imaları çözerek neden keyifsiz olduğunuzu anlamanızı bekliyor. (Bu işe yaramazsa, davranışlarıyla ifade ediyor.)
1 2 3	**Trip atıyor** – aranızdaki sorunu çözmek yerine.	Bir tartışma esnasında ayrılmakla tehdit ediyor (ama sonrasında fikrini değiştiriyor). İhtiyaçlarını ifade etmiyor ama birikmiş kırgınlıkları yüzünden kötü davranıyor.
1 2 3	**İlişkideki bazı şeyleri kişisel *algılamamakta* zorlanıyor.**	Bir davet verdiğinde, geç saatlere dek çalışıp katılamadığınızda, "Arkadaşlarımla tanışmak istemiyorsun" gibi yorumluyor. Eve yorgun geldiğinizde ve konuşmak istemediğinizde, "Beni artık sevmiyorsun" diye yorumluyor.
1 2 3	**İlişkinin seviyesini sizin belirlemenizi istiyor** – böylece incinmeyecek.	Siz arayınca arıyor, siz duygularınızı söyleyince söylüyor (en azından başlarda). Risk almıyor.

Puan	Açıklama	Kulağa nasıl geliyor, nasıl görünüyor?
1 2 3	**İlişkiyle fazla meşgul.**	Bir görüşmenin ardından, siz eve yatmaya gidiyorsunuz. O eve gidip her detayı arkadaşlarıyla didikliyor. Ardından zaman zaman şu arkadaşının bunu dediğinden, bu arkadaşının şunu dediğinden bahsediyor. Birlikte olmadığınızda arıyor, bol bol mesaj atıyor *ya da* sizin aramanızı bekleyerek hiç aramıyor (savunma tepkisi). Sizi gizlice takip ediyor. Gizli bir numaradan arıyor, evinizin önünden geçiyor ya da gitme ihtimaliniz olan yerlere "tesadüfen" uğruyor.
1 2 3	**En ufak şeylerin ilişkiyi mahvedeceğinden korkuyor, ilginizi canlı tutmak için çabalaması gerektiğine inanıyor.**	"Bugün seni çok aradım, benden bıkmandan korkuyorum" ya da "Ailene kendimi çok iyi tanıtamadım, şimdi benden nefret edecekler" gibi şeyler söylüyor.
1 2 3	**Aldatacağınızdan şüpheleniyor.**	Şifrelerinizi alıyor ve e-postalarınızı kontrol ediyor. Nerede olduğunuz konusunda fazla hassas. Eşyalarınızı karıştırarak kanıt arıyor.

(1'den 11'e kadar olan soruların puanlarını toplayın.)

C Grubu Toplam Puanı: ________________

Puanlama Anahtarı

1. 11-17 Çok düşük: Partneriniz muhtemelen bu bağlanma stiline sahip değil.
2. 18-22 Orta seviye: Partneriniz bu bağlanma stiline yatkınlık gösteriyor.
3. 22-33 Yüksek: Partneriniz kesinlikle bu bağlanma stiline sahip.

Deneyimlere göre, puan ne kadar yüksekse, o bağlanma stiline yatkınlık da o kadar fazla olur. 23 üzeri bir puan, söz konusu bağlanma stiline güçlü bir yatkınlık olduğunu gösterir. Partneriniz *iki* bağlanma stilinde yüksek görünüyorsa, bunların kaçıngan ve kaygılı olma ihtimali yüksektir. Bu iki stilin davranış biçimlerinin bazıları dışarıdan (çok farklı romantik tavırlardan kaynaklansalar dahi) benzer görünür. Bu durumda, daha iyi bir değerlendirme yapmak için "Altın Kurallar"a bakın.

A Grubu'ndan 23 ya da daha yüksek puan: Partnerinizin/flörtünüzün kaçıngan bağlanma stiline sahip olduğu görülüyor. Bu durumda, yakınlığa ve samimiyete kesin gözüyle bakamazsınız. Güvenli ya da kaygılı birinin temel bir yakınlık isteği olur, kaçıngan biri bu isteği karşılamaz. İkisinin de bağlanmaya ve sevgiye ihtiyacı varken, beyinleri bağlanmak üzere temel bir mekanizma çalıştırırken, yakınlaştıkça boğulur gibi hissederler. Kaçınganlar söz konusu olduğunda günlük konuşmalar bile, konu hangi kanalı izleyeceğiniz ya da çocukları nasıl büyüteceğiniz olduğu fark etmeksizin, alan ve bağımsızlık konusuna gelir. Genellikle isteklerine boyun eğmek durumunda kalırsınız – aksi takdirde geri çekilirler. Araştırmalar, kaçıngan birinin yine bir kaçınganla çıkma ihtimalinin düşük olduğunu gösteriyor. Kaçınganlar her şeyi bir arada tutan o birleştirici hammaddeye sahip değildir.

B Grubu'ndan 23 ya da daha yüksek puan: Partnerinizin/flörtünüzün güvenli bağlanma stiline sahip olduğu görülüyor. Bu tür insanlar yakın olmak ister, aynı zamanda da reddedilmeye büyük tepki göstermezler. Mesajlarını karşı tarafa doğru ama suçlayıcı olmayacak şekilde iletmeyi beceren iyi iletişimcilerdir. Bu bağlanma stilinde biriyle yakınlık kurduğunuz zaman, yakınlık için uzlaşmanız gerekmez: *O size zaten verilir.* Bu da ikinizi birden özgür kılar, hayatın tadını çıkarır ve büyürsünüz. Sizin bakış açınızı dinler ve ikiniz için de uygun bir yol bulmaya çalışırlar. Partner konusunda içten gelen bir kabulleri vardır. Mesela partnerlerinin iyiliğinin kendi ellerinde olduğunu ve tam tersinin de geçerli olduğuna inanırlar. Bu özellikler sayesinde tamamen kendiniz olabilirsiniz. Böylece, araştırmaların da gösterdiği gibi, mutluluğunuz ve iyiliğiniz için en önemli etkenlerden biri gerçekleşmiş olur.

C Grubu'ndan 23 ya da daha yüksek puan: Partnerinizin/flörtünüzün kaygılı bağlanma stiline sahip olduğu görülüyor. Onun düşünme biçimini anlamaya çalışma zahmetine girdiğiniz sürece bu kötü bir şey sayılmaz. Kaygılı bağlanma stiline sahip biri yakınlığı çok ister ama bu yakınlığı tehdit edebileceğini hissettiği en ufak şeylere karşı bile fazla hassas davranır. Zaman zaman bilinçdışı davranışlarınızı ilişkiye tehdit olarak yorumlar. Bu olduğunda endişeye boğulur ve sıkıntılarını etkin bir şekilde ifade etme becerisinden yoksun davranır. Bunun yerine tavır koyar ve olay yaratır. En ufak şeylere hassasiyet göstermeleri ve sıkıntının katlanmasıyla bu bir kısırdöngüye dönüşür. Bu göz korkutucu durabilir ama vazgeçmeden önce yeterince duyarlı ve korkularını yatıştırmada etkili olursanız –ki bu mümkün– gerçekten sevecen ve kendini size adamış bir partneriniz olacağını bilmeniz önemli. Sıcaklık ve güven ihtiyaçlarına karşılık verirseniz, duyarlılıkları yatışır ve isteklerinize karşılık veren, yardımcı ve kendini adamış partnerler olurlar. Dahası, zamanla korkularını ve duygularını daha iyi ifade etmeyi öğrenirler ve sizin de tahmin yürütme durumunuz gittikçe azalır.

BAĞLANMA STİLLERİNİ ÇÖZMEDE ALTIN KURALLAR

Hâlâ emin değilseniz, partnerinizin bağlanma stilini çözmeniz için beş Altın Kural sunuyoruz:

1. Yakınlık ve samimiyet arayışında olup olmadığını netleştirin.

Bu kendinize ve partnerinize sormanız gereken ilk soru. Diğer tüm bağlanma davranışları ve işaretleri, çok önemli olan bu meselenin üzerinden ilerler. Eğer yanıt hayırsa, partnerinizin/flörtünüzün kaçıngan bağlanma stiline sahip olduğundan emin olabilirsiniz. Yanıt evetse, güvenli ya da kaygılı (bağlanma stillerini belirleyen bu iki boyutla ilgili daha fazla bilgi için 1. Bölüm'e bakınız) bağlanma stiline sahip olabilir. Bu soruyu yanıtlarken önyargıları bir kenara bırakın. Kaçıngan, güvenli ya da kaygılı olmayan bir karakter yoktur. Bir kişi kibirli ve kendinden emin olabilir ve yine de yakınlık isteyebilir. Tam tersi, eski kafalı ve beceriksiz davranırken, yakınlık konusunda isteksiz olabilir. Kendinize şunu sorun: Bu davranışı, yakınlık ve birlikteliğe karşı tavrı konusunda ne gösteriyor? Bir şeyi yapmasının ya da yapmamasının nedeni yakınlığı en aza indirmek mi?

Önceki evliliğinden çocukları olan biriyle ilişki yaşadığınızı düşünün. Onların iyiliğini ve hayatında yeni bir adama yer açmak için erken olduğunu düşünerek, sizi çocuklarıyla tanıştırmak istemeyebilir. Bu oldukça kabul edilebilir bir şey. Öte yandan, sizi bu şekilde belli bir mesafede tutmak ve kendi ayrı hayatını sürdürmek istiyor da olabilir. Resmin tamamına bakmalı ve bu davranışın gerçek anlamını görmeye çalışmalısınız. Ne kadar zaman geçtiği, ilişkinin ne kadar ciddi olduğu düşünüldüğünde, çocukları konusunda hâlâ bu kadar korumacı olması doğru mu? İlişkinin başlangıcında mantıklı görünen davranışlar iki yıl sonra mantıklı olmayabilir. Sizi ailesinden kişilerle veya yakın arkadaşlarıyla tanıştırıyor mu? Sizin iyiliğinizi düşünüyor, durumu açıklıyor ve bu konuda duygularınızı ifade etmenize izin veriyor mu? Bu soruların yanıtı hayırsa, o zaman konu sadece çocukların iyiliğini düşünmek değil, sizi belli bir mesafede tutmaktır.

2. İlişki konusuyla ne kadar meşgul ve reddedilmeye ne kadar duyarlı olduğunu belirleyin.

Söyledikleriniz onu kolayca incitiyor mu? Ortak geleceğiniz ve ona karşı sadık olup olmayacağınız konusunda endişeli mi? İlişkide mesafe gerektiren ayrıntılar konusunda, mesela onu içermeyen kararlar aldığınızda fazla duyarlı mı davranıyor? Bu soruların yanıtı evetse, partneriniz muhtemelen kaygılı bağlanma stiline sahiptir.

3. Bir tek "belirti"ye güvenmeyin, başka işaretler de arayın.

Tek bir tavır, davranış ya da inanç, partnerinizin bağlanma stilini belirlemenize yetmez. Bu yüzden, herkesin stilini belirleyen *tek bir* özellik yerine, davranışların ve tutumların bileşiminden oluşan bir döngü vardır. Gerçek hikâyeyi resmin tamamı anlatabilir. Partnerinizin, çocuklarıyla tanışmanızı istememesi çok sinir bozucu olabilir. Ama konuyu konuşabiliyor, öfkenizi anlıyor ve sizi hayatınıza katmanın başka yollarını buluyorsa, bu, yakınlaşma konusunda yetersiz olduğuna işaret etmez.

4. Etkin iletişim konusundaki tepkilerini değerlendirin.

Bu, partnerinizin bağlanma stilini anlamanın en önemli yollarından biri olabilir: *İhtiyaçlarınızı, düşüncelerinizi ve hislerinizi partnerinizle paylaşmaktan korkmayın!* Etkin iletişim konusunda daha fazla bilgi için 8. Bölüm'e bakabilirsiniz. Bazen ilişki içinde kendimizi farklı sebeplerle sansürleriz: Fazla istekli ya da muhtaç görünmek istemeyiz ya da belli bir konuyu açmak için erken olduğunu düşünürüz. Fakat ihtiyaçlarınızı ifade etmek, karşıdaki insanın ihtiyaçlarınızı karşılayıp karşılamayacağı konusunda bir turnusol testi görevi görebilir. Genellikle bunun karşılığında, aslında kendiliğinden dile getireceğinden çok daha fazlasını öğrenebilirsiniz:

- **Güvenliyse**, anlayacak ve ihtiyaçlarınızı karşılamak için elinden gelenin en iyisini yapacaktır.
- **Kaygılıysa**, sizi örnek alacaktır. Daha fazla yakınlık kurma fırsatına kucak açacak ve size karşı daha doğrudan ve açık olacaktır.
- **Kaçıngansa**, duyguların açığa çıktığı ve yakınlığın arttığı konuşmalardan rahatsız olacak ve şu şekillerde karşılık verecektir:
  - "Fazla hassas, bağımlı ve talepkârsın."
  - "Bundan bahsetmek istemiyorum."
  - "Her şeyi irdelemeyi kes!"
  - "Benden ne istiyorsun? Yanlış bir şey yapmadım ki."
  - Belli bir konudaki ihtiyacınızı gözetecek ama kısa bir süre sonra bunu yine göz ardı edecektir.

5. *Yapmadığı* şeylere bakın ve *söylemediği* şeyleri dinleyin.

Partnerinizin yapmadığı ve söylemediği şeyler, yaptıkları ve söyledikleri kadar bilgilendirici olabilir. İçgüdünüze güvenin. Şu örnekleri göz önünde bulundurun:

Yılbaşı gecesi, gece yarısı Rob kız arkadaşını öptü ve dedi ki: "Seninle birlikte olduğum için çok mutluyum. Umarım birlikte nice yeni yıllar görürüz." Kız arkadaşı da onu öptü ama cevap vermedi. İki ay sonra ayrıldılar.

Pat bir tartışma sırasında sevgilisi Jim'e, birlikte yaptıkları planların hep son dakikada yapılmasından şikâyet etti. Bu planları bilse ve önceden haberdar olsa kendini daha rahat ve güvende hissedeceğinden bahsetti. Jim cevap vermedi, konuyu değiştirdi. Son dakikada haber vermeye devam etti. Pat konuyu yine gündeme getirdi ama Jim yine duymazdan geldi. Sonunda Pat ilişkiden ümidini kesti.

Bu olaylarda, Rob'un kız arkadaşı ile Jim'in *söylemedikleri* çok fazla şey anlatıyordu.

BAĞLANMA STİLLERİNİ ÇÖZÜMLEME ATÖLYESİ

BAŞKALARININ BAĞLANMA STİLLERİNİ ÇÖZMEDE İPUÇLARI

Kaçıngan	Güvenli	Kaygılı
Karışık mesajlar veriyor.	Güvenilir ve istikrarlı.	İlişkide çok fazla yakınlık istiyor.
Bağımsızlığına fazlasıyla değer veriyor.	Kararları sizinle birlikte alıyor.	Güvensizliklerinden bahsediyor – reddedilmekten korkuyor.
Sizi (ya da eski partnerlerini) değersizleştiriyor.	İlişkilere dair görüşleri esnek.	İlişki içinde olmadığında mutsuz.
Uzaklaştırma taktikleri uyguluyor – duygusal ve fiziksel.	İlişkiyle ilgili konularda iyi iletişim kuruyor.	İlginizi/dikkatinizi canlı tutmak için oyunlar oynuyor.
İlişkideki sınırlara vurgu yapıyor.	Tartışmalarda uzlaşmaya varabiliyor.	Onu neyin rahatsız ettiğini ifade etmekte zorlanıyor. Sizin tahmin etmenizi bekliyor.
Bir ilişkinin nasıl olması gerektiği konusunda gerçeklikten uzak, romantik bir bakış açısı var.	Bağlılık ve bağımlılıktan korkmuyor.	Trip atıyor.
Güvensiz – partneri tarafından suiistimal edileceğinden korkuyor.	İlişkiyi zor bir iş olarak görmüyor.	İlişkideki bazı şeyleri kişisel *algılamamakta* zorlanıyor.

Kaçıngan	Güvenli	Kaygılı
İlişkiler konusunda katı görüşleri ve taviz vermeyeceği kuralları var.	Yakınlık, daha fazla yakınlık getiriyor.	İlişkinin seviyesini sizin belirlemenizi istiyor.
Tartışma sırasında uzaklaşması gerekiyor, yoksa "patlıyor".	Erkenden aileyle ya da arkadaşlarla tanıştırıyor.	İlişkiyle fazla meşgul.
Niyetlerini net olarak belirtmiyor.	Hislerini doğallıkla ifade ediyor.	En ufak şeylerin ilişkiyi mahvedeceğinden korkuyor, ilginizi canlı tutmak için çabalaması gerektiğine inanıyor.
Aranızda olup bitenlerden bahsetmekte zorlanıyor.	Oyunlar oynamıyor.	Aldatacağınızdan şüpheleniyor.

Altın Kurallar:

Yakınlık ve samimiyet arayışında olup olmadığını netleştirin.

İlişki konusuyla ne kadar meşgul ve reddedilmeye ne kadar duyarlı olduğunu belirleyin.

Bir tek "belirti"ye güvenmeyin, başka işaretler de arayın.

Etkin iletişim konusundaki tepkilerini değerlendirin.

Yapmadığı şeylere bakın ve *söylemediği* şeyleri dinleyin.

Bu atölye çalışmasında insanların kendilerini anlattıkları "öz rapor"lar okuyacaksınız. Öz rapor, katılımcıların anlattıklarından ve davranışlarından araştırmacının çıkarım yapması yerine katılımcıların kendilerine dair hazırladıkları raporlar için kullanılan bir araştırma terimidir. Bağlanmanın günlük hayattaki uygulaması için, insanların bağlanma konusunda kendileri hakkında anlattıkları şeylere de başvuruyoruz. Partnerinizin ya da flörtünüzün ağzından Paris'e gidişini ve Louvre Müzesi izlenimlerini öylesine dinleyebilirsiniz ama ilişkiler ve yakınlık konusundaki görüşlerinden –"öz raporları"ndan– bahsettiğinde dikkatle dinlersiniz. Bu, söz konusu aşk olduğunda hangi yollardan geçtiklerini gerçekten anlamanız için bir fırsattır.

Aşağıdaki öz raporları okuyun. Her birindeki bağlanma stilini tanımlayabilir misiniz? Kendinizi gerçekten sınamak isterseniz bir kâğıtla cevapları kapatın. Az önce ana hatlarını okuduğunuz bağlanma işaretlerini ve Altın Kuralları aklınızda bulundurun (bakınız: yukarıdaki kutu).

Barry, boşanmış, 46.

İlişki mi? Şu anda duymak bile istemiyorum. Hâlâ boşanmanın yaralarını sarıyorum. Evli olduğum zamanın acısını çıkarmak istiyorum. Kadınlar tarafından istendiğimi hissetmeliyim. Seks yapmak istiyorum. Dikkatli olmam gerektiğinin de farkındayım, çünkü çıktığım her kadın hemen çocuklarına nasıl bir baba olacağımı, soyadlarımızın ne kadar uyumlu olacağını hayal etmeye başlıyor. Yaklaşık bir yıldır Caitlin adında biriyle çıkıyorum ve o her açıdan harika. Ciddi bir ilişkimiz olmasını isterdi biliyorum ama benim yeniden bir kadına güvenmem, bağlanmam ve sevmem için çok uzun zamana ihtiyacım var. Fakat en azından ne *istemediğimi* ve ne konuda uzlaşmayacağımı biliyorum. Örnek mi vereyim? Mesela, maddi açıdan kendine yetmeli çünkü zaten şu anda bile iliklerimi kurutan bir kadın var, iki kişiye birden bakamam. Ayrıca hiç aşmaya niyetli olmadığım başka bazı çizgilerim de var.

Bağlanma şekli: __________________

Yanıt: Kaçıngan. Kendi kendinize adamın henüz bir boşanma atlattığını ve dikkatli olmakta haklı olduğunu söylüyor olabilirsiniz. Durum öyle de olabilir, ama aksini gösteren bir kanıt olmadıkça o kaçıngan biri. Âşık olduktan sonra bile uzlaşmayacağını, bağımsızlığına değer verdiğini ve güvensiz olduğunu söylüyor. "Kadının çocukları" hakkında nasıl konuştuğuna dikkat ettiniz mi? Önceki evliliğinden çocukları olan bir kadından bahsediyor olabilir fakat *ortak* çocuklarından bahsederken bile Barry'nin onları "kadının çocukları" olarak görmesi ihtimali yüksek. Kullandığı dil mesafe yaratıyor. Ayrıca onu nikâh masasına oturtmak isteyen kadınlar tarafından suiistimal edilmekten ve maddi açıdan çökmekten korkuyor. İlk Altın Kural'ı hatırlayın: Yakınlık ve samimiyet arayışında olup olmadığını netleştirin. Öyle olmadığını biliyorsunuz; beğenilmenin hoşuna gittiğinden, çokça seks istediğinden bahsediyor ama duygusal destek ve yakınlıktan söz etmiyor.

Bella, bekâr, 24.

Mark'la bir buçuk yıldır beraberiz. Birlikte çok mutluyuz. Ama yanlış anlaşılmasın, işler ta ilk günden beri mükemmel değildi. Başta Mark'la ilgili beni rahatsız eden birkaç şey vardı. Örneğin, Mark tanıştığımızda cinsel tecrübesi olmayan biriydi ve dürüst olmak gerekirse, yatakta ona kelimenin tam anlamıyla rehberlik ettim. Hayatımın geri kalanını cinsel anlamda hüsrana uğramış olarak geçirecek değildim ya! Fakat bu tarihe gömüldü. Ayrıca ben ondan daha çılgınım. Mark ciddi, aklı başında biridir ve en başta benim için fazla ebleh olduğunu düşünmüştüm. Fakat daha iyi bir seçim yapamazmışım. Mark sıcak ve güvenilir. Bu özellikler paha biçilemez. Onu çok seviyorum.

Bağlanma Stili: ____________________

Yanıt: Güvenli. Bella'nın güvenli olduğuna dair en net ve belirleyici ipucu, Mark'a yatakta rehberlik etmesi. Bu, ilişkiye dair meselelerde açıkça ve verimli bir şekilde iletişim kurulduğunun harika bir örneği. Bir sorunla karşılaşıyor, çözmek istiyor ve bunu yapacak kadar güvenli hissediyor. Bella kaçıngan değil, çünkü Mark'ın yataktaki yetersizliği yüzünden onu suçlayacağından, onu çekici bulmadığından ve bu yüzden mutlu etmeye çabalamayabileceğinden endişe etmedi. Aksine gülümseyip durumu ilişkiye zarar vermeyecek şekilde ele aldı. Bella kaçıngan olsaydı kendini suçlamaz ama Mark'ın yetersizliğini onu küçümsemekte ve uzaklaştırmakta kullanırdı. Muhtemelen ona rehberlik etmezdi. Ayrıca Bella'nın çift olmaya dair esnek görüşleri olduğu açık. Mark onun "ideal erkek" tanımına tam olarak uymadığı halde, tereddüt etmeden zihinsel olarak geçiş yaptı ve daha da önemlisi geçmişe baktığında kararından memnuniyet duydu. Ve yine bu noktada kaçıngan olsaydı, aynı uzlaşmada bulunabilir ama yapmak durumunda kaldığı için kendini aldatılmış hissedebilirdi. Son olarak, Bella duygularını Mark'a açıklıkla ve doğallıkla ifade ediyor.

Janet, bekâr, 23.

Nihayet harika biriyle tanıştım, gerçekten harika bir adam. Tim ve ben sadece iki kere çıktık ve şimdiden âşık olduğumu hissediyorum. Kendime uygun birini bulmak çok zor. Sadece belli bir tip erkekten hoşlanıyorum ve onun da beni çekici bulma ihtimali ne kadar olabilir ki? Bu sefer şans benden yana. Artık Tim'i bulduğuma göre, her şeyi doğru yaptığımdan emin olmak istiyorum. Daha fazla hata yapmayı kaldıramam. Tek bir yanlış hamleyle tüm ilişkiyi tehlikeye atabilirim. Hızı onun ayarlamasını bekliyorum çünkü çok istekli görünmek istemiyorum. Belki de bir mesaj atsam fena olmaz? Hem öylesine ve doğalmış gibi görünür, ne dersin? Ya da belki toplu e-posta gönderir gibi ona da komik bir e-posta atarım.

Bağlanma Stili: ____________________

Yanıt: Kaygılı. Janet tipik bir kaygılı. Yakınlık arıyor, tek başınayken eksik hissediyor ve kafası sürekli ilişkiyle meşgul. Bağlanma stili nasıl olursa olsun herkes ilk birkaç randevuda heyecanlı olur, birlikte olduğu kişiyi sürekli düşünür. Fakat Janet bunu bir adım öteye götürüyor. İlişkilerin nadir ve narin şeyler olduğunu düşünüyor. Kendisi tarafından yapılan uygunsuz tek bir hareketin onları mahvedeceğine inanıyor. Bu yüzden her hareketin üzerinden defalarca geçiyor ve hataya düşmemek için sonsuz hesaplar yapıyor. Ayrıca ilişkinin yoğunluğuna ve temposuna Tim'in karar vermesini tercih ediyor. Son olarak, güvensiz olduğu için Tim'le doğrudan iletişime geçmek yerine kendini ortaya koymadan, toplu e-posta göndermek gibi bahanelerle onunla temasta kalmaya çalışıyor.

Paul, bekâr, 37.

Amanda'yla ilişkimi kısa süre önce bitirdim. Büyük hayal kırıklığı yaşasam da hayatımı onunla geçiremezdim, biliyorum. Birkaç aydır çıkıyorduk ve başta hayallerimin kadınını bulduğuma emindim. Fakat onunla ilgili farklı şeyler beni rahatsız etmeye başladı. Öncelikle, estetik operasyon geçirdiğine eminim ve bu beni gerçekten soğuttu. Ayrıca kendinden emin değil ve bunu da itici buluyorum. Bir kez birinden soğuduğumda, bir dakika daha duramam. Aramaya devam etmeliyim. Doğru kadının orada bir yerde beni beklediğini biliyorum ve ne kadar sürerse sürsün kavuşup birlikte olacağız. Gülüşünü görebiliyorum, sarılmasını içimde hissedebiliyorum. Tanıştığımızda sükûnet ve huzur hissedeceğimi biliyorum. Kaç defa başarısız olursam olayım, kendime aramaya devam etme sözü veriyorum.

Bağlanma Stili: ____________________

Yanıt: Kaçıngan. Bu biraz kafa karıştırıcı olabilir. Paul hayallerinin kadınını arıyor, o zaman güvenli ya da kaygılı olması gerekir, değil mi? Değil. İdeal "gerçek aşk" tarifi bir olumsuzluğa işaret olarak görülmeli. Ayrıca farklı bağlanma stillerine sahip insanlar hâlâ yalnız olmalarının nedenlerini farklı şekillerde açıklar: Kaygılı insanlar kendilerinde bir sorun olduğunu düşünür, güvenlilerin daha gerçekçi bir bakış açısı vardır ve kaçınganlar genellikle Paul gibi konuşur. Bekâr olmalarını, henüz doğru kadını bulamamak gibi dış etkenlere bağlarlar. Bu, söylenen ve *söylenmeyenin* ardında ne yattığına bakmak için iyi bir fırsat: Bir sürü kadınla çıkmış olmasına rağmen "o kişi" ile henüz tanışmamış olmasının açık bir sebebi yoksa, alt metinleri okumanız gerekir. Paul'ün Amanda'yla ilişkisini anlatışında da ipuçları var. Onunla ilgili başta heyecan duyuyor, fakat sonra onu soğutan ufak tefek şeyler fark etmeye başlıyor. Yakınlık arttığında partnerini küçümsemek, kaçıngan bağlanma stiline sahip insanların tipik bir özelliğidir ve duygusal bir mesafe yaratmakta kullanılır.

Logan, bekâr, 34.

Hayatımda Mary dahil üç kişiyle çıktım. Birkaç yıl önce tanıştığımızda bu gerçek, Mary'yi sarsmıştı. Eski ilişkilerimi didikleyip durdu ve ona tümünü anlattığımda, bir şey saklamadığımı söylediğimde şaşırmış göründü ve kendimi bir şeyler kaçırmış gibi hissedip hissetmediğimi sordu. Uzun zamandır tek başıma olduğum için endişeli miydim? Ya da birini bulamayacağım konusunda?

Doğrusu birini bulamayacağım fikri aklımdan geçmedi. Elbette payıma düşen hayal kırıklıklarını yaşadım ama zamanı gelince olacağına inandım. Ve öyle de oldu. Mary'yi görür görmez sevdim ve söyledim. Ne zaman karşılık verdi? Tam olarak emin değilim ama bana söylediği zamandan önce benden delicesine hoşlandığını biliyordum.

Bağlanma Stili: ____________________

Yanıt: Güvenli. Logan'ın güvenli bağlandığına dair birkaç ipucu var. İlişkiler ya da yalnız kalmakla kafasını çok meşgul etmiyor. Bu da kaygılı bağlanmayı (fakat sevgilisi Mary bu sebeplerden kaygılı gibi görünüyor) seçeneklerin dışında bırakıyor. Logan'ın kaçıngan mı güvenli mi olduğu sorusu kalıyor. Birkaç gösterge kaçıngan stili de seçenek olmaktan çıkarıyor: Öncelikle Mary'ye geçmiş ilişkileri konusunda açık davranıyor, tüm kartları masaya yatırıyor, onun didiklemesi sinirine dokunmuyor (ve kaygılı birinin yapacağı gibi romantik geçmişini süsleyip püslemiyor). İkinci olarak, Mary'ye hislerini daha en baştan ifade etmekte zorlanmıyor. Bu tipik bir güvenli özelliği. Eğer kaçıngan olsaydı karışık mesajlar verme eğiliminde olurdu. Ayrıca oyun oynamadığına da dikkat edin; Mary'nin ne zaman karşılık verdiğini kaydetmiyor, kendine karşı dürüst ve diğer durumların etkisinde kalmadan, kendi içten yaklaşımıyla hareket ediyor.

Suzanne, bekâr, 33.

Bu Sevgililer Günü, kocamı bulacağım yılın başlangıcı olacak. Yalnızlıktan bıktım, boş bir eve dönmekten, filmlere tek başıma gitmekten, kendimle ya da yabancının biriyle sevişmekten sıkıldım. Bu yıl harika birini bulacağım ve o benim olacak. Geçmişte kendimi partnerlerime tamamen adar ve çok incinirdim. İyi birini bulma umudumu kaybetmiştim. Ama incinme korkumun üstesinden gelmek zorundayım. Kendimi açacağım, risk alacağım ve kendimi kaybedeceğim. Emek olmadan yemek olmayacağını anlıyorum ve kalbimi açmazsam, oraya kimsenin giremeyeceğinin de farkındayım. Çaresizliğe yenilmeyeceğim. Mutlu olmayı hak ediyorum!

Bağlanma Stili: ____________________

Yanıt: Kaygılı. Bu daha önce defalarca incinmiş kaygılı birinin net ifadesi. Birini bulma fikrinde kendini kaybetmiş. Dışarı çıkıp ruh eşini bulmak istiyor. Fakat bağlanma prensiplerine aşina olmadığı için, kimden kaçması ve kime güvenmesi gerektiğini bilmiyor. Suzanne dördüncü örnekteki Paul'den çok farklı. "İdeal" partneri aramıyor. Sorunun ne olduğu ve neden henüz biriyle tanışmadığı hakkında bir fikrimiz var. Yakınlaşıyor ve inciniyor ama yakınlık ihtiyacı sürüyor. Paul "doğru kadın"ı bulana kadar yakınlaşmayacak. Bu kitabı yazma nedenlerimizden biri de Suzanne gibi insanlar. Biriyle tanışmayı çok isteyen ama daha en baştan zarar gören ve reddedilmekten korkanlar. Yanlış kişiyle birlikte olmanın acısını biliyor, neredeyse vazgeçme noktasına gelecek kadar acıdan korkuyor. Yakınlığı çok istediği için kendini yalnız ve eksik hissediyor ve olası partnerleri nasıl değerlendireceği hakkında bir fikri yok. Uygulamalı bağlanma teorisi bilgisiyle Suzanne gibi insanların flört dünyasında nasıl seyahat edeceğini öğrendiğine, kaçınganlardan uzak durduğuna ve besleyici, güvenli bir partnerin kollarına sağ salim ulaştığına şahit olduk.

II. KISIM

Günlük Hayatta Üç Bağlanma Stili

3

Tehlikeye Karşı Altıncı Hisle Yaşamak: Kaygılı Bağlanma Stili

Ünlü on yedinci yüzyıl filozofu Baruch Spinoza der ki: "Mutluluğumuz ya da mutsuzluğumuz sevgiyle bağlandığımız nesnenin niteliğine bağlıdır yalnızca." Yani biriyle ilişkiye girerken akıllı olun, çünkü risk büyük: Mutluluğunuz ona bağlı! Bunun özellikle kaygılı bağlanma stiline sahip insanlar için doğru olduğunu görüyoruz. Bağlanma sisteminin farkında olmadıklarında ilişkilerde çok acı çekebiliyorlar. Tıpkı Amir'in iş arkadaşı Emily örneğinde olduğu gibi.

ANCAK İÇİNDE OLDUĞUNUZ İLİŞKİ KADAR SIKINTILISINIZ

Emily psikiyatri ihtisası yaparken, psikanalist olmak istediğine de karar verdi. Psikanaliz enstitüsünde derslere başlamadan önce, en az bir yıl kadar kendi analizini tamamlaması, haftada dört defa terapiste gitmesi, koltuğa uzanıp aklına gelenleri anlatması gerekiyordu. Emily başta iyi gidiyordu. Hatta işler o kadar yolunda görünüyordu ki, psikanalisti süreci en fazla iki yılda tamamlayacağını düşündü – analizlerin genellikle en az dört-beş yılda bittiği düşünülürse bu duyulmamış bir şeydi.

Sonra David'le tanıştı ve kısa zamanda âşık oldu. Fakat gelecek vaat eden bir aktör olan David'in hayra alamet olmadığı ortaya çıktı. Birlikte olma isteğine dair karışık mesajlar veriyordu ve bu Emily'nin sinirini bozuyordu. Davranışları değişti ve dengesi tamamen bozuldu. Central Park'ta birlikte koşardık ve gelirken yanında hem iş için kullandığı çağrı cihazını hem de cep telefonunu getirirdi (o günlerde cep telefonları oldukça büyük ve ağırdı). Her birini sırayla birkaç dakikada bir kontrol ederek David'in arayıp aramadığına bakardı. İşyerinde saatlerini David'in internette yaptıklarının izini sürmekle geçirir, ardından sahte bir internet karakteri yaratarak girdiği sohbet odalarında onunla sohbet ederdi. Kısacası takıntılı hale gelmişti.

Psikanalisti en çok umut vaat eden adayının bu korkunç değişimine anlam veremedi. İhtisas yapan sağduyulu biri olan Emily "mazoşist borderline kişilik özellikleri"ne sahip birine dönüşmeye başlamıştı. Ve artık psikanalizi yıllar sürecek gibi görünüyordu.

HASSAS BİR BAĞLANMA SİSTEMİ

Fakat Emily'nin durumu, mazoşizm ya da borderline kişilik bozukluğu değildi. Sadece harekete geçmiş bir bağlanma sistemi durumuydu. Emily gibi kaygılı bağlanma stiline sahip insanların çok hassas bir *bağlanma sistemleri* vardır. Önceki bölümlerde bahsettiğimiz gibi, bağlanma sistemi beynimizde bağlanma figürlerimizin uygunluğunu ve güvenirliğini gözlemlemekle sorumlu bir mekanizmadır. Eğer kaygılı bağlanma stiline sahipseniz, eşsiz bir ilişkinizin tehdit altında olduğunu hissetme yetiniz vardır. Yanlış giden bir şeyler olduğuna dair en ufak bir ipucu bile bağlanma sisteminizi devreye sokar ve bağlanma sisteminiz bir kez harekete geçtikten sonra, partnerinizden gerçekten yanınızda ve ilişkinin güvende olduğuna dair bir işaret alana kadar sakinleşemezsiniz.

Başka bağlanma stiline sahip insanların bağlanma sistemlerinin de harekete geçtiği olur ama onlar kaygılı bağlananlar gibi üstü kapalı ayrıntıları yorumlamazlar.

Kaygılı bağlanan insanların bağlanma sistemlerinin ne kadar hassas olduğunu gösteren bir çalışma, Chris Fraley'in Illinois Üniversitesi'ndeki laboratuvarında –kendisi aynı zamanda ECR-R bağlanma stillerini tasarlayan araştırmacıdır– gerçekleştirildi. Fransa'daki Blaise Pascal Üniversitesi'nden Paula Niedenthal da çalışmaya destek oldu ve birlikte kaygılı bağlanma stiline ait sosyal işaretlerin görünürlüğünü ölçmenin değişik bir yolunu buldular. "Değişim filmi" tekniğini kullandılar. Bu önce belli bir duygusal ifadenin (mesela öfke) yüzde göründüğü ve kendiliğinden aşamalı olarak nötr ifadeye dönüştüğü, bilgisayarda yapılmış bir filmdi. Katılımcılardan gerçek duygunun bozulduğuna inandıkları karede filmi durdurmaları istendi. Kaygılı bağlanan insanların, duygu ifadesinin değiştiği ânı diğerlerinden daha önce fark etme eğilimi olduğunu buldular. Ayrıca görev tersine çevrildiğinde –görüntü nötr başlayıp ifade değiştiğinde– yine kaygılı bağlanan insanların duygunun dönüşüm ânını daha erken fark ettiklerini gördüler. Bu bulgulara göre, kaygılı bağlanma stiline sahip insanlar başkalarının duygusal ifadelerindeki değişime karşı çok daha tetikte; dahası diğerlerinin verdiği ipuçlarına karşı daha hassaslar ve doğru okuyorlar. Fakat bu bulgu bir ikaz da içeriyor. Çalışma gösteriyor ki kaygılı bağlanan insanlar yargıya varma konusunda fazla aceleci ve bunu yaptıklarında insanların duygu durumlarını yanlış yorumlama eğiliminde oluyorlar. Deney kaygılı katılımcıların biraz daha fazla beklemeleri ve bir yargıya varmadan biraz daha bilgi edinmeleri şeklinde tasarlandığında, diğer katılımcılardan avantajlı duruma geçtiler. Bu, kaygılı bağlanma stili sahibi biri için önemli bir ders: Tepki vermeden ve bir sonuca varmadan önce biraz daha beklerseniz, çevrenizde olan biteni çözecek olağanüstü bir yeteneğiniz olur ve bunu menfaatinize kullanabilirsiniz. Fakat fevri davranırsanız yanlış yargılara varır ve kendinize zarar verirsiniz.

Kaygılı bağlanma stiline sahip insanlar, diğerlerinden çok daha hızlı harekete geçer. Çok fazla detay fark ederler ve partnerlerinin beden dili olumsuz ya da reddeder şekilde olduğunda bunu hissederler. Sistem harekete geçtikten sonra düşünceleri tek bir amaç için çalışır: partnerleriyle yakınlığı yeniden kurmak. Bu düşüncelere *harekete geçirme stratejileri* denir.

Harekete geçirme stratejileri, sizi partnerinize duygusal ya da fiziksel olarak daha yakın olmaya itecek düşünceler ve duygulardır. Partneriniz güvenliğinizi yeniden tesis edecek bir şekilde karşılık verdiğinde, yeniden normal, sakin benliğinize dönebilirsiniz.

Harekete Geçirme Stratejileri

Sizi Partnerinizde Yakınlık Aramaya İten Duygu ve Düşünceler

- Sürekli eşinizi düşünmek, başka şeylere odaklanmakta zorlanmak.
- Sadece iyi niteliklerini hatırlamak.
- İdealize etmek: kendi yetenek ve becerilerinizi küçümseyerek onunkini abartmak.
- Sadece onunla iletişimde olduğunuzda kaybolan kaygı hissi.

Bunun aşk için tek şansınız olduğuna inanmak:

- "Çok az insanla uyumluyumdur – onun gibi birisini bir daha bulma ihtimalim ne kadar olabilir ki?"
- "Yeni biriyle tanışmak yıllar sürer, yalnız öleceğim."

Mutsuz olsanız dahi bırakmamanız gerektiğine inanmak:

- "Beni bırakırsa –bir başkası için– harika bir partnere dönüşecek."
- "Değişebilir."
- "Her çiftin sorunları olur – bu anlamda bir özelliğimiz yok."

Emily'nin durumunda bağlanma sistemi tam hedefteydi. İlişki süresince, o işyerinde çalışırken ve David'in seçmelerde olması gereken saatlerde zamanını internette porno izleyerek geçirdiğini, ayrıca yine internette çeşitli sohbet odalarında başka kızlarla (kendi yarattığı sanal karakter de dahil) flört ettiğini öğrendi. Fakat yine de ondan ayrılmakta zorlandı. Yukarıda kabataslak bahsettiğimiz harekete geçirme stratejileri benzeri şeyler kafasına üşüştü; David değişebilirdi, herkesin sorunları vardı ve daha neler neler. Bağı koparacak cesareti toplaması bir yılı buldu. Bu süre zarfınca ve ayrıldıktan sonra da zamanın çoğunu ondan bahsederek analiz yapmakla geçirdi. Yıllar sonra, harika bir adamla evlendikten ve kendi dirençli benliğine döndükten sonra tüm bu deneyime şaşkınlıkla baktı. Terapi zamanını, o ilişki etrafında dönen "aşırı" davranışlarının köklerini bulmaya harcadığına inanamadı. O iyi adamla –bağlanma sistemini sürekli harekete geçirmeyen kişi– daha önce tanışsaydı, kendini "mazoşist borderline kişilik özellikleri"ni incelemekten korumuş olurdu.

BAĞLANMA SİSTEMİNİN İŞLEYİŞİ

Çabuk bağlanan ve hassas bir sistemi olan kişiler için sistemin nasıl çalıştığını öğrenmek değerlidir. Emily gibi kaygılı bağlanma stiline sahip birçok insan farkında olmadan kronik olarak harekete geçmiş bir bağlanma sistemiyle yaşıyor. Bir sonraki sayfada bağlanma sisteminin nasıl çalıştığını örnekleyeceğiz.

BAĞLANMA SİSTEMİ:
KONFOR ALANINA ULAŞMAK

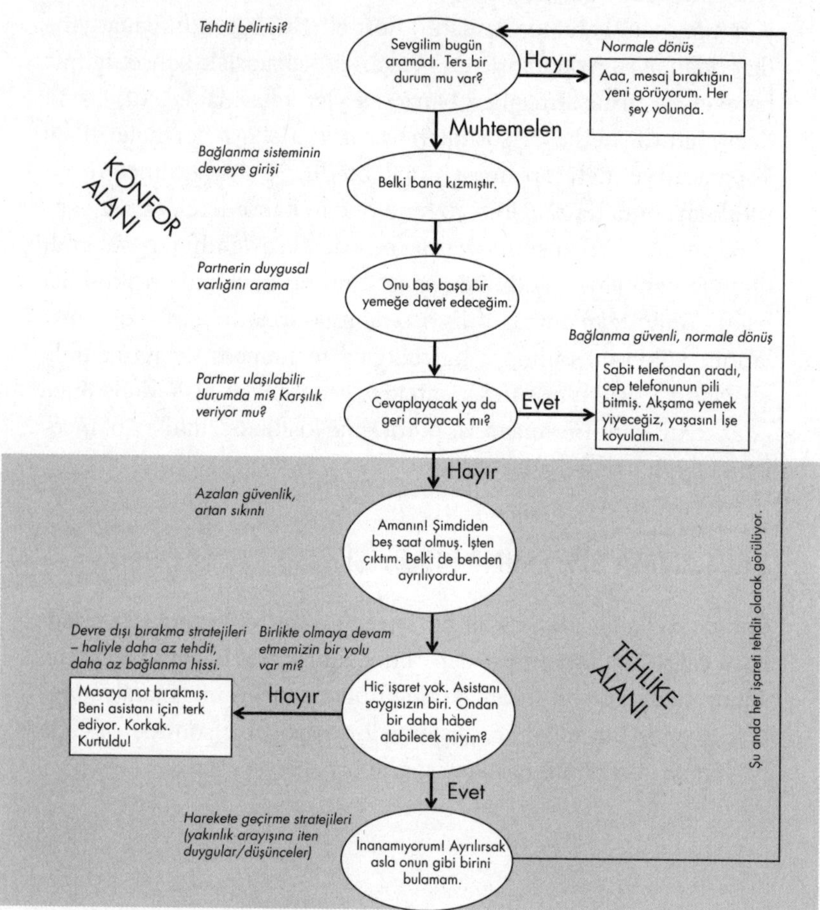

(Shaver and Mikulincer'in 2002 bütüncül modeli temel alınmıştır.)

Emily, David'le birlikteyken, ilişki anlamında hayatını *tehlikeli alan*da yaşadı. Kendini altında güvenlik ağı olmayan bir ip cambazı gibi hissediyordu. Sürekli tetiklenen kaygılarına rağmen duygu dengesini sağlamaya çalışıyordu. Sadece her döngüden az önce, kısa süren güvenli anlar oluyordu. Düşünceleri, duyguları ve davranışları David'in onun için gerçekten ulaşılabilir olmadığı gerçeği üzerinden şekilleniyordu. İlişki için neredeyse sürekli bir tehdit duygusu hissediyordu. Ona yakın olarak bu hissi azaltmakla meşguldü; bu bazen işyerindeki değerli vaktini internette bir başkası olarak geçirmek, bazen de terapide ya da arkadaşlarına sürekli ondan bahsetmek biçiminde oluyordu. Böylece David hep aklındaydı. Tüm bu tutarsız davranış ve düşüncelerin –harekete geçirme stratejileri– tek bir amacı vardı: David'le yakınlığı sağlamak. David daimi olarak ulaşılabilir olsaydı, bu harekete geçirme stratejileri kontrolden çıkmak yerine daha başta engellenirdi ve ilişki asla *konfor alanı*ndan çıkmak zorunda kalmazdı. Emily artık evli ve kendini tehlikeli bölgede sıkışıp kalmış hissetmiyor. Eşi sevecen, ilgili ve en önemlisi ulaşılabilir. Emily, harekete geçmiş bir bağlanma sisteminin gücünün hâlâ farkında. Eğer daimi olarak ulaşılabilir olmayan biriyle başka bir ilişkiye girmiş olsaydı, muhtemelen yine o "takıntılı" haline dönebilirdi. Böyle bir şeyin düşüncesi bile midesine ağrılar girmesine yetiyor.

KONFOR ALANINDA YAŞAMAK: RYAN VE SHAUNA

Ryan ve Shauna iş arkadaşlarıydı ve birbirlerine âşık oldular. Ryan prestijli bir şirkete daha yüksek ücretle geçmek için işini bıraktığında birkaç yıllık evlilerdi. İlk defa işgünlerini beraber geçirmez olmuşlardı. Ryan yeni iş arkadaşlarıyla ilk iş gezisine çıktığında Shauna'yı özledi ve onu aramaya çalıştı. Telefon iki kere çaldıktan sonra telesekretere düştü. Ryan buna çok içerledi, siniri bozuldu ve tekrar aradı. Bu defa doğrudan telesekretere düştü. Bir mesaj bırakmadı. Shauna'nın ilk aradığında açmayı reddettiğini ve sonra da telefonu kapadığını düşünüp incindi. İş toplantısına odaklanmakta zorlandı ama onu yolculuk boyunca bir daha aramama konusunda kendi kendine söz verdi. Neyse ki bir saat sonra Shauna açamadığı için özür dileyen bir mesaj gönderdi – aradığında patronu başındaydı ve açamamıştı. Ryan rahatladı ve onu hemen aradı.

Kaygılı bağlanma stiline sahip Ryan'ın, bağlanmaya dair ipuçları konusunda bir altıncı hissi var. Kız arkadaşının ulaşılabilir oluşuyla ilgili her küçük detaya dikkat kesiliyor: Telefon telesekretere düşmeden önce kaç kez çaldığına dikkat etti. Shauna'nın "reddet tuşuna bastığı ve telefonu kapadığı" sonucuna doğru bir şekilde vardı. Başka bir bağlanma stiline sahip biri bu detayları kaçırabilirdi. Daha önce Shauna'nın kendi ofisinden üç oda ötesinde bulunmasına alıştığı ve yeni şirketiyle ilk iş yolculuğu olduğu için özellikle hassastı.

Ryan'ın şansına, Shauna güvenli bağlanma stiline sahip ve çok çaba sarf etmeden ona etkin bir şekilde karşılık verebiliyor, bağlantıyı yeniden kurabiliyor ve onun bağlanma sistemini sakinleştirebiliyor. Emily'nin aksine, Ryan kendini tehlikeli alanda bir ilişkide bulmadı, çünkü kaygıları giderildi.

Bir ilişki durumunda kendinizi rahatsız hissettiğinizde, sizi normale döndürmek için gerekenin partnerinizden küçücük bir iç rahatlatma çabası/güvence verme –Shauna'nın durumunda bir kısa mesaj– olduğuna dikkat edin. Fakat bu rahatlatma gelmediğinde ilişkiye dair endişeleriniz katlanır ve bağlanma sisteminizi sakinleştirmek için bir kısa mesajdan çok daha fazlası gerekir. Bu, bir ilişki içinde olan herkes için önemli bir içgörüdür. Daha ilk aşamalarda partnerinizin –ve o da sizin– ihtiyaçlarına ne kadar fazla uyum sağlanırsanız, sonrasında onunla ilgilenmek için daha az enerji harcarsınız.

Aslında Shauna öyle davranmasaydı, Ryan işe odaklanmakta zorlanacaktı (harekete geçirme stratejileri) ve nihayet o aradığında muhtemelen ya mesafeli davranacak ya da telefonda patlayacaktı (tepkisel davranış). Bunların hepsi ilişki için yıkıcı şeyler olurdu.

Tepkisel Davranış Örnekleri

- Bağlantıyı yeniden kurmak için yapılan aşırı girişimler:
- Defalarca aramak, mesaj atmak, e-posta göndermek, telefon beklemek, karşılaşmayı umarak işyerinin çevresinde dolaşmak.

Çekilmek:

- Elindeki kitaba, gazeteye gömülmüş halde, partnerinize gerçekten arkanızı dönüp oturmak, konuşmamak, başkalarıyla telefonda konuşmak ve onu görmezden gelmek.

Çetele tutmak:

- Aramanıza ne kadar sürede döndüğünü hesaplamak ve o aradığında aynısını yapmak. İlk "barışma" hamlesini karşıdan beklemek ve bu süre boyunca mesafeli davranmak. Ryan, Shauna çağrılarını gördükten sonra mesaj bırakmamayı seçtiğinde çetele tutmuş oluyordu ("Aramalarıma cevap vermiyorsa ben de mesaj bırakmam").

Düşmanca davranmak:

- Konuşurken gözlerini devirmek, başka yöne bakmak, partneriniz konuşmaya devam ederken kalkıp odayı terk etmek (düşmanca davranmak zaman zaman şiddete karşı şiddet getirebilir).

Terk etme tehdidi:

- "Geçinemiyoruz, bunu daha fazla sürdürebileceğimi sanmıyorum", "Birbirimize uygun olmadığımızı biliyordum", "Sensiz olsam daha iyi" – sizi, onu terk etmekten vazgeçirmeye çalışmasını umarak yapılan tehditler.

Manipülasyonlar:

- Meşgul ve ulaşılmaz davranmak. Aramaları reddetmek, planlarınız yokken var demek.

Kıskandırmak:

- Eski bir sevgiliyle yemek planı yapmak, arkadaşlarla bekârların gittiği bir bara gitmek ve partnerinize bugün size kimin asıldığından bahsetmek.

Tepkisel davranış partnerinizle bağlantınızı yeniden kurmak ve ilgisini çekmek için yaptığınız her şey olabilir. Birçok şekilde ortaya çıkabilir; karşı tarafın sizi fark etmesini ve karşılık vermesini tetikleyen herhangi bir şekilde.

Tepkisel davranış ve harekete geçirme stratejileri, ilişkiye zarar verebilecek şekilde davranmanıza sebep olabilir. Böyle davrandığınızda fark etmeyi öğrenmek çok önemlidir. (6. Bölüm'deki Kaçıngan-Kaygılı Kapanı'nda ilişki envanteri bulacaksınız. Bununla kendinizinkini tespit edebilir ve zor durumları daha yapıcı şekilde ele almayı öğrenebilirsiniz.) Bu davranışlar ve stratejiler, partnerinizle ayrıldıktan uzun bir zaman sonra bile devam edebilir. Kalp ağrısının bir parçası da budur: biyolojik ve duygusal sistemimiz geri kazanmak üzere kuruluyken, artık ulaşılabilir olmayan birine özlem duymak. Mantığınız o kişiyle birlikte olmamanız gerektiğini bilse de bağlanma sisteminiz her zaman aynı fikirde olmaz. Bağlanma sürecinin kendine ait bir gidişatı ve zaman akışı vardır. Bu da o insanı uzunca bir süre daha düşünmeye devam edeceğiniz ve aklınızdan çıkaramayacağınız anlamına gelir.

Demek ki kaygılı bağlanma stili olan insanlar bağlanma sisteminin kronik olarak harekete geçtiği bir duruma düşmeye meyilli. Omri Gillath, Silvia Bunge ve Carter Wendelken, iki önde gelen bağlanma araştırmacısı Philip Shaver ve Mario Mikulincer'le birlikte yaptıkları çalışmayla bunun büyüleyici bir kanıtını buldular. MRG teknolojisini kullanarak yirmi kadından çeşitli ilişki senaryolarını düşünmelerini –ve düşünmeyi bırakmalarını– istediler. İlginçtir ki, olumsuz senaryolar (çatışma, ayrılma, partnerin vefatı) düşünen kaygılı bağlanma stiline sahip kadınların beyninin duyguyla ilgili bölümleri, diğer bağlanma stiline sahip kadınlarınkinden daha büyük ölçüde harekete geçti. Dahası orbitofrontal korteks gibi duygusal regülasyonla ilişkili bölgeler, diğer bağlanma stilindeki kadınlara kıyasla *daha az* aktifti. Başka bir deyişle, kaygılı bağlanma stiline sahip insanların beyni kayıp düşüncesine daha güçlü tepkiler verir ve aynı zamanda olumsuz duyguları düzenlemekte kullanılan bölgeler daha az aktiftir. Yani kaygılı bağlanma stiline sahipseniz, bağlanma sisteminizin bir kere hareket geçmesinin ardından onu "kapamak" için çok daha fazla zorlanırsınız.

Kaygılı bağlanma stiline sahip insanlar için bağlanma sistemini anlamak hayati önem taşır. Mutlu, tatmin edici bir ilişki şansları da burada yatar.

Kaygılı bağlanma stiline sahip insanlar için sunduğumuz rehberliği iki yola ayırdık. İlki, bağlanamamış olanlarınız için. Bekârsanız, öncelikle doğru partneri bulmak sizin için en iyi seçenektir. Bir zorluğu daha ortaya çıkmadan engelleyen bir sihir gibi çalışır ama işi baştan sağlama almak sandığınızdan daha çetrefilli olabilir. Bu bölümün geri kalanı, kaygılı bağlanma stili sahibi bekârları yoldaki engellerden kaçınarak güvenli bir partnere yönlendirmeye ayrıldı. İkinci yolsa, kaygılı bağlanma stiline sahip herkes –hem şu anda ilişki içinde olanlar hem de doğru partneri arayanlar– için. Bağlanma modellerinizi yeniden şekillendirmeyi –temel olarak, bağlanma açısından ilişkilerinizi, inançlarınızı ve tavırlarınızı yeniden gözden geçirmenizi– gerektirir. Daha güvenli ilişki becerileri için kendinizi yeniden yapılandırma araçlarını sunar. Üçüncü ve Dördüncü Kısımlar (Bağlanma Stilleri Çakıştığında ile Güvenli Yol – İlişki Becerilerinizi Geliştirmek) bu ikinci gruba ayrıldı.

MUTLULUĞA GİDEN YOLDA DİKKATİNİZİ DAĞITANLAR: KAYGILILAR İÇİN İYİ BİR İLİŞKİ BULMANIN SIRRI

Bölümün başında tanıştığınız Emily'nin bağlanma teorisinden haberi yoktu. Kaygılı bağlanma stiline sahip olduğunu bilmiyordu. Ayrıca kafayı taktığı adam David'in kaçıngan bağlanma stiline sahip olduğunu da bilmiyordu. Bilseydi, kaygılı bağlanma stiline sahip biri olarak yakın, destekleyici, istikrarlı ve uzun süren ilişkiler aradığını, belirsizliğin ve duygusal ulaşılmazlığın onu hareket geçirip kafasını meşgul ettiğini, kaçınganların endişelerini tetiklediğini, yetersiz hissettirdiğini, öte yandan güvenlilerin yatıştırdığını anlardı. Bağlanma teorisinin kaygılıların güvenlilerle iyi geçindiğini ortaya koymasına rağmen, çelişkili bir şekilde, çoğu kaygılı insan gibi Emily de kaçıngan insanlarla çıkıp duruyor. Bu neden böyle? Ve en önemlisi, mutluluğu nasıl bulabilir ve gereksiz kalp ağrısından nasıl kaçabilirsiniz?

YERÇEKİMİ KUVVETİ Mİ?

"Bazı insanlara çekim duymamızın ardında bizim bağlanma stilimiz mi yoksa onlarınki mi yatıyor?" sorusunu araştıran birkaç araştırma gerçekleştirilmiştir. Yetişkin bağlanması alanındaki iki araştırmacı olan Massachusetts Üniversitesi'nden Paula Pietromonaco ile İngiltere Southampton Üniversitesi'nden Katherine Carnelley, kaçıngan bireylerin genellikle kaygılı bağlanan insanları çekici bulduğunu ortaya çıkardı. Minnesota Üniversitesi'nden Jeffry Simpson tarafından yapılan başka bir araştırma, kaygılı kadınların daha çok kaçıngan erkeklerle çıktığını gösterdi. Bağımsızlığını şiddetle koruyan insanların bireyselliklerine en çok darbe vuracak partnerler araması mümkün mü? Ya da yakınlık arayan insanların kendilerini itecek kişilerden etkilenmesi? Peki böyleyse, neden?

Pietromonaco ve Carnelley, bu bağlanma stillerinin bir şekilde birbirlerini karşılıklı olarak tamamladığına inanıyor. Her biri diğerinin kendisine ve ilişkiye dair inançlarını teyit eder. Kaçınganların kendilerini güçlü ve bağımsız gördüklerine dair savunmacı öz-algıları, diğerleri onları rahat hissettiklerinden daha fazla bir yakınlığa çekmek istediğinde doğrulanır. Kaygılı tiplerin de partnerlerinin verebileceğinden daha fazla yakınlık istediklerine dair algıları, önem verdikleri birileri tarafından hayal kırıklığına uğrama beklentileri gerçekleştiğinde doğrulanır. Yani böylece her bağlanma stili aşina olduğu senaryoyu tekrarlar.

DUYGUSAL LUNAPARK TRENİ

Kaygılı biriyseniz, kaçıngan birini çekici bulmanızın bir nedeni daha var. Emily'nin durumunda, David'in üstü kapalı belirsizlik ve ulaşılmazlık alametleri, ona kendini güvensiz hissettiriyordu. Eğer bir kaygılıysanız ve kaçınganla çıkıyorsanız, bu ilişkinin başlarında bile sıklıkla olur. İlişkiye başlar başlamaz karmaşık mesajlar almaya başlarsınız. Arar ama kendine göre bir zamanlamaya göre; sizinle ilgilidir ama başkalarıyla da takılabileceğini anlamanızı sağlar. Bunlar tahmininize bırakılır. Karmaşık mesajlar aldığınızda bağlanma sisteminiz harekete geçer ve ilişkiyle çok meşgul olursunuz. Fakat hemen ardından kalp atışlarınızı hızlandıran bir iltifatta bulunur ya da romantik bir jest yapar. Böylece, sonuçta kendinize sizinle ilgilendiğini söylersiniz, sevinçle dolarsınız. Ne yazık ki bu neşe uzun sürmez. Olumlu mesajlar kısa bir süre sonra yine karışık ve muğlak bir hal alır. Ve yeniden o lunapark treninde aşağı inmeye başlarsınız. Tereddütte kalırsınız, sizi rahatlatacak ufak bir işaret ya da jest beklersiniz. Bir süre böyle yaşadıktan sonra siz ilginç bir şey yapmaya başlarsınız. Endişeyi, kafanızın meşguliyetini, takıntıyı ve sevginin neşesiyle yaşadığınız kısa anları aynı kefeye koyarsınız. Gerçekte yaptığınız, harekete geçmiş bir alarm sistemini tutkuyla bir tutmaktır.

Bunu bir süre yaparsanız, sizi mutlu etme ihtimali en düşük kişilere çekim duymaya programlanırsınız. Her daim harekete geçmiş haldeki bir bağlanma sistemi, doğanın bizim için tatmin edici sevgi olarak sunduğunun tam tersidir. Gördüğümüz gibi, Bowlby ve Ainsworth'ün en önemli içgörülerinden biri, insan olarak büyümek ve gelişmek için güvenli bir dayanaktan güç ve rahatlık almaya ihtiyacımız olduğudur. Bunun gerçekleşmesi için de bağlanma sistemimiz sakin ve güvenli olmalıdır.

Unutmayın: Harekete geçmiş bir bağlanma sistemi tutkulu aşk *değildir.* Bir dahaki sefere biriyle çıktığınızda, kendinizi –sırf ara sıra mutlu olmak için– kaygılı, güvensiz ve takıntılı hissederseniz, kendinize bunun *aşk değil* de harekete geçmiş bağlanma sistemi olmasının muhtemel olduğunu söyleyin. Evrimsel anlamda gerçek sevgi iç huzur demektir. "Durgun sular derinden akar" sözü bunu anlatmanın iyi bir yoludur.

Kaygılı Biriyseniz, Kaçıngan Biriyle Çıkmamalısınız. Çünkü:

Siz: Yakınlık ve samimiyet istersiniz.	**Onlar:** Belli bir mesafeyi fiziksel ve duygusal olarak korumak isterler.
Siz: En ufak bir reddedilme işaretine karşı çok hassassınız (tetikte bağlanma sistemi).	**Onlar:** Çoğunlukla reddedilme olarak algılanacak karışık mesajlar gönderirler.
Siz: İhtiyacınızı ve sizi rahatsız eden şeyleri doğrudan ifade etmekte zorlanırsınız (etkin iletişim) ve bunun yerine tepkisel davranırsınız.	**Onlar:** Sizin sözlü ve sözsüz ipuçlarınızı okumakta kötüdürler ve bu okumanın kendi sorumlulukları olduğunu da düşünmezler.
Siz: Güvenceye ve sevildiğinizi hissetmeye ihtiyaç duyarsınız.	**Onlar:** Mesafe yaratmak ve böylece kendi bağlanma sistemlerini devre dışı bırakmak için sizi küçümseme eğilimindedirler.
Siz: İlişkideki yerinizi açıkça bilmek istersiniz.	**Onlar:** İşleri bulanık bırakmayı tercih ederler. İlişki ciddi olsa bile bazı sorular yine de cevapsız kalır.

BÜYÜK SAYILAR KANUNU* – NEDEN BİRİYLE ÇIKTIĞINIZDA SİZE KAÇINGANLARIN DENK GELMESİ DAHA MUHTEMEL?

Hayli sayıda kaçıngan insanla tanışıp çıkmanızın son bir sebebi var. Aşağıdaki üç gerçeği göz önünde bulundurun:

- Kaçıngan bağlanma stiline sahip insanlar, daha sık ilişki bitirme eğilimindedir. Bir çalışmaya göre, boşanma ardından yeni bir evlilik yapan insanlardan kaçıngan olanların tekrar boşanmasına daha sık rastlanmaktadır. Ayrıca sevme duygularını bastırdıkları için, ayrıldıkları kişiyi kolayca geride bırakıp neredeyse hemen yeniden flört etmeye başlarlar. *Sonuç: Kaçınganlar flört havuzunda daha sık ve daha uzun sürelerle yer alır.*
- Güvenli bağlanma stiline sahip insanlar, mutlu olup kök salacakları birini bulmadan önce çok fazla partner değiştirmez. Uyum sağlandığında uzun süren ve ciddi bir ilişki kurarlar. *Sonuç: Güvenli bağlanma stiline sahip insanların flört havuzunda yeniden görünmeleri –eğer böyle bir şey mümkünse– uzun zaman alır.*
- Araştırmalara göre, kaçınganların diğer kaçınganlarla birlikte olduğuna pek rastlanmaz, çünkü birlikte kalmayı sağlayan duygusal bağ oluşmaz. Bir araştırmada, çıkan çiftler içinde kaçıngan-kaçıngan tek bir çifte bile rastlanmadığı oldu. *Sonuç: Kaçınganlar birbirleriyle* çıkmaz, *farklı bağlanma stiline sahip insanlarla birlikte olma eğilimindedirler.*

Şimdi yapbozun parçalarını birleştirelim.

Yeni biriyle tanıştığınızda, kaçıngan stile sahip olması –nüfusun genelindeki sayılarından daha yüksek biçimde– yüzde 25 gibi bir orana kadar varır. Sadece flört havuzuna hızla döndükleri için değil, ayrıca kendi stilleriyle (en azından uzun süre) çıkmadıkları ve güvenliler daha az uygun olduğu için güvenlilerle de çıkma-

* Bir A olayı p olasılığıyla gerçekleşiyorsa, A'nın ortalama olarak gerçekleşme sayısı bağımsız denemeler arttıkça p olasılığına yakınsar. (ç.n.)

dıkları için. Kimlerle karşılaşıyorlar? Doğru cevap: Sizinle ve diğer kaygılı bağlanan partner adaylarıyla.

GÜVENLİ BAĞLANAN BİRİYLE TANIŞTIĞINIZDA NE OLUR?

İstatistiki engelleri aştığınızı ve güvenli biriyle tanıştığınızı farz edelim. Başınıza talih kuşu konduğunu fark eder misiniz, yoksa elinizi sallayıp uçmasına mı sebep olursunuz? Birkaç yıl önce Rachel, komşusu Chloe'yi tanıdığı gerçekten güvenli biri olan Trevor'la tanıştırdı. O zamanlar tıp okuyan Trevor, on yıllık sevgilisi onu terk ettikten sonra birini arıyordu. Onunla 18 yaşından 28'ine kadar birlikte olmuştu. Sevgilisi sürekli memnuniyetsiz olsa da Trevor ayrılmak istememişti ve sonunda kız onu terk etti. Uzun süre yas tuttu ama nihayet yeniden flört etmeye hazırdı. Trevor yakışıklı, esprili biriydi ve iyi bir atletti. Kararlı, istikrarlıydı ve eğitimli bir aileden geliyordu. Bunlar bir partnerde aradığınız tüm özellikler, değil mi?

Pek sayılmaz. Chole onunla bir kez karşılaştı ve hiç ilgilenmedi. Onu yakışıklı ve hatta çekici bulduğunu kabul etti ama "elektrik almamıştı". Rachel'ın şaşkınlıktan dili tutuldu. Trevor'ı neden reddettiğini anlamadı.

Şimdi geriye dönüp baktığımızda bunu anlıyoruz: Kaygılı bağlanan biriyseniz, güvenli bağlanan biriyle tanıştığınızda, tam da kaçıngan biriyle tanıştığınızda olanların tersi gerçekleşir. Güvenli birinden gelen mesajlar dürüst, doğrudan ve tutarlıdır. Güvenliler yakınlıktan korkmaz ve sevgiye değer olduklarını bilirler. Kaçak güreşmez ve zor insanı oynamazlar. Muğlak mesajlar, gerilim ve şüphe yoktur. Nihayetinde bağlanma sisteminiz nispeten sakin kalır. Fakat harekete geçmiş bir bağlanma sistemini sevgiyle bir tutmaya alışık olduğunuz için, tanıştığınız kişinin "doğru kişi" olmadığı sonucuna varırsınız, çünkü alarm çalmaz. Sakin bir bağlanma sistemini sıkıcılık ve aldırmazlıkla bağdaştırırsınız. Bu yanlış anlama yüzünden, mükemmel bir sevgili adayı yanınızdan geçip gider.

Chloe zor bir dönemden geçmek zorunda kaldı, çünkü harekete geçmiş bağlanma sistemini sevginin önkoşulu zannediyordu. Nihayetinde kocası olan Tony başta güvenilir ve ilgi çekici görünüyordu ama bulduğu her fırsatta onu aşağılıyordu.

Neyse ki Trevor'ın ve Chloe'nin hikâyeleri mutlu sona ulaştı. Trevor flört havuzunda uzun süre kalmadı. Kısa zamanda harika bir partner buldu ve o günden beri beraberler. Birlikte dünyayı gezdiler, evlendiler ve birkaç çocukları oldu. Harika bir baba ve koca oldu. Chloe biraz daha zorlandı ama Tony'yle geçirdiği acı dolu birkaç yılın ardından kendini topladı ve güvenilir, istikrarlı bir partnerin değerini bilmeyi öğrendi. Boşandı ve Trevor gibi sevecen ve ilgili olan Bruce'la tanıştı.

Herkes böyle bir mutlu sona ulaşabilir. Bu tamamen şansa kalmış değil. Mesele, iniş çıkışlara kapılmamak ve harekete geçmiş bir bağlanma sistemini aşk ve tutkuyla bir tutma hatasına düşmemek. Duygusal engellerin sizi ele geçirmesine izin vermeyin.

Kaygılı Biriyseniz, Güvenli Biriyle *Çıkmalısınız.* Çünkü:

Siz: Yakınlık ve samimiyet istersiniz.	**Onlar:** Yakınlık kurmakta rahattır ve sizi iterek uzaklaştırmaya çalışmazlar.
Siz: En ufak bir reddedilme işaretine karşı çok hassassınız (tetikte bağlanma sistemi).	**Onlar:** İstikrarlı ve güvenilirdirler, kafanızı karıştıracak karışık mesajlar göndermezler. Rahatsız olursanız, sizi yeniden güvende hissettirmeyi bilirler.

Siz: İhtiyacınızı ve sizi rahatsız eden şeyleri doğrudan ifade etmekte zorlanırsınız (etkin iletişim) ve bunu yerine tepkisel davranırsınız.	**Onlar:** İyiliğiniz onlar için önceliklidir ve sözlü-sözsüz ipuçlarınızı okumak için ellerinden geleni yaparlar.
Siz: Güvenceye ve sevildiğinizi hissetmeye ihtiyaç duyarsınız.	**Onlar:** Tutarlı bir üslupla, daha başından ne hissettiklerini rahatça söylerler.
Siz: İlişkideki yerinizi açıkça bilmek istersiniz.	**Onlar:** Çok istikrarlıdırlar; bağlanma konusunda da rahattırlar.

YAYGIN FLÖRT ÖĞÜTLERİNE UYARSANIZ NE OLUR?

Birçok meşhur ilişki kitabında geçen öğütleri uyguladığınızı farz edin. Bir partneri nasıl "elde tutacağınıza" dair ipuçları sunarlar: Çok ulaşılır olmayın, meşgul değilken bile meşgul olduğunuzu söyleyin, aramayın, bırakın o arasın, çok ilgili görünmeyin, gizemli davranın. Muhtemelen bu yolla gururunuzu, bağımsızlığınızı koruyor ve partnerinizin saygısını kazanıyorsunuz. Fakat hakiki ihtiyaç ve duygularınıza karşı dürüst davranmıyorsunuz aslında. Güçlü ve kendine yeter görünmek için bunları bir yana atıyorsunuz. Aslında bu kitaplar ve verdikleri öğütler *doğru*, bu davranışlarla gerçekten daha çekici de olabilirsiniz. Ama bağlanma teorisinden habersiz oldukları için söz etmedikleri şey şu ki, bu önerileri uyguladığınızda tek bir tip partner için çekici olacaksınız – o da kaçıngan biri için. Neden mi? Çünkü bu öğütler esas olarak sizden ihtiyaçlarınızı görmezden gelmenizi ve ilişkideki yakınlığı/mesafeyi karşı tarafın belirlemesini savunuyorlar. Kaçıngan insan deyim yerindeyse, ne yardan geçerim ne serden tutumunu izleyebilir. Birlikte olduğunuzda, sizin yakınlık ihtiyacınızı ve birlikte olmadığınız zamanlarda ihtiyaçlarınızı göz önünde bulundurmadan, doğal olarak sunduğunuz keyif ve yakınlığın tadını çıkarabilir. Fakat olmadığınız biri gibi davranarak, diğer kişiye kendi şartları doğrultusunda sizinle olmanın ve dilediğinde gelip dilediğinde gitmenin iznini de vermiş olursunuz.

Bu şekilde oyun oynamanın rol yapmak olması bir yana, asıl sorun uzun vadede geri tepecek olmasıdır. Kaçıngan partneriniz başta kolayca size kapılacaktır – onlar bireyselliklerini sürdürebilecekleri insanları tespit etmede iyidir. Devamında artık renginizi belli etme zamanının geldiğini düşüneceksiniz. Nihayetinde bütün isteğiniz, çok yakın olmak, birlikte çokça nitelikli zaman geçirmek ve gardınızı indirebilmektir. Fakat bunu yaptığınızda kaçıngan partneriniz aniden tereddüde düşecek ve ilişkiden kopmaya başlayacaktır. Her şekilde siz kaybediyorsunuz, çünkü *sizin için yanlış olan partnerin* ilgisini kazanmıştınız.

KAYGILI BAĞLANMA STİLİ İÇİN KOÇLUK SEANSI – BİR RANDEVU

1. Gerçek ilişki ihtiyaçlarınızı bilin ve kabul edin.

Size sürekli partnerinizin peşinde koşmanızı, her isteğini gerçekleştirmenizi, onu sık sık aramanızı öğütlüyor muyuz? Kesinlikle hayır. Size tamamen farklı bir bakış açısı öneriyoruz. Bu da bir ilişkide –kaygılı bağlanma stilinizi göz önünde bulundurarak– ihtiyaçlarınızı anlamayı temel alıyor. Bu ihtiyaçlar karşılanmadığında, tam anlamıyla mutlu olamazsınız. İhtiyaçlarınızı karşılayan bir sevgili bulmanın yolu, öncelikle bir ilişkiden yakınlık, ulaşabilirlik ve güven anlamında ne beklediğinizi tam olarak bilmekten ve bunların hakkınız olduğuna inanmaktan geçer. Bunlar iyi ya da kötü değil, sadece sizin ihtiyaçlarınız. İnsanların sizi "muhtaç" ya da "bağımlı" diye nitelendirerek suçlu hissettirmesine izin vermeyin. Bir ilişkide olmadığınızda kendinizi eksik hissetmekten, partnerinize yakın ve bağımlı olma isteğinizden utanmayın.

Sonra bu bilgiyi kullanın. Biriyle çıktığınızda, karşınızdakinin bu ihtiyaçlarınızı karşılama yeterliliği olup olmadığını tespit etmekle başlayın. Çoğu ilişki kitabının öğütlediği gibi, partnerinizi memnun etmek için *kendinizi* nasıl değiştireceğinize kafa yormak yerine şunu düşünün: Bu insan mutlu olmam için ihtiyaç duyduklarımı sağlayabilir mi?

2. Kaçıngan adayları önceden tanıyın ve eleyin.

İkinci adım, daha en baştan kaçıngan bağlanma stiline sahip kişileri tanımak ve göz ardı etmektir. İşte bu noktada, diğer insanların bağlanma stillerini tespit anketimiz işe yarayabilir ama tanıştığınız kişinin kaçıngan olup olmadığını anlamanın başka yolları da var. Arthur Conan Doyle, Sherlock Holmes dedektif romanlarından birinde "smoking gun" deyimini yarattı. Bu tabir "açık delil" anlamına geliyor ve sadece bir suç değil, herhangi bir şekilde inkâr edilemez her türlü kanıt için müspet delil oluşturan bir nesneye ya da gerçeğe referans oluşturuyor. Kaçınganlığın açık delillerini gösteren her türlü işarete ya da mesaja değinmek istiyoruz:

Flört Ettiğiniz Kişinin Kaçıngan Olduğuna Dair Açık Deliller

- **Karmaşık mesajlar veriyor** – özellikle size karşı hisleri ya da size bağlılığı konusunda.
- **İdeal bir ilişkiye özlem duyuyor** – *ama* bu kişinin siz olmadığınıza dair üstü kapalı ipuçları veriyor.
- **Umutsuzca "o kişi"yle tanışmak istiyor** – *ama* her nasılsa sürekli karşıdaki insan ya da şartlarda bir sorun çıkıyor ve bağlanmak mümkün olmuyor.
- **Duygusal sağlığınızı umursamıyor** – ve yüzleştiğinde yok saymaya devam ediyor.
- **"Fazla muhtaç", "hassas" olduğunuzu ya da "fazla tepki verdiğinizi" iddia ediyor** – duygularınıza değer vermiyor ve size kendinizi sorgulatıyor.
- **Ona rahatsızlık veren şeyleri söylediğinizde yok sayıyor** – tepki vermiyor ya da konuyu değiştiriyor.
- **Kaygılarınızı "mahkeme salonundaymış" gibi duygusuzca ele alıyor** – *hislerinizi* hesaba katmadan *gerçeklerle* karşılık veriyor.

- **Mesajlarınız bir türlü ulaşmıyor** – ihtiyaçlarınız konusunda iletişim kurmak için elinizden geleni yapsanız dahi ya mesajı almıyor ya da görmezden geliyor.

Belirli davranışlardan ziyade duygusal bir tutumun açık delil olma tehlikesi taşıdığına dikkat edin – bu, ilişkinin belirsizliğinin yanı sıra duygusal gereksinimlerinizin onun için önem taşımadığına dair güçlü bir mesaj olmalıdır. Zaman zaman doğru şeyler söyleyebilir ama davranışları tamamen başka bir hikâye anlatır.

Gelecek bölümde de göreceğiniz gibi, etkin iletişim bu açık delilleri zararsız hale getirme konusunda harika bir araçtır.

3. Yeni bir flört türü: Tamamen kendiniz olun ve etkin iletişimi kullanın.

Sonraki adım, ihtiyaçlarınızı *ifade etme*ye başlamaktır. Kaygılıların çoğu –ve toplum da– ilişki kitaplarındaki tuzaklara düşüverir. Çok talepkâr ya da muhtaç olduklarını sanıp, bu sebeple partnerlerinin mesafe ve sınır ihtiyaçlarına (kaçıngan biriyle dahi olsalar) uyum göstermeye çalışırlar. Soğukkanlı ve kendi kendine yeten bir dış görünüşe sahip olmak, sosyal açıdan daha kabul gören bir tutumdur. Dolayısıyla isteklerini gizler, memnuniyetsizliklerini perdelerler. Gerçekte böyle yaptığınızda çok şey kaçırırsınız, çünkü ihtiyaçlarınızı ifade etmek iki şeyi başarmanızı sağlar. Öncelikle kendiniz olursunuz; bu da tatmin ve mutluluk duygunuza katkıda bulunur. Mutlu ve memnun görünmek, bir partner için en çekici özelliklerdendir. İkinci ve daha az önemli olmayan diğer şey de şudur: Kendiniz olduktan sonra partneriniz sizin hakiki ihtiyaçlarınızı karşılayacak biriyse bunu önceden tespit edebilirsiniz. Herkesin sizinkiyle uyumlu ilişki beklentileri olmayabilir ve bunda bir sorun yoktur. Bırakın onlar kol mesafesinde tutulmak *isteyen* birini bulsun ve siz de gidip kendinizi mutlu edecek birini bulun.

"Tamamen kendiniz olmak" ve "ihtiyaçlarınızı ifade etmek" ne demek? Amir'in danışanı Janet bu noktayı gayet güzel resmedebilir. Brian ondan ayrılmak istediğinde 28 yaşındaydı ve bir yıldan fazladır birliktelerdi. Brian ciddi bir ilişkiye hazır değildi ve kendine ait alanını korumak istiyordu. Janet yıkılmıştı, aylarca onu düşünmeden edemedi. Hâlâ ona bağlı hissettiği için herhangi başka biriyle çıkmayı düşünemedi bile. Altı ay sonra duaları kabul olmuş gibi, Brian aradı ve yeniden bir araya gelmek istediğini söyledi. Janet elbette çok sevindi. Bu yenilenmiş ilişki başladıktan birkaç hafta sonra, Amir ilişkinin nasıl gittiğini sordu. Janet işleri ağırdan aldıklarını, geçmişte olduğu gibi Brian'ın hızı belirlemesine müsaade ettiğini anlattı. Brian'ın bağlanmaktan korktuğunu biliyordu ve onu yine korkutup uzaklaştırmak istemiyordu.

Amir şiddetle onun Brian'la aynı döngüye düşmek yerine bu kez isteklerini açık ve net bir şekilde ortaya koyması gerektiğini savundu. Nihayetinde Brian geri dönmek istemişti ve değiştiğini, Janet'ın sevgisine layık olduğunu kanıtlamalıydı. Amir noktasına virgülüne kadar şunları dile getirmesini tavsiye etmişti: "Seni seviyorum; daima yanımda olduğunu bilmeye ihtiyacım var. Seninle sadece sana uygun olduğunda değil, her zaman konuşabileceğimi bilmeye ihtiyacım var. Beni uzaklaştıracağından korktuğum ve seninle vakit geçirmek istediğim için isteklerimi bastırmak zorunda kalmak istemiyorum."

Fakat Janet yeterince dayanırsa, ona ihtiyacı olan zamanı ve alanı tanırsa Brian'ın onun değerini anlayacağına inanıyordu. Soğukkanlı ve kendinden emin davranırsa Brian onu daha çekici bulacaktı. Janet'ın Brian'la ilişkisi tamamen tükenmeden önce, pek de şaşırtıcı olmayan bir şekilde yavaş yavaş kötüye gitti. Brian gittikçe daha az aradı, Janet'ın iyiliğini gözetmediği için bunu yapmayı sürdürdü ve gerçek bir ayrılık konuşması bile yapmaya gerek duymadan ortadan kayboldu. Janet içinden geldiği gibi davransaydı ve duygularını, ihtiyaçlarını etkin bir iletişimle ifade etseydi, elinden geleni yaptığını ama Brian'ın onun ihtiyacını karşılamakta yetersiz olduğunu bilir ve bu sıkıntılı süreci çok önceden sonlandırmış olurdu. Ya da Brian ilk günden yeniden birlikte olmak konusunda ciddi idiyse, kendini kanıtlaması ve Janet'ın ihtiyaçlarını göz önünde bulundurması gerektiğini anlamış olurdu. Kendisinden ne beklendiğini, tahmin yürütmesi gerekmeden tam anlamıyla bilirdi.

Kendinizi etkin iletişimle nasıl ortaya koyacağınız konusunda daha fazla bilgi için 8. Bölüm'e bakabilirsiniz.

4. Bolluk felsefesi

Bu bölümde daha önce de bahsettiğimiz gibi, flört havuzunda yüksek oranda kaçıngan bağlanma stiline sahip kişiler bulunur. Havuzda başarılı manevralar yapmak için faydalı olacak bir başka adım da *bolluk* (ya da "denizde daha çok balık var") *felsefesini* benimsemek ve sizin için harika partnerler olabilecek muhteşem, eşsiz insanların da olduğunu anlamak. Bir insana daha en baştan takılıp kalmak yerine çeşitli insanlara şans vermeyi deneyin. Potansiyel "açık delil"lerle mesafeyi korumaya dikkat edin.

Bu, kaygılı düşünme sisteminizde çok önemli bir değişim anlamına gelir. Uygun biriyle tanışma ihtimalinizin düşük olduğunu varsayma eğilimindesinizdir ama durum böyle olmak zorunda değil. Sizi mutlu edecek zeki ve çekici bir sürü insan var. Fakat sizin için uygun olmayan bir sürü insan da var. Potansiyel ruh eşlerinizle tanışmayı garanti altına almanın tek yolu çok insanla çıkmak. Basit bir olasılık hesabı: Daha fazla kişiyle çıktığınızda size uygun kişiyi bulma olasılığınız da artar.

Fakat bu sadece bir olasılık meselesi değil. Kaygılı bağlanma stiline sahip olduğunuzda hızla bağlanırsınız. Bazen sadece fiziksel çekim bile yeterli olur. Birlikte bir gecenin ardından ya da sadece tutkulu tek bir öpücükten sonra, hop, o insanı aklınızdan çıkaramaz oluverirsiniz. Bildiğiniz gibi, bağlanma sisteminiz bir kere harekete geçtiyse karşıdaki insanın yakınlığına muhtaç olursunuz ve ilişkinin yürümesi için elinizden gelen her şeyi yaparsınız. *O kişiyi tam olarak tanımasanız ya da hoşlanıp hoşlanmayacağınıza karar vermiş olmasanız bile.* Onunla sadece flört ediyorsanız, bunun sonucu çok erken aşamada bile, o kişinin sizin için doğru kişi olup olmadığını muhakeme etme yeteneğinizi kaybetmeniz olur.

Bolluk felsefesini kullanarak, olası partnerleri daha nesnel biçimde değerlendirme yeteneğinizi korursunuz. Yaptığınız tam olarak, bağlanma sisteminizin hassasiyetini azaltmak ve onu sizi daha az zorlayacak hale getirmektir. Sisteminiz artık biri tarafından kolayca harekete geçirilemez, çünkü birçok farklı insanın uygunluğunu değerlendirmekle meşgul olacak ve özel olarak bir kişiye takıntılı olma ihtimaliniz azalacaktır. Biri size kendinizi güvensiz ya da yetersiz hissettirdiğinde bunu çabucak anlarsınız, çünkü tüm umutlarınızı o kişi üzerine kurmazsınız. Ayrıcalıklı olduğunuzu hissettirecek potansiyel partnerler varken, neden zamanınızı kaba biri için harcayasınız ki?

Birden fazla kişiyle (aynı dönemde) görüştüğünüzde –ki bu internet ve Facebook çağında çok kolay– ihtiyaçlarınızı ve isteklerinizi daha rahat ifade edebilirsiniz. Böyle yapınca, bir adayı kaçırmaktan korkarak parmak uçlarınızda yürümez ve gerçek hislerinizi saklamazsınız. Böylece işler dönüşü olmayan bir noktaya gelmeden önce karşınızdakinin ihtiyaçlarınızı karşılayıp karşılayamayacağını görebilirsiniz.

31 yaşındaki Nicky, flörte bu şekilde yaklaşmanın sihir yarattığını gösteren olağanüstü bir vaka. Nicky çekici, sosyal, hazır cevap biri ve yine de ilişkileri birkaç günü ya da haftayı geçmiyor. Çok yüksek kaygılı bir bağlanma stili var. Yakınlık ve samimiyet istiyor ama kendini kimseyle tanışamayacağına inandırmış ve yalnızlığı kendini gerçekleştiren bir kehanete dönüşmüş.

Romantik durumlar söz konusu olduğunda Nicky çok hassas davranıyor, kolayca inciniyor ve savunmaya geçiyordu. Telefonlara cevap vermiyor, sessiz kalıyordu (tepkisel davranış). Ta ki ilişki tamamen çıkmaza girene kadar. Ardından olanları kafasında çevirip durarak (bir harekete geçirme stratejisi) kendine eziyet ediyordu. Onun için işi oluruna bırakmak ve hayatına devam etmek çok zordu. Çok konuşmayan ve pek aramayan birisi olarak Nicky iletişimi pek umursamayan birtakım kaçıngan adamlara cazip geliyordu. Ama Nicky mutlu değildi.

Nihayet tavsiyemizle tüm arkadaşlarına kendisine uygun biri için gözlerini açık tutmalarını söyledi ve internetteki birkaç flört sitesine de üye oldu. Bir sürü yeni insanla buluşmaya başladı, böylece doğru adamla –güvenli bir adamla– tanışma şansını artırdı. Çok insanla çıkmak ve tek bir adayla ilgili fazla kaygılanacak zamanı olmaması, tavrında bir değişiklik sağladı. Eskiden, tanıştığı ve hoşlandığı (üstelik çok da seçiciydi) her adamın mutluluğu bulmaktaki son şansı olduğunu zannediyordu ama artık aday çoktu. Hayal kırıklığı yaşadığı da oluyordu, tanıştıklarının bazıları bir ya da daha fazla sebeple ilk buluşmayı bile geçemiyordu. Fakat kaygılı düşünce döngüleri ve ilişkilere yaklaşım yöntemi değişmişti:

- Sonunda birçok insanın –onun için mükemmel bir eş olmasalar da– kendisini çekici bulduğuna dair sağlam kanıtlar edindi. Böylece başarısız geçen buluşmaları kendine ait derin bir sorunun işareti olarak değerlendirmeyi bıraktı. Özgüveni büyük oranda arttı ve bu fark edilir oldu.
- İlgilendiği biri uzaklaşmaya ya da kaçıngan davranmaya başladığında değerli zamanını boşa harcamak yerine daha kolayca yoluna devam etti. Kendine şöyle diyebiliyordu: "Bu insan bana uygun olmayabilir ama belki bir sonraki uygundur."
- Gerçekten çok hoşlandığı biriyle tanıştığında daha az takıntılı davrandı ve tepkisel davranış sergilemedi. İçine atarak kendine zarar vermesine neden olan aşırı hassasiyet ve savunmacılığı yok oldu (ya da en azından azaldı).

Nicky flört deneyi başladıktan bir yıl sonra George'la tanıştı. Sevecen, sıcak biriydi ve Nicky'ye hayrandı. Nicky kendini ona açabildi ve onun yanındayken zayıflıklarını gösterebildi. Şimdi kaderin cilvesi diye şaka yapıyor (aslında bu kaderin gerçekleşmesinde kendisinin aktif rol oynadığını biliyor), artık –çoğu üniversiteden beri süren uzun vadeli ilişkileri olan– arkadaşları arasında, en mutlu ve en güvenli ilişkiye sahip olan kişi Nicky!

5. Güvenli insanlara bir şans verin.

Ama uygun birine rast geldiğinizde onu fark edemiyorsanız bolluk felsefesi işe yaramaz. Tanıştığınız kişinin güvenli bağlanan biri olduğunu fark ettiğinizde, sizin için uygun olup olmadığı konusunda dürtüsel davranmayın. Öncelikle, başta sıkılabileceğinizi kendinize hatırlatın. Ne de olsa bağlanma sisteminiz hareket geçmediği için çok daha az dram yaşanacaktır. Biraz zaman tanıyın.

Kaygılı biriyseniz, sükûneti otomatik biçimde ilgisizlik olarak değerlendirme ihtimaliniz var. Yılların alışkanlığının değişmesi kolay olamaz. Fakat biraz dayanırsanız, sakin bir bağlanma sisteminin ve beraberinde gelen tüm avantajların değerini anlarsınız.

Dikkat: Bağlanma Klişesi

Bağlanma davranışlarını cinsiyetlere göre bölersek, kaçınganlığın erkeklikle birleştirildiği genel tuzağa bizler de düşeriz. Araştırmalar, kaçıngan olmaktan çok uzak, rahatça iletişim kuran, sevecen ve şefkatli, çatışmada geri çekilmeyen ve partnerlerine istikrarlı davranan (güvenli) erkeklerin de çok olduğunu gösteriyor. Aynı şekilde, çoğu kadın güvenli bağlanma stiline sahip olduğu halde, onları kaygılı bağlanmayla ilişkilendirdiğimiz de oluyor. Oysa birçok erkek de kaygılı bağlanma stiline sahip. Kaçıngan tarifine uyan çok kadın olduğunu da aklımızda tutmamız gerek. Söz konusu bağlanma ve cinsiyet olduğunda, nüfusun –erkek ve kadın– büyük bir kısmının güvenli olduğunu unutmayalım. Yani kadınların iç çekerek, "Erkekler hep tek bir şeyin peşinde..." dediğini ya da erkeklerin, "Kadınlar sürekli duygularından bahsetmek istiyor..." dediğini duyduğunuzda buna kanmayın. Kaçınganlığı erkek olmakla ilişkilendirmek sizin aleyhinize çalışır. Çünkü böylece kaçınganları çekici bulmaya başlarsınız. Aslında seksi adamlar her bağlanma stili, şekli ve formunda bulunabilir.

SON BİR SÖZ

Kaygılı okur, senin için son bir söz. Bağlanma teorisinin, kaygılı bağlanma stili sahibi kadın ve erkekler için verebileceği çok fazla şey var. Kötü bir eşleşmeden ve harekete geçmiş bağlanma sisteminden en çok mustarip olanlar sizlersiniz ama bağlanma sisteminin nasıl işlediğini, hangi ilişkilerin sizi mutlu edebileceğini, hangi durumların sizi duygusal enkaza çevireceğini iyice anlamaktan en büyük kazanım sağlayan da sizlersiniz. Bu kitapta çerçevesi çizilen prensipleri kullanarak yalnızlıktan uzaklaşan ve aradıkları eşi bulan insanlara şahit olduk. Aynı şekilde, içlerindeki en kötü yanları açığa çıkaran uzun ilişkiler yaşayan insanların, bağlanma prensiplerini anlayıp bunları kullanarak ilişkilerinde yeni bir aşamaya, daha güvenli bir aşamaya geçtiğine de şahit olduk.

4

Sevgiyi Kol Mesafesinde Tutmak: Kaçıngan Bağlanma Stili

YALNIZ YOLCU

Çoğumuz, dünyada yolunu tek başına çizen insanlara hayranlık duyarız; handikapları ve mecburiyetleri olmayan, başkalarının ihtiyaçlarını gözetmeye ya da bunları tatmin etmeye kendini mecbur hissetmeyen insanlara... Forrest Gump gibi hayali karakterlerden Diane Fossey gibi gerçek hayatta öncü olanlara bu yalnız yolcuların daima güçlü prensipleri ve ideolojik nedenleri olmuştur.

Jon Krakauer'ın çok satan kitabı *Yabana Doğru*'da, yirmilerinin başındaki başarılı öğrenci ve atlet Chris McCandless sıradan yaşamını arkada bırakarak Alaska'nın yaban hayatına doğru yola çıkar. Az eşyayla, tek başına seyahat eden Chris, Alaska'ya doğru yol alırken bir yere bağlı olmadan ve diğer insanların yardımı olmaksızın yaşamayı hedefler. Yolculuğu boyunca Chris, onu yaşamının bir parçası yapmak isteyen insanlar tanır. İçlerinde onu evlat edinmek isteyen yaşlı bir adam, ona âşık olan genç bir kız ve onlarla birlikte yaşamasını isteyen bir çift de vardır. Chris ise tek başına başarmaya kararlıdır.

Gideceği yere varmadan önce gördüğü son insan onu arabasına alan Gallien adında bir adam olur.

> Güneye, dağlara doğru sürerken, Gallien defalarca Alex'i [Chris'in takma adı] planından caydırmaya çalıştı. Faydası olmadı. Alex'i hiç değilse ortama uygun giysiler alması için Anchorage'e kadar götürmeyi bile teklif etti. Alex, "Hayır, yine de teşekkürler. Elimdekilerle idare ederim," diye yanıtladı. Gallien ona, planlarını bilen birinin –başı derde girerse ya da zamanında dönmezse endişelenecek biri– olup olmadığını sorduğunda, Alex sakince kimsenin planlarını bilmediğini ve aslında ailesiyle yaklaşık üç yıldır konuşmadığını söyledi. "Kendimden gayet eminim. Tek başıma halledemeyeceğim hiçbir şey yapmaya kalkışmayacağım," diyerek Gallien'i rahatlattı.

Chris, Gallien'den ayrıldıktan sonra donmuş bir nehre gelir ve dış dünyadan tamamen koptuğu bir yerde çalılıkların arasına girer. Chris birkaç ay kendi başına idare eder, yiyecek arar ve yemek için avlanır. Fakat gelecek bahar eve dönmeyi denediğinde, nehrin yağmur sularıyla dolduğunu ve akıntının medeniyete dönmesine izin vermeyecek kadar güçlü olduğunu keşfeder. Başka bir seçeneği olmayan Chris kampına döner ve nihayetinde orada ölür. Son günlerinde günlüğüne şunları yazar: "Mutluluk ancak paylaşıldığında gerçektir."

Kaçıngan bağlanma stiline sahip insanları yaşam ve ilişki yolculuklarında mecazen yalnız yolculara benzetiriz. Chris gibi onlar da kendilerine yettikleri ve bağımlı olmayı küçümsedikleri bir hayatı idealize ederler. Eğer kaçıngan bağlanma stiline sahipseniz, Chris'in en sonunda öğrendiği ders –yani deneyimlerin ancak başkalarıyla paylaşıldığında anlamlı olması– *sizin* de mutluluğunuzun anahtarını oluşturur.

Bu bölümde, siz yalnız yolcunun, sevdiğiniz biriyle birlikte olsanız dahi mesafenizi koruma yöntemlerinize bakacağız. İlişkilerde neden böyle davrandığınıza ve bu davranışın romantik bağlarda gerçek mutluluğu bulmaktan sizi nasıl alıkoyduğuna dair içgörü kazanmanıza yardımcı olacağız. Nüfusun geri kalan dörtte üçündenseniz, tanıdığınız –ya da belki ilişki kurduğunuz– biri kaçıngan olabilir. Bu bölüm neden böyle davrandıklarını anlamanıza yardımcı olacak.

Hayatta Kalma Avantajı Aşkı Getirmez

Her bağlanma stilinin belli bir çevredeki insanların hayatta kalma ihtimallerini artırmak üzere geliştiğine inanılır. Güvenli bağlanma en çok işe yarayan olmuştur, çünkü tarih boyunca atalarımız çoğunlukla birbirlerine bağlı yaşadılar; birlikte çalışmak, kendilerinin ve yavrularının geleceğini güvene almanın en iyi yoluydu. Fakat herhangi bir durumda türlerinin hayatta kalmasını sağlama almak için birden fazla strateji şarttı. Çetin koşullarda doğan ve açlık, felaket, doğal afetlerle büyük sayıda kayıp verenler için işbirliği içermeyen beceriler daha önemli hale geldi. Ayrı kalabilen ve kendine yetebilenler bu zor koşullarda sınırlı kaynaklar için yarışırken daha başarılı oldu. Ve böylece nüfusun bir kısmı kaçıngan bağlanma stilini geliştirdi.

Ne yazık ki insan ırkının hayatta kalmak için avantaj sahibi olması bir kaçıngan bireyin her zaman avantajlı olmasını sağlamıyor. Chris McCandless diğerleriyle işbirliğine açık olsaydı, hâlâ yaşıyor olabilirdi. Aslında çalışmalara göre, kaçıngan bağlanma stiline sahipseniz ilişkilerinizde daha mutsuz ve tatminsiz olmaya yatkınsınız.

İyi haber şu ki, böyle olmak zorunda değil, evrimsel güçlerin esiri olmak zorunda değilsiniz. Doğal yollardan kazanmadığınız şeyleri öğrenebilir ve tatmin edici bir ilişki sahibi olma şansınızı artırabilirsiniz.

YALNIZ MI UÇUYORSUNUZ?

Kaçıngan bağlanma stilinin kendini daima belli ettiğini hatırlamak önemli. İlişkilerden beklediklerinizi, romantik durumları nasıl ele aldığınızı, partnerinize nasıl davrandığınızı büyük ölçüde belirler. Tek başınıza veya bir ilişki içinde, hatta kendinizi adadığınız bir ilişki içinde olsanız dahi insanları belli bir mesafede tutacak hamleler yaparsınız.

Kaçıngan bağlanma stiline sahip Susan kendini özgür ruh olarak tanımlıyor. Erkeklerle ilişki kuruyor –bazen bir yıldan da uzun– ama sonunda onlardan yoruluyor ve bir sonraki hedefe ilerliyor. Sürekli olarak, ardından "kırık kalplerden bir yol" bıraktığı şakasını yapıyor. İhtiyaç duymayı zayıflık olarak değerlendiriyor, partnerine bağımlı olanları küçümsüyor ve bu tür durumlarla "hapis hayatı" diyerek dalga geçiyor.

Susan ve diğer kaçıngan bağlanma stilindeki insanlar, değer verdikleri biriyle anlamlı bir bağ kurma ihtiyacından yoksunlar mı? Eğer öyleyse bu, bağlanma teorisinin temeli olan fikirle –eş ya da sevgilinin, duygusal ve fiziksel varlığına ihtiyaç duymanın evrensel olması– çelişmiyor mu?

Bu soruları yanıtlamak kolay değil. Kaçınganların içi dışı bir değildir pek ve duygularını ifade etmek yerine bastırma eğilimindedirler. Bu noktada, bağlanmaya dair yapılan çalışmalar devreye girer. Derinlikli araştırmalar, insanların bilinçli hareketlerinin ötesine ulaşabilmiş ve kaçıngan zihin yapısını çözmede doğrudan iletişimin başaramadığı şeyi yapmıştır. Aşağıdaki bir dizi deney oldukça aydınlatıcıdır.

Altı bağımsız araştırma, bağlanma meselelerinin kaçınganları nasıl etkilediğini inceledi. Bunu, ekranda hızla beliren kelimeleri katılımcıların aktarmasının ne kadar sürdüğünü ölçerek yaptılar. Bu testler, belli bir kelimeyi söyleme hızınızın o konunun zihninizde ne kadar ulaşılabilir olduğunu ortaya koyduğu temeline dayanıyor. Araştırmacılar, kaçınganların partnerlerinin olumsuz özellikleri olarak gördüğü "ihtiyaç" ve "tuzağa düşmek" gibi kelimeleri diğerlerinden daha hızlı kavradığını ortaya çıkardı. Aynı zamanda "ayrılık," "kavga" ve "kayıp" gibi kendi bağlanmalarıyla ilgili kaygılarına dair kelimeleri yakalamada daha yavaşlardı. Görünen o ki, kaçınganlar partnerleri hakkında olumsuz düşünmekte, onları muhtaç ve fazla bağımlı –ilişkilere bakış açılarındaki büyük bir etmen– görmekte hızlı davranıyor, fakat ilişkiyle ilgili kendi ihtiyaçlarını ve korkularını görmezden geliyorlar. Başkalarını muhtaç olduğu için küçümsüyor ve kendileri bu ihtiyaçlara bağışıklık kazanmış gibi görünüyorlar. Fakat durum sahiden böyle mi?

Çalışmaların ikinci bölümünde, araştırmacılar kaçınganlara başka bir görev vererek dikkatlerini dağıttı. Bir yandan yapboz yapmaya ya da bir ipucu takip etmeye çalışırken bir yandan da kelime bulma görevi sürüyordu. Bu durumda kaçınganlar kendi bağlanma kaygılarıyla ilintili kelimelere ("ayrılık," "kayıp," "ölüm") diğer insanlarla aynı hızda tepki verdiler. Başka bir görevle dikkatleri dağıldığında baskılama yetileri azaldı ve bağlanmaya dair gerçek hisleri ve endişeleri yüzeye çıkma fırsatı buldu.

Deneyler gösteriyor ki, kaçıngan olsanız dahi bağlanma "mekanizmanız" hâlâ çalışıyor ve sizi ayrılık tehdidine karşı savunmasız kılıyor. Ancak zihinsel enerjinizi başka bir yere verdiğinizde ve savunmasız yakalandığınızda bu duygu ve hisler açığa çıkıyor.

Bu gibi araştırmalar bize Susan gibi kaçınganların pek de özgür ruh olmadığını, sadece öyle *görünmelerini* sağlayan bir savunma tutumu edindiklerini söylüyor. Susan'a gelince, değer verdikleri kişilere bağımlı olan insanları nasıl küçümsediğine dikkat edin. Diğer çalışmalar, boşanma, engelli bir çocuğun doğumu, askeri bir travma gibi gergin durumlarla karşılaştıklarında kaçıngan insanların savunmalarının kolayca yıkıldığını ve ardından tıpkı kaygılı bağlanma stiline sahip insanlar gibi görünüp davrandıklarını ortaya çıkardı.

BİRLİKTE AMA AYRI: KİMSEYİ MEMNUN ETMEYEN YOL

Peki öyleyse kaçıngan bağlanma stiline sahip insanlar bağlanma ihtiyaçlarını nasıl bastırıyor ve ilişkilerinde mesafeyi nasıl koruyorlar? Kendilerine en yakın insanları belli bir mesafede tutmak için kullandıkları gündelik devre dışı bırakma stratejilerinden her şeyi kapsayan inanç ve bakış açılarına kadar çeşitli tekniklere yakından bakalım.

- Mike, 41 yaşında, son beş yılını entelektüel açıdan kendine denk görmediği biriyle geçirdi. Birbirlerini çok seviyorlar ama Mike'ın aklında ilişkiye dair alttan alta devam eden bir tatminsizlik var. Uzun zamandır, bir şeylerin eksik olduğu ve daha iyi biriyle karşılaşmak üzere olduğu hissiyatında.
- Kaia, 31 yaşında, iki yıldır erkek arkadaşıyla birlikte yaşıyor ama hâlâ bekâr günlerindeki özgürlüğüne özlem duyuyor. Tek başınayken oldukça yalnız ve depresif hissettiğini unutmuş görünüyor.
- Stavros, 40 yaşında, yakışıklı ve hoş bir girişimci, evlenmeyi ve çocuk sahibi olmayı çok istiyor. Evleneceği kadında ne aradığını tam olarak biliyor. Genç –28'i geçmemeli– ve hoş görünümlü, iyi bir kariyere sahip olmalı ve en az bunlar kadar önemli bir başka özelliğe sahip olmalı: Kendisiyle memleketi Yunanistan'a taşınmayı istemeli. On yılı aşkın süredir farklı insanlarla çıkıyor olmasına rağmen Stavros hâlâ o kişiyi bulamadı.
- Tom, 49 yaşında, bir zamanlar taptığı bir kadınla onlarca yıldır süren bir evliliğe sahip. Artık kendini kapana kısılmış hissediyor ve tek başına bir şeyler yapabilmek için –bu tek başına yolculuk ya da erkek arkadaşlarıyla takılmak olabilir– her fırsatı kolluyor.

Bu insanların hepsinin ortak bir özelliği var: kaçıngan bir bağlanma stili. İlişki içindeyken bile derin bir yalnızlık hissediyorlar. Güvenli bağlanan insanlar partnerlerini kusurlarıyla birlikte–onların özel ve eşsiz olduğuna inanarak– kolayca kabul ederken, kaçınganlar için bu tür bir tutum büyük bir mücadele demek. Kaçıngansanız, partnerlerle bağ kurarsınız ama daima zihinsel bir mesafe ve kaçış planınız vardır. Biriyle birlikteyken tam ve yakın hissetmek –bir yuva bulmanın duygusal karşılığı– sizin için kabul edilmesi zor bir durumdur.

DEVRE DIŞI BIRAKMA STRATEJİLERİ – PARTNERİNİZİ KOL MESAFESİNDE (YA DA DAHA UZAK) TUTMAK İÇİN GÜNDELİK ARAÇLARINIZ

Mike, Kaia, Stavros ve Tom partnerleriyle ilişkiyi kesmede farklı yöntemler kullanmış olsalar da hepsi aynı *devre dışı bırakma stratejilerini* kullanıyor. Bir devre dışı bırakma stratejisi, yakınlığı kesintiye uğratmak için kullanılan herhangi bir düşünce ya da davranıştır. Bu stratejiler beynimizde, tercih edilen partnerde aradığımız yakınlıktan sorumlu biyolojik mekanizma olan bağlanma sistemimizi baskılar. Araştırmacıların kaçınganların ilişkide yakınlığa ihtiyaç duyduğunu ama bunu bastırmak için yoğun çaba harcadığını gösteren deneyini hatırlıyor musunuz? Devre dışı bırakma stratejileri bu ihtiyaçları günlük olarak bastırmakla görevli araçlardır.

Aşağıdaki devre dışı bırakma stratejilerini dikkatle inceleyin. Bu araçları ne kadar fazla kullanırsanız, ilişkinizde kendinizi daha yalnız ve daha mutsuz hissedersiniz.

Bazı Yaygın Devre Dışı Bırakma Stratejileri

- "Bağlanmaya hazır değilim" demek (ya da düşünmek) – ama buna rağmen yıllarca bir arada kalmak.
- Partnerinizdeki ufak tefek kusurlara takılmak: yemek yiyişi, giyim tarzı ya da (boşluğu doldurun) ve bunun romantik duygularınızı sekteye uğratmasına izin vermek.
- Eski sevgilinin burnunda tüttüğünü söylemek ("hayalet eski sevgili" – bundan daha sonra bahsedeceğiz).
- Başkalarına kur yapmak – ilişkiye güvensizlik katmanın can acıtan bir yolu.

- Karşı tarafa hisleri olduğunu vurgularken ona "seni seviyorum" dememek.
- İşler yolunda giderken uzaklaşmak (mesela samimi geçen bir randevunun ardından birkaç gün aramamak).
- Geleceği imkânsız bir ilişki kurmak, mesela evli biriyle birlikte olmak.
- Partneriniz sizinle konuşurken "zihinsel olarak ortamı terk etmek".
- Sır saklamak ve meseleleri belirsiz bırakmak, böylece partneri sürekli tahmin yürütür halde tutmak.
- Fiziksel yakınlıktan kaçınmak – örneğin, aynı yatağı paylaşmayı istememek, cinsel birliktelik istememek ve partnerden birkaç adım ileride yürümek.

Eğer kaçıngansanız, gündelik devre dışı bırakma stratejileri sevdiğiniz (ya da seveceğiniz) insanın bağımsızlık yolunuzda önünüze çıkmamasını sağlayan bilinçdışı kullandığınız araçlardır. Fakat günün sonunda bu araçlar *sizin* bir ilişkide mutlu olma yolunuzdaki engeller olarak karşınıza çıkar.

Bağlanmayı kendinizden uzak tutmak için sadece bu devre dışı bırakma stratejilerini kullanmak yetmez. Onlar sadece buzdağının görünen kısmıdır. Bir kaçıngan olarak zihniniz, ilişkiler konusunda partnerinizle bağınızı koparmanıza yol açan ve mutluluğunuza engel olan inanç ve algılar tarafından yönetilir.

YALNIZ KALMANIZA SEBEP OLAN DÜŞÜNCE DÖNGÜLERİ

Kaçıngan biri olarak, partnerinizin yaptığı ve söylediği şeylerle ilgili çarpık bir bakış açısına sahipsiniz. Bunun sinir bozucu kısmı da bu yıkıcı düşünce döngülerinin neredeyse tamamen bilinçdışı olmasıdır.

Bağımsızlığı Kendine Güvenle Karıştırmak

Joe, 29 yaşında: "Büyürken babam sürekli olarak kimseye güvenmemem gerektiğini söylerdi. Bunu o kadar çok söyledi ki zihnimin içinde bir sese dönüştü: 'Sadece kendine güvenebilirsin!' İlk kez terapiye gidene kadar bunun doğruluğunu hiç sorgulamamıştım. 'İlişkiler mi? Kimin bunlara ihtiyacı var ki?' dedim terapistime. 'Sadece kendime güvenebiliyorken neden biriyle birlikte olup da zamanımı boşa harcayayım?' Terapistim gözlerimi açtı. 'Bu saçma. Tabii başka insanlara güvenebilirsiniz ve güvenmelisiniz de. Bunu hep yapıyorsunuz zaten. Hepimiz yaparız.' Bu, o büyük aydınlanma anlarından biriydi. Haklı olduğunu görebiliyordum. Beni dünyanın geri kalanından ayrı tutan takıntılı bir düşünceden kurtulmak büyük bir rahatlamaydı."

Joe'nun kendine güven inancı –ve bu sebeple hissettiği yalnızlık– ona has bir durum değildi. Araştırmalara göre, kendine güvenmeye duyulan inanç, yakınlık ve samimiyet karşısında rahatsızlık hissetmekle oldukça yakın. Kaçıngan bireyler başkalarına ihtiyaç duymama konusunda büyük özgüven sahibi olsa da bu inançlarının bir bedeli vardı: Kişisel ilişkilerdeki her yakınlık düzeyinde en düşük puanda kalıyorlardı. Kendini ifade etmeye daha az istekli, samimi ortamlarda daha rahatsızdılar ve başkalarından yardım isteme ihtimalleri de daha düşüktü.

Joe'nun durumunda da açıkça görüldüğü gibi, kendine güvenle ilgili güçlü bir inanç nimetten çok külfet olabilir. Romantik ilişkilerde yakınlık kurma, özel bir bilgiyi paylaşma ve partnerinizle uyumlanma becerilerinizi azaltır. Kaçınganların çoğu kendine güvenle bağımsızlığı karıştırır. Kendi ayaklarımızın üzerinde durmak her birimiz için önemli olsa da kendine güveni fazla büyütürsek başkalarından destek almanın önemini küçültürüz ve bu da hayati bir can damarımızı keser. Kendine güvenle ilgili bir diğer sorun da "kendi" kısmıdır. Partnerinizin ihtiyaçlarını görmezden gelerek kendinizinkilere odaklanmanıza neden olur ve sizi en ödüllendirici insani deneyimlerin birinden mahrum kılar: Sizi (ve sevdiğiniz insanı) kendinizden daha büyük bir şeyin parçası olma zevkini yaşamaktan alıkoyar.

Elmayı Değil de Kurdu Görmek

Partnerinizle aranızdaki mesafeyi koruyan bir düşünce döngüsü de "elmayı değil de kurdu görmek"tir. Carole dokuz aydır Bob'la birlikteydi ve giderek artan bir mutsuzluk içindeydi. Bir sürü nedenle onun yanlış adam olduğunu hissediyordu: Entelektüel açıdan dengi değildi, yeterince bilgili sayılmazdı, ilgiye muhtaçtı ve ayrıca Carole onun giyim tarzından, insanlarla ilişki kurma biçiminden de hoşlanmıyordu. Fakat aynı zamanda, onda başka kimsede bulamadığı bir incelik vardı. Ona kendisini güvende ve kabul görmüş hissettiriyor, hediyeler yağdırıyor; onun sessizlikleriyle, ruh haliyle ve tepeden bakışıyla bile sabırla baş ediyordu. Carole yine de Bob'dan ayrılması gerektiği konusunda son derece kararlıydı. Tekrar tekrar, "Asla yürümeyecek," dedi. Nihayetinde Bob'dan ayrıldı. Aylar sonra onsuz olmanın ne kadar zor geldiğini fark etmek Carole'ı şaşırttı. Yalnız, depresif, kalbi kırılmış hissediyordu ve kaybettiği ilişkisinin şimdiye kadar sahip olduklarının en iyisi olduğunu düşünerek acı çekiyordu.

Carole'ın deneyimi, kaçıngan bağlanma stiline sahip kişiler için tipiktir. Söz konusu partnerleri olduğunda, bardağın dolu yarısı yerine boş yarısını görme eğiliminde olurlar. İsrail'deki Interdisciplinary Center'da yer alan New School of Psychology'nin dekanı Mario Mikulincer, eski meslektaşlarından, yine İsrail'deki Bar-Ilan Üniversitesi psikoloji bölümünden Victor Florian ve Gilad Hirschberger'le birlikte bir araştırma gerçekleştirdi. Araştırmada çiftlerden günlük deneyimlerini bir günlüğe aktarmaları istendi. Araştırmada, kaçıngan bağlanma stiline sahip kişilerin partnerlerini, kaçıngan olmayan bireylere göre daha olumsuz değerlendirdiği ortaya çıktı. Dahası *partnerlerinin desteği, sıcaklığı ve ilgisinin üzerlerinde olduğu günlerde bile* böyle yapıyorlardı. Yetişkin bağlanması konusunda öncü araştırmacılardan Dr. Mikulincer, bunu kaçınganların bağlantı kurmaya yönelik genel küçümser yaklaşımları olarak açıklıyor. Bu yaklaşımla çelişen bir şey gerçekleştiğinde – eşlerinin içtenlikle ilgili ve sevecen bir şekilde davranması gibi– bu davranışı görmezden gelme ya da en azından değersizleştirme eğiliminde oluyorlar.

Carole, Bob'la birlikteyken birçok devre dışı bırakma stratejisi kullanıyordu ve Bob'un olumsuz tavırlarına odaklanma eğilimindeydi. Erkek arkadaşının güçlü yanlarının farkında olmasına rağmen, aklı sayısız olarak nitelendirdiği kusurlarına takılmıştı. Ancak ayrıldıktan sonra ve yakınlık tehdidi altında hissetmediğinde savunma stratejileri devreye girmedi. Böylece üstü örtülü ve hep orada duran bağlanma duygularıyla yüzleşebildi ve Bob'un olumlu yanlarını doğru bir şekilde değerlendirebildi.

UYARI: İŞARETLERİ OKUYUN

Bir ebeveyn olduğunuzu ve bebeğinizin verdiği yaşamsal ipuçlarını okuyamadığınızı düşünün. Çocuğunuz aç mı yoksa yorgun mu, kucak mı istiyor yoksa yalnız kalmak mı, altını mı ıslatmış yoksa hasta mı anlayamazdınız. Hayat ikiniz için de zor olurdu. Çocuğunuz anlaşılmak için daha fazla çabalamak –ve daha uzun süre ağlamak– zorunda kalırdı.

Kaçıngan bağlanma stiline sahip olmak size kendinizi çoğunlukla o ebeveyn gibi hissettirir. Günlük hayatta, sevgilinizin ruhsal durumunu anlamanızı sağlayacak sözlü ve sözlü olmayan birçok mesajı tercüme etmekte zorlanırsınız. Sorun, kendine yeten tavrınızla beraber en yakınınızdaki kişinin bile duygularını umursamamayı kendi kendinize öğretmiş olmanız. Bu anlayış kıtlığı yüzünden, kaçıngan bireylerin partnerlerinin en çok şikâyet ettiği konu, yeterince duygusal destek alamamak oluyor. Bu aynı zamanda ilişkideki bağlı olma hissini, sıcaklığı ve tatmini de azaltıyor.

Minnesota Üniversitesi psikoloji profesörü Dr. Jeffrey Simpson, özellikle partnerler stres altında olduğunda ilişkinin gidişatının ve selametinin yetişkin bağlanmasıyla ilişkisine dair çalışmalar yapıyor. Bireylerin eşleşme kararlarını nasıl verdiğini, partnerlerinde hangi özellikleri tercih ettiğini ve farklı özellikler arasında neyi seçip neden vazgeçtikleri konuları üzerinde çalışıyor. Ayrıca empatik duyarlılık, yani insanların partnerlerinin duygularını doğru biçimde değerlendirip değerlendirmeme eğilimi üzerine de çalışıyor. Teksas A&M Üniversitesi'nden Steve Rholes ile birlikte yürüttükleri çalışmada, farklı bağlanma stillerine sahip insanların, partnerlerinin düşünceleri konusunda farklı sonuçlar çıkarıp çıkarmadığını gözlemlediler. Katılımcılardan, partnerlerinin karşısında karşı cinse ait fotoğraflara bakarak çekici ve seksi bulup bulmadıklarını puanlamalarını istediler. Ardından bu puanlama sürecinde partnerlerinin tepkilerini tespit etmeleri istendi. Kaçıngan bireyler, deney sonrasında partnerlerinin duygu ve düşüncelerini algılamada kaygılı bireylere kıyasla daha başarısız oldular. Kaçınganlar, birini fazlasıyla çekici bulduklarında partnerleri bu duruma oldukça üzülmüşken, onların kayıtsız kaldığı yorumunu yaptılar.

John Gray ünlü *Erkekler Mars'tan, Kadınlar Venüs'ten* kitabında, ona kitabı yazdıran farkındalık ânını anlatır. Eşi Bonnie sancılı bir doğumun ardından dünyaya bir kız bebek getirdikten birkaç gün sonra John işe döndü. Tüm işaretler eşinin iyileştiği yönündeydi. Günün sonunda eve geldiğinde, eşinin ağrı kesicilerinin bittiğini ve bu sebeple tüm gününü ağrılar içinde yeni doğan bebeğe bakarak geçirdiğini öğrendi. John eşinin ne kadar üzgün olduğunu gördüğünde, gerilimini öfkeyle karıştırdı ve savunmaya geçerek bir suçu olmadığını anlatmaya başladı. Nihayetinde ilaçların bittiğini bilmiyordu. Neden onu aramamıştı ki? Hararetli bir tartışmadan sonra evden gitmek üzereydi ki Bonnie onu durdurdu: "Dur, lütfen gitme. Şu anda sana çok ihtiyacım var. Ağrım var. Günlerdir uykusuzum. Lütfen beni dinle." Bu noktada John ona yaklaştı ve sessizce kucakladı. Sonradan şunları anlatır: "O gün ilk defa onu bırakıp gitmedim. Bana gerçekten ihtiyaç duyduğunda yanında olmayı başardım." Bu olay –gerginlik, yeni doğan bebeğin sorumluluğu ve karısının oldukça etkin iletişimi– John'da güvenli ve işe yarar bir yaklaşım oluşturmakta yardımcı oldu. Eşinin iyiliğinin kendi sorumluluğu ve kutsal görevi olduğunun bilincine varmasını sağladı. Bu onun için gerçek bir aydınlanmaydı. Sadece kendi ihtiyaçlarıyla meşgul ve partnerinin isteklerine, tatminsizliklerine savunmayla karşılık veren birinden daha güvenli bir zihin yapısına doğru değişmeyi başardı. Kaçıngan bağlanma stiline sahip biri için bu kolay bir iş değil ama kendinizi, partnerinizi gerçekten görebilecek şekilde açarsanız mümkün.

HAYALET ESKİ SEVGİLİYİ ÖZLEMEK, "O KİŞİ"Yİ ARAMAK

Bunlar aşkta kendinizi kandırmak için kullandığınız en aldatıcı iki araçtır. Geçmişinizden birini gerçekten özlediğinize ya da *doğru* kişinin köşe başında sizi beklediğine dair inanç geliştirerek kendinizi kolayca aldatabilirsiniz. "Mükemmel" partner fikrini benimsemek, bir kaçınganın mesafeyi korumakta kullanacağı en güçlü araçlardan biridir. Böylece sizde her şeyin yolunda olduğuna ama şu anda birlikte olduğunuz insanda sorun bulunduğuna, onun yeterince iyi olmadığına inanırsınız. Bu, partnerinizle aranıza mesafe koymakla kalmaz, aynı zamanda eski sevgilinizi özlediğinizi, mükemmel ruh eşinizi aradığınızı duymak onun aklını karıştırır ve davranışlarınızla uzaklaştırmanıza rağmen gerçek bir yakınlık istediğinize inanmasına yol açar.

Hayalet Eski Sevgili

Romantik ilişkinizi değersizleştirmenin sonuçlarından biri de ilişki yıprandıktan çok sonra gözlerinizin açılması, partnerinizle ilgili sinirinize dokunan olumsuz şeyleri tamamen unutmanız, neyin ters gittiğini merak etmeye başlamanız ve kayıp aşkınızı hasretle hatırlamanız olur. Buna *hayalet eski sevgili fenomeni* diyoruz.

Carole'ın Bob'u terk ettikten sonra hislerini "yeniden keşfetmesi" gibi durumlar sıklıkla yaşanır. Kaçıngan kişi partneriyle arasına zaman ve mesafe koyduktan, ilgisini kaybettikten sonra tuhaf bir şey gerçekleşir: Sevgi ve hayranlık hisleri geri gelir. Artık güvenli bir mesafede olduğu için yakınlık tehdidi kalkmış olur ve gerçek duygularını bastırmak zorunda hissetmez. Bunun ardından, eski sevgilinizin harika özellikleri konusunda takıntılı olabilir ve şimdiye kadarki en iyi partneriniz olduğuna kendinizi ikna edebilirsiniz. Bu kişinin neden sizin için doğru insan olmadığını tam olarak kelimelere dökemezsiniz ya da en başta neden her şeyi bitirdiğinizi net olarak hatırlayamazsınız. (Belki de o kadar berbat davrandınız ki o ayrılmak zorunda kaldı.) İşin esası, eski sevgilinizi baş tacı eder ve artık tamamen kaybettiğiniz "hayatınızın aşkı"na methiyeler düzersiniz. Bazen ilişkiye devam etmeyi denersiniz ve bu da yaklaşıp geri çekilme kısırdöngüsünü başlatır. Bazen de bu kişi hâlâ ilişkiye açık olsa bile, siz birlikte olmak için girişimde bulunmaz ama aralıksız bir şekilde onu düşünmeye devam edersiniz.

Eski bir partnerle ilgili bu saplantı yeni ilişkiler kurmayı engeller, çünkü bir devre dışı bırakma stratejisi gibi iş görerek başka biriyle yakınlaşmanızı engeller. Hayalet sevgiliyle muhtemelen bir daha asla bir araya gelmeyecek olsanız dahi onun sadece orada olduğunu bilmek, her yeni partneri onunla kıyaslayarak değersizleştirmeye yeter.

"O KİŞİ"NİN GÜCÜ

Hiç harika olduğunu düşündüğünüz ama yakınlaştıkça pek de çekici olmadığı hissine kapıldığınız biriyle çıktınız mı? Bu, biriyle epey zaman ve yoğun bir şekilde birlikte olduktan sonra, onun "o kişi" olduğuna inandığınız halde bile gerçekleşebilir. Yemek yemesi ya da burnunu çekmesinin sizi sinir ettiğini fark edebilirsiniz. Baştaki canlılık hissinin ardından kendinizi boğuluyor gibi hissedebilir ve bir adım geride durma ihtiyacı duyabilirsiniz. Olumsuzluk aramanızın nedeninin devre dışı bırakma stratejilerinden biri olduğunu ve bağlanma ihtiyaçlarınızı söndürmek için bilinçdışı tetiklendiğini fark etmezsiniz.

İçe bakmak istemeyerek –ve herkesin yakınlık kurmak için aynı potansiyele sahip olduğuna inanarak– yeterince âşık olmadığınız sonucuna varır ve uzaklaşırsınız. Partneriniz yıkılır, karşı çıkar ama bu sadece onun "o kişi" olmadığı inancınızı perçinler. Birileriyle çıkmaya devam ederek kısırdöngüyü tekrar tekrar başlatırsınız. "O kişi"yi bulduğunuzda, çaba harcamaya gerek duymadan çok farklı bir seviyede bağlanacağınıza inanırsınız.

KAÇINGANLAR DEĞİŞEBİLİR Mİ?

Bu bölümü okuduğunuzda, kaçıngan olmanın kendinize yeten bir hayatla ilgisi olmadığını açıkça göreceksiniz. Kaçıngan olmak, güçlü bir bağlanma sisteminin daimi baskısı altında, yukarıda özetlediğimiz (yine güçlü) devre dışı bırakma stratejilerinin mücadelesiyle geçen bir hayat demek. Stratejilerin güçlü olmasından ötürü, bu davranışları, düşünceleri ve inançları koparmak ve değiştirmek imkânsızdır. Fakat doğrusunu söylemek gerekirse, asıl mesele bu değil. *Asıl* mesele, kaçıngan bağlanma stiline sahip insanların, ilişkilerde mutluluğu bulamamalarını ağırlıklı olarak kendileri dışında sebeplere bağlamasıdır: Yani yanlış kişilerle tanışmak, "o kişi"yi bulamamak ve onları kendilerine bağlamak isteyen adaylara denk gelmek gibi. Tatminsizliklerinin sebebini kendilerinde nadiren ararlar ve yardım isteme eğilimleri yoktur, hatta partnerleri yardım almalarını önerdiğinde de kabul etmezler. Ne yazık ki içlerine bakana ve destek isteyene kadar, değişim olması pek beklenmez.

Kaçıngan bireylerin, kötü zamanlar –derin yalnızlık, yaşam değiştiren bir tecrübe ya da büyük bir kaza– yaşadıkları bazı durumlarda, düşünce biçimlerini değiştirdikleri görülebilir. Aranızdan bu noktaya gelmiş olanlar, sizi gerçek yakınlığa ulaştıracak sekiz hareketi not alabilirsiniz. Bu adımların çoğu, her şeyden önce, kendinize dair farkındalığınızın artmasını gerektiriyor. Fakat biriyle sahici yakınlaşma yeteneğinizi baltalayan düşünce döngülerini bilmek yalnızca ilk adım. Devamındaki ve *daha zor* olan adım, bu davranış ve tavırları sergilediğiniz durumları belirlemenizi ve değişime giden yola çıkmanızı gerektiriyor.

KOÇLUK SEANSI: AŞKI KENDİNİZDEN UZAKLAŞTIRMAYA ENGEL OLMAK İÇİN BUGÜN YAPMAYA BAŞLAYABİLECEĞİNİZ SEKİZ ŞEY

1. **Devre dışı bırakma stratejilerini tanımlamayı öğrenin.** Dürtüsel davranmayın. Heyecan duyduğunuz birinin sizin için doğru kişi olmadığını aniden hissetmeye başladığınızda durup düşünün. Bu bir devre dışı bırakma stratejisi olabilir mi? Gözünüze batmaya başlayan ufak tefek kusurlar, bağlanma sisteminizin sizi geri adım atmaya zorlaması ola-

bilir mi? Bu resmin çarpık olduğunu ve sizi rahatsız etse de yakınlığa ihtiyaç duyduğunuzu hatırlayın. En başta onun harika biri olduğunu düşündüyseniz, onu uzaklaştırmakla kaybedeceğiniz çok şey olabilir.

2. **Davranışları yanlış yorumlama eğiliminizin farkında olun.** Partnerinizin davranışları ve niyetleriyle ilgili olumsuz görüşleriniz ilişkiyi kötü hislerle doldurur. Bu döngüyü kırın. Eğiliminizi tanıyın, gerçekleştiğinde fark edin ve daha makul bir açıdan bakmaya çalışın. O kişinin partneriniz olduğunu, birlikte olmayı seçtiğinizi ve içtenlikle sizin iyiliğinizi istediğine güvenmenin sizin için daha iyi olduğunu hatırlayın.
3. **Kendine yetme vurgusunu azaltın ve ortak desteğe odaklanın.** Partneriniz güvenebileceği bir dayanak olduğunu (ve yakınlaşmak için çabalamak zorunda olmadığını) hissettiğinde ve siz mesafe koyma ihtiyacı hissetmediğinizde, ikiniz de dışa dönebilecek ve kendi işinizi yapabileceksiniz. Siz daha bağımsız olacaksınız ve partneriniz daha az muhtaç hissedecek. (Daha fazlası için, 31. sayfadaki bağımlılık paradoksuna bakın.)
4. **Güvenli bir partner bulun.** 5. Bölüm'de de okuyacağınız gibi, güvenli bağlanma stiline sahip insanlar kaygılı ve kaçıngan partnerleri daha güvenli hale getirmeye yatkındır. Fakat kaygılı bağlanma stiline sahip biri sizin kaçıngan özelliklerinizi kızıştırır ve daimi bir kısırdöngü olur. Güvenli yola bir şans vermenizi öneriyoruz. Daha az savunma, kavga ve ıstırap yaşayacak ve kendi isteklerinizi görmezden gelmenin sonucundaki boğulmayı hissetmeyeceksiniz.
5. **İlişki memnuniyet listesi tutun.** Partneriniz hakkında olumsuz düşünme eğiliminde olduğunuzu kendinize her gün hatırlatın. Kaçıngan biriyseniz, bu sizin yapınızın bir parçası. Amacınız, partnerinizin davranışlarındaki olumlu kısımları fark etmek olmalı. Bu kolay bir iş değil ama çalışarak ve sebat ederek zamanla nasıl yapılacağını öğrenebilirsiniz. Her akşam gün içinde olanları düşünmeye zaman ayırın. Partnerinizin küçük de olsa sizin iyiliğiniz için yap-

tığı en az bir şeyi ve onun hayatınızda olmasından neden memnun olduğunuzu yazın.

6. **Hayalet eski sevgiliyi yok edin.** Kendinizi o eski sevgiliyi kafanızda idealize ederken bulursanız, onun şimdi (ve hiçbir zaman) uygun bir seçenek olmadığını kavrayın. O ilişkiyi nasıl eleştirdiğinizi (ve bağlanmaktan korktuğunuzu) hatırlayarak, onu bir devre dışı bırakma stratejisi olarak kullanmaktan vazgeçip yeni birine odaklanabilirsiniz.
7. **"O kişi"yi unutun.** Dünyada ruh eşlerimiz olup olmadığını tartışmıyoruz. Aksine ruh eşi tecrübesine kalpten inanıyoruz. Fakat bize göre, bu noktada aktif taraf siz olmalısınız. Listenizdeki maddelere uyan biri gelene ve her şey yerli yerine oturana kadar beklemeyin. Kalabalık içinden seçerek siz onu ruh eşiniz *yapın* ve (bu bölümde önerdiğimiz stratejileri kullanarak) size yaklaşmasına izin vererek özel bir parçanız haline getirin.
8. **Dikkat dağıtma yöntemini kullanın.** Kaçıngan biri için dikkat dağıtan bir şey olduğunda (dikkat dağıtma deneyimini anımsayın) partnere yaklaşmak daha kolaydır. Başka şeylere –yürüyüşe çıkmak, denize açılmak, birlikte yemek yapmak– odaklanmak gardınızı indirmenizi ve sevecen hislerinize ulaşmanızı sağlar. Bu küçük numarayı birlikte geçirdiğiniz zamanda yakınlığı artırmak için kullanın.

Daha fazla kaçınganlığı kırma ipucu için, 6. Bölüm'deki Kaygılı-Kaçıngan Kapanı'nı okuyun.

5

Rahatça Yakınlaşmak: Güvenli Bağlanma Stili

Güvenli bağlanma stiline sahip insanlar hakkında yazmak sıkıcı bir iş gibi görünüyor. Yani söylenecek ne olabilir ki? Güvenli bağlanan biriyseniz, güvenilir, tutarlı ve güven telkin eden birisiniz demektir. Yakınlıktan kaçınmaz, ilişkinizi didikleyip durmazsınız. Romantik bağlarınızda dramatik olaylar pek yaşanmaz. İniş çıkışlar, olumsuzluklar, lunapark trenleri yoktur. Öyleyse söyleyecek ne kaldı?

Aslında söylenecek çok şey var. Bağlanmayı ve güvenli bağlanmanın bir insanın hayatını nasıl değiştirebileceğini anlama sürecinde, yeryüzünün güvenli bağlananlarını takdir ederek ve onlara hayran olarak büyüdük. Onlar partnerlerinin duygusal ve fiziksel ipuçlarına kulak verir ve bunlara nasıl karşılık vereceklerini bilirler. Duygusal sistemleri (kaygılınınki gibi) bir tehdit ânında kontrolden çıkmaz. Bu bölümde güvenlilerin özelliklerini ve onları benzersiz yapan şeyleri öğreneceksiniz. Güvenli bağlanan biriyseniz ve ilişkiler dünyasında yardım aramıyorsanız, bu bölüm önceden uyarı niteliğinde olacak, çünkü siz de bir gün bocalayabilir ve kendinizi zarar veren bir ilişki içinde bulabilirsiniz.

GÜVENLİ TAMPON ETKİSİ

Araştırmalar, bir ilişkide mutluluğu sağlayan en önemli unsurun güvenli bağlanma stili olduğunu defalarca göstermiştir. Çalışmalara göre, güvenli bağlanma stiline sahip kişiler diğer bağlanma stillerine sahip kişilere kıyasla ilişkilerinde daha yüksek tatmin yaşıyorlar. Toronto Üniversitesi'nden Patrick Keelan doktora tezinin bir parçası olarak bu konuda bir test gerçekleştirdi. Psikoloji profesörü Kenneth Dion ve araştırmalarında uzun süredir birlikte çalıştığı psikoloji profesörü eşi Karen Dion, dört aylık dönemlerde romantik ilişki içinde olan yüzden fazla öğrenciyi takip etti. Güvenli bağlanan bireylerin ilişki tatmini, bağlanma ve güven konusunda yüksek düzeyde değerleri koruduğunu buldular. Güvensiz bireylerin sonuçlarıysa aynı dört ay boyunca üç alanda da giderek alt düzeylere düştü.

Peki ya güvenli ve güvensiz bireyler birbiriyle etkileştiğinde ne olur? Araştırmacılar başka bir deney için çiftlerin bir etkileşim sırasında nasıl davrandığını puanlayacak gözlemciler buldu. Güvenli çiftlerin –tarafların her ikisinin de güvenli olduğu– ilişkilerini güvensiz çiftlerden –iki tarafın da kaçıngan ya da kaygılı olduğu– çok daha iyi sürdürdüğü sonucu sürpriz olmadı. Fakat ilginç olan, güvenli çiftlerle "karışık" çiftlerin –sadece bir tarafın güvenli olduğu– arasında gözlemlenmiş bir fark olmayışıydı. Her iki ilişkide de daha az çatışma vardı ve işler iki tarafın da güvenli bağlanmadığı ilişkilere göre çok daha iyi gidiyordu.

Yani güvenli bağlanma stiline sahip kişiler ilişkilerde iyi olmakla kalmıyor, aynı zamanda bir güvenli tampon oluşturarak güvensiz partnerlerin ilişki tatmin düzeyini bir şekilde artırıp kendi seviyelerine çıkarabiliyorlardı. Bu çok önemli bir bulgu. Güvenli biriyle birlikteyseniz, bu sizi daha güvenli bir duruma doğru beslediği anlamına geliyor.

PEKİ BU SİHİR Mİ?

Güvenli bağlanan insanlar bu "sihirli" etkiyi ilişkilerinde nasıl yaratır? Güvenliler daima en arkadaş canlısı, en sevecen ve en sosyal insanlar mı? Cazibelerinden, duruşlarından ve özgüvenlerinden onları tanımak mümkün mü? Cevap, hayır. Tıpkı diğer bağlanma stillerinde olduğu gibi, kişilik ve fiziksel özellikleri güvenli bağlananlarla ilgili ipucu vermiyor. Güvenli insanlar neredeyse tüm kişilik tiplerine ait tariflere uyar:

- Aaron 30 yaşında, kimya mühendisi. Sosyal etkinliklerden hoşlanmayan, içedönük biri. Boş zamanının çoğunu çalışarak, okuyarak, kardeşleri ve anne babasıyla geçiriyor. Yeni bağlantılar kurmakta zorlanıyor. İlk cinsel ilişkisini iki yıl önce yaşadı.
- Brenda 27 yaşında, film yapımcısı, sosyalliğe bayılıyor, neredeyse herkesi tanıyor ve olan biten her şeyden haberi oluyor. Tek ciddi ilişkisini 18-24 yaşları arasında yaşadı ve o zamandan beri farklı insanlarla görüşüyor.
- Gregory 50 yaşında, elektrik mühendisi. İki çocuklu, boşanmış bir baba, dışa dönük ve geçimli biri. Başarısız evliliğinden miras yaralarını iyileştirmeye çalışmakla meşgul ve ikinci eşini arıyor.

Güvenli bağlanan kişiler çeşitli şekilde, tipte ve formda olabilirler. Onları diğerlerinden ayıran bazı şeyler en azından başta zor fark edilir. 41 yaşındaki Janet o "bazı şeyler"i ilk elden deneyimledi:

Hafta sonuna kadar bitirmesi gereken işlerin yükü altında ezilen Janet, bir pazartesi sabahına endişeyle başladı. Masasının üzerindeki devasa yığının altından kalkamayacağını sanıyor, bu durum kendini yetersiz hissetmesine sebep oluyordu. Yanında yatan eşi Stan'e döndü ve –bir anda– *Stan'in* işleri dolayısıyla hayal kırıklığı yaşadığını ve *Stan'in* hiçbir zaman başarılı olamayacağı konusunda endişelendiğini söyledi. Stan şaşırdı ama Janet'ın saldırısını hiçbir düşmanlık belirtisi göstermeden karşıladı. "Korkmanı anlıyorum ve benim de korkmuş hissetmem seni biraz rahatlatabilir. Ama işyerimde daha verimli olmam için –sıkça yaptığın gibi– teşvik etmek istiyorsan, en iyi yol bu olmayabilir."

Janet'ın şaşkınlıktan dili tutuldu. Stan'in haklı olduğunu, dile getirdiğinin kendi kaygısı olduğunu biliyordu. Stan, Janet'ın gözlerinin yaşlarla dolduğunu görünce onun işe bırakmayı teklif etti. Janet arabada özür diledi. Öyle söylemek istememişti, her şeyin ona iç karartıcı geldiği duygusal bir durum içindeydi.

O noktada Janet, Stan'in nasıl harika ve destekleyici bir koca olduğunu fark etti. Eğer Stan birdenbire Janet'a saldırgan bir şey söylese Janet karşılık verir ve üçüncü dünya savaşı çıkardı. O anda gerçekten neler olup bittiğini ve kendisinin değil de Stan'in tepkisinin önemli olduğunu anlayacak kadar soğukkanlılığını koruyamazdı. Stan'in durumu ele alışı gerçekten duygusal bir nimetti. Janet kendi kendine, "Bu şekilde davranılan taraf olmanın ne kadar güzel bir his olduğunu hatırlamalı ve zamanı geldiğinde aynısını sunmalıyım," diye düşündü.

TEHDİT FARK EDİLEMEDİĞİNDE

Stan gibi güvenli bağlanma stiline sahip kişiler çok gerçek ama dışarıdan pek fark edilmeyen bir özelliğe sahip olur: Partnerlerinin sevecen ve duyarlı olmasını beklerler ve sevgilerini kaybetmekten pek endişe etmezler. Yakınlık ve samimiyet konusunda rahat davranır, ihtiyaçlarını dile getirmekte, partnerlerinin ihtiyaçlarına karşılık vermekte zorlanmazlar.

Aslında kaygılı, kaçıngan ve güvenli bağlanma stiline sahip insanların tepkilerini kıyaslayarak katılanların bilinçdışı zihinlerine girebilmeyi hedefleyen birçok çalışma (4. Bölüm'de anlatılan, ekrana çıkan kelimeleri okuma hızını ölçme gibi) yapıldı. Çalışmalara göre, güvenli bağlananların sevgi, sarılma, yakınlık gibi temalara daha fazla bilinçdışı erişimi varken, tehlike, kayıp ve ayrılık gibi kavramlara daha az erişiyordu. Olumsuz ve tehdit edici konular onlara kolayca işlemiyordu. Kelimelere başta tepki vermeyen ama başka bir görev verildiğinde bu kelimelerle dikkati dağılan kaçınganların aksine, güvenliler dikkati dağılmış bir halde bile olumsuz ve tehdit edici kelimeleri görmezden gelmeye devam ediyordu. Güvenli bağlanan insanlar, kaçınganlardan farklı olarak, gardları düştüğünde bile ilişkinin tehdit altında olduğuna dair düşüncelerle kaygılanmaz. Başka bir deyişle, bu fikirleri bastırmak için çaba göstermez, bu konular hakkında bilinçli ya da bilinçaltı düzeyde zaten endişe duymazlar. Dahası güvenli bağlanan insanlar özellikle –bu deneyde olduğu gibi bilinçli olarak– ayrılık, terk edilme, kayıp gibi konular üzerine düşünmeleri istendiğinde ve bunu başardıklarında, –ciltteki ter miktarını belirleyen– deri testi ölçümlerine göre gerildikleri ortaya çıktı. Bu konuları düşünmeyi bırakmaları söylediğinde test sonucu hızla normale döndü. Yani bazıları için zor görünen –tehdit ânında duygusal bir dengeyi tutturmak– şeyler, güvenli biri için çaba sarf etmeden gerçekleşebilir. Güvenliler basitçe dünyanın olumsuz işaretlerine o kadar hassas değildir.

Bu durum romantik ilişkilerini her açıdan etkiler. Güvenli bağlanan kişiler:

- **Çatışmaları harika yönetir:** Kavga ânında savunmaya geçmek zorunda hissetmez, yaralanmaz ya da partnerini cezalandırmaz. Böylece kavganın daha da şiddetlenmesini engeller.
- **Zihinsel açıdan esnektir:** Eleştiri onlara kendilerini tehdit altında hissettirmez. Yöntemlerini gözden geçirmeye, gerekirse inançlarını ve metotlarını yeniden incelemeye isteklidirler.
- **Etkin iletişim kurarlar:** Diğerlerinin anlayışlı ve karşılık veren kişiler olmalarını beklerler. Bu sebeple partnerlerine duygularını özgürce, olduğu gibi ifade etmek onlara doğal gelir.
- **Oyun oynamazlar:** Yakınlık isterler ve karşıdakinin de aynısını istediğini düşünürler. Öyleyse oyuna ne gerek var?
- **Yakınlık kurmakta rahat, sınırlar konusunda kaygısızdırlar:** Yakınlık ararlar ve "birinin ağına düşürülmekten" korkmazlar. Çünkü –kaygılılar gibi– hiçe sayılmaktan korkmaz ya da –kaçınganlar gibi– devre dışı bırakmaya gerek duymazlar. Fiziksel ya da duygusal yakınlığın tadını çıkarmakta zorlanmazlar.
- **Çabuk affederler:** Partnerleri kırıcı bir şey yaptığında, iyi niyetli olduğunu varsayarlar ve bu nedenle de affetmeye yatkınlardır.

- **Cinselliği ve duygusal yakınlığı bir tutarlar:** İkisini birbirinden ayırarak (ya duygusal ya da cinsel anlamda yakın olmak, ikisini bir arada yapmamak) mesafe koyma ihtiyacı hissetmezler.
- **Partnerlerine krallar kraliçeler gibi davranırlar:** Onların yakın çevrelerinin bir parçası olduğunuzda size saygı ve sevgiyle muamele ederler.
- **İlişkiyi geliştirme konusunda güçlerine inanırlar:** Kendilerine ve bu varsayımı haklı çıkaran başkalarına dair olumlu inançlarına güvenirler.
- **Partnerlerinin refahından sorumlu hissederler:** Partnerlerinden karşılık vermesini ve sevecen davranmasını bekler, kendileri de başkalarının ihtiyaçlarını giderirler.

Güvensiz partnerlerle yaşayan çoğu insan, güvenli bağlanan biriyle hayatın ne kadar farklı olabileceğini hayal dahi edemez. Öncelikle, terapistlerin sıklıkta atıf yaptığı –ilişkide mesafeyi korumak için sürekli bir taraf adım atarken, diğerinin geri adım attığı– "ilişki dansı" içinde olmazlar. Bunun yerine daima artan bir yakınlık ve samimiyet vardır. Ayrıca, güvenli bağlanan kişiler duyarlı ve empatik bir şekilde –ve daha da önemlisi uyumla– duygularını sizinle paylaşır. Son olarak, güvenli taraf partnerini duygusal bir koruma kalkanıyla çevreler, böylece dış dünyayla yüzleşmeniz çok daha kolay hale gelir. Bu niteliklerin ne büyük nimet olduğunu ancak yokluğunda fark ederiz. Güvenli ilişkilerin kıymetini en çok bilen insanların, güvenli *ve* güvensiz partnerlerle ilişki yaşamış olması tesadüf değil. Bu kişiler güvenli ve güvensiz ilişkiler arasındaki farkın dağlar kadar olduğunu söyleseler de, bağlanma teorisini bilmedikçe farkın ne olduğunu tam anlamıyla tanımlayamazlar.

BU "YETENEK" NEREDEN GELİYOR?

Güvenli biriyseniz, bu sıradışı özelliklerle mi doğarsınız, yoksa bunları zamanla mı öğrenirsiniz? Bağlanma teorisinin öncüsü John Bowlby, bağlanma stillerinin yaşam deneyimi ve özellikle de bebeklik döneminde ebeveynlerimizle etkileşimimiz sonucu oluştuğuna inanıyordu. İhtiyaçlarına duyarlı olan ve onları gideren ebeveynlere sahip insanlar güvenli bağlanma stili geliştirir. Bu tür bir çocuk ebeveynlerine güvenebileceğini öğrenir ve ihtiyaç duyduğunda onları yanında bulacağına inanır. Fakat Bowlby meselenin burada bitmediğini söyler; güvenli bir çocuk bu güveni yetişkinliğine ve gelecekteki partnerleriyle olan ilişkisine taşır.

Peki kanıtlar bu öngörüyü doğruluyor mu? 2000 yılında Toronto'daki Ryerson Üniversitesi'nde birkaç meslektaşıyla çocuk gelişimi hakkında araştırma yapan Leslie Atkinson, önceki kırk bir araştırmayı temel alan bir meta-analiz gerçekleştirdi. Çalışma toplamda iki bin ebeveyn-çocuk çiftini inceliyor ve ebeveyn duyarlılığıyla çocuk bağlanma stili arasındaki ilişkiyi değerlendiriyordu. Sonuçlar zayıf ama dikkat çekiciydi: İhtiyaçlara karşı duyarlı annelerin çocukları güvenli bağlanma stiline daha *yatkındı*, fakat yöntemsel meseleler bir yana, çocuğun bağlanma stili söz konusu olduğunda başka değişkenler de devreye giriyordu. Çocuğun güvenli olma şansını artıracak etkenler arasında kolay bir mizaç (bu, ebeveynin daha kolay karşılık vermesini sağlıyor), annenin olumlu koşullar (evlilikte tatmin, stres ve depresyonun az olması, sosyal destek) içinde olması ve ebeveyn olmayan bir bakıcıyla daha az zaman geçirmek yer alıyordu.

İşler yeterince karışık değilmiş gibi, bir de son yıllarda genetik olarak belli bir bağlanma stiline yatkın olduğumuz fikri ortaya çıktı. Mesela yetişkin genlerin yüzde yüzü ortak olan tek yumurta ikizlerinin, genlerin yüzde ellisi ortak olan çift yumurta ikizlerine kıyasla aynı bağlanma stiline sahip olma oranları daha yüksek. Tek ve çift yumurta ikizlerinin her ikisinin aynı temel çevreyi paylaştıkları düşünülüyor. Başka bir deyişle, genler de bağlanma stilimizi belirlemede büyük rol oynuyor.

Peki bebeklikte güvenli bağlanma geliştirdiyseniz bile, bu yetişkinliğe dek sürecek mi? Bunu anlamak için bağlanma araştırmacıları 1970 ve 1980'lerde bebek, şimdi de yaklaşık 20 yaşlarında olan kişileri yeniden değerlendirdiler. Erken çocukluk döneminde güvenli olarak tanımlanan kadın ve erkekler yetişkinlikte de aynı kalıyor mu? Yanıt pek net değil: Çocukluk ve yetişkinlikteki bağlanma arasındaki bağı bulmaya çalışan üç araştırma başarısız oldu. Fakat iki başka araştırma, aralarında ciddi bir ilişki olduğunu ortaya koydu. Çocukluk ile yetişkinlik bağlanması arasında bir ilişki varsa bile bunun zayıf olduğu kesinlikle ortada.

Peki, bu güvenli bağlanma *nereden* geliyor? Daha fazla araştırma yapıldıkça, güvenli bağlanmanın tek bir kaynaktan gelmediğine dair kanıtlar artıyor. Duyarlı ve ilgili, çocuğa güvenli bir hayat sağlayan ebeveyn denklemi tek boyut sunmakta; ancak bu bağlanma stilini birçok etken mozaik gibi bir araya gelerek oluşturuyor: ebeveynlerimizle ilk ilişkimiz, genlerimiz ve yetişkinlikteki romantik deneyimlerimiz. Yetişkinlerin ortalama yüzde 70-75'i hayatlarının farklı noktalarında aynı bağlanma kategorisinde kalıyor. Öte yandan nüfusun geri kalan yüzde 25-30'u bağlanma stilinde değişim olduğunu belirtiyor. Araştırmacılar bu değişimi, yetişkinlikteki romantik ilişkilerin bağ kurmaya dair en temel inanç ve tavırlarımızı değiştirecek kadar güçlü olmasına bağlıyor. Ve evet, değişim her yönde olabilir. Güvenli insanlar güvensiz hale gelebilir ve güvensiz insanlar zamanla güvenli bağlanan kişilere dönüşebilirler. Eğer güvensiz biriyseniz, sizin için hayati önem taşıyan bu bilgi, mutluluğa giden yolda sizin biletiniz olabilir. Güvenliyseniz, bu bilginin farkında olmanızda fayda var, çünkü güvensiz olursanız kaybedeceğiniz çok şey var.

Güvenli Zihin Yapısına Giriş – Partneriniz İçin Güvenli Bir Dayanak Oluşturmak

Hatırlayacağınız üzere partnerlerimizin hayatındaki en önemli rollerimizden biri, güvenli bir dayanak sağlamak; ona ilgili alanlarının peşinden gideceği, dünyayı güvenle keşfedeceği bir ortam sunmak. Carnegie Mellon Üniversitesi'nden Roxanne Thrush ve Brooke Feeney 2010 yılında bir araştırma yayımladı. Araştırmaya göre, üç belirli davranış bu geniş kavramın altını dolduruyor.

Bu güvenli davranışları uygulayarak güvenli bir dayanak oluşturabilirsiniz.

- **Ulaşılabilir olun:** Gerginliklerine karşı duyarlı olun, ihtiyaç duyduklarında size bağımlı olmalarına izin verin, zaman zaman onlara danışın ve işler ters gittiğinde rahatlık sağlayın.
- **Müdahale etmeyin:** Çabalarına *perde arkasından* destek verin. Kendilerini güçlü ve girişimci hissedecek şekilde yardım edin. Durumu üstlenmeden, yönetmeden, güven ve yeteneklerini yok saymadan, kendi işlerini yapmalarına izin verin.
- **Teşvik edin:** Teşvik edin, kendi öğrenme ve kişisel gelişim hedeflerini kabul edin. Özsaygılarını destekleyin.

SORUN BEN DEĞİLİM, SENSİN – PARTNER SEÇİMİ

Güvenli bağlanma stiline sahipseniz, diğer bağlanma stillerine sahip insanların baş etmek durumunda kaldığı engellerin yanından geçip gitmeyi bilirsiniz. Doğal olarak, sizi mutlu etme kapasitesine sahip kişilere çekim hissedersiniz. Kaygılıların aksine, harekete geçmiş bağlanma sisteminizin dikkatinizi dağıtmasına izin vermezsiniz. Birlikte olduğunuz kişinin sizi sürekli tahmin etme durumunda bırakmasına ve bunun yarattığı iniş çıkışlara bağımlı değilsinizdir. Kaçınganların aksine, sizi bekleyen mükemmel insana dair yanlış hayalleriniz ya da "o kişi"nin artık gittiğine dair düşünceleriniz yoktur. Bu yüzden biri size yaklaşmaya başladığında soğuyup devre dışı bırakma stratejilerini kullanmazsınız.

Güvenli biri olarak, sizin için tam tersi geçerlidir. İsteklerinize karşılık verecek, yakınlık ve samimiyete açık birçok olası partner bulunabileceğine inanırsınız. Her durumda sevilmeyi ve değer görmeyi hak ettiğinizi bilirsiniz. Bunu beklemeye *programlısınızdır*. Bu beklentilere *uymadığını* hissettiren (tutarsız ve kaçamak) biri olursa ilginizi kaybedersiniz. 28 yaşındaki Tanya da güvenli bağlanan biri. Onunla konuşmamızda açıkça ifade etti:

"Hayatım boyunca on bir kişiyle birlikte oldum ve hepsi benimle ciddi bir ilişki istedi. Bu sanırım benim ilettiğim bir mesaj. Sadece yatakta değil, her anlamda tanınmaya değer biri olduğuma ve benimle kalırlarsa keşfedecekleri bir hazine olduğuma dair mesajlar veriyorum.

İlgi duyduğum adamlar oyun oynamıyor – bu benim için çok önemli. Hemen ertesi gün ya da en geç ertesi akşam arıyorlar. Karşılığında, ben de ilk andan itibaren ilgimi belli ediyorum. Hayatımda sadece iki adam aramak için iki gün bekledi ve onları hemen listeden çıkardım."

Tanya'nın, ihtiyaçlarına karşılık vermeyen kişilerle hiç vakit kaybetmeyişine dikkat edin. Bazılarına göre kararları sert görünebilir ama güvenli insanlar için bu davranış doğal biçimde gerçekleşir. Bağlanma alanında yapılan araştırmalara göre, daha güvenli bağlanma stiline sahip kişiler daha az oyun oynama eğiliminde oluyor. Tanya sezgisel olarak, hangi tür partnerlerin onun için yanlış olduğunu biliyor. Ona göre oyun oynamak hiç taviz veremeyeceği bir konu. Bu bakış açısında önemli olan bir şey daha var: Tanya partnerinin ona saygısızca davrandığını düşünürse, bunu ilişkide ihtiyaçlarına karşılık veremeyeceğinin ve kendisine denk olmadığının bir işareti olarak kabul ediyor. Bu iki adamla ilgili olumsuz hisler de beslemiyor. Onun için bu mesele değil, içgüdüsel olarak yoluna devam ediyor. Bu yaklaşım, partnerinin davranışlarından kendini sorumlu tutan bir kaygılınınkinden oldukça farklı. Kaygılı biri kendi davranışlarını gözden geçirir dururdu; "Çok güçlü görünmüş olmalıyım, onu eve davet etmeliydim, eski sevgilisini sormak aptalca oldu" gibi tahminlerle yanlış kişilere ikinci, üçüncü, hatta dördüncü şansı verirdi.

Tanya'nın durumunda ise gördükleri ona yetti, ihtiyaçlarını karşılayamayacağından emin olduğu kişilerle devam etmeyi manasız buldu. Fakat şüphe durumunda, güvenli bağlanan kişilerin en sık kullandığı araç *etkin iletişim*. Duygularını açıkça yüzeye çıkarır ve partnerlerinin tepkisini görürler. Partnerleri onların duygusal, fiziksel sağlığıyla alakadar olur; orta yolu bulmaya ve ilişkiye bir şans vermeye isteklidirler. Öyle hissetmediklerinde, kaybedecekleri bir savaşa girmez ve daha fazla orada kalmazlar (bkz. 8. Bölüm, Etkin iletişim – Mesajı Karşı Tarafa Ulaştırmak).

Doğru Partneri Bulmak – Güvenli Yol

Bu kitap boyunca doğru partneri bulmanız için savunduğumuz prensipler, güvenli bağlanma stiline sahip insanlar tarafından içgüdüsel olarak uygulanıyor. Aralarında şunlar var:

- "Açık delilleri" çok önceden okumak ve taviz vermemek.
- İlk günden ihtiyaçlarını etkin bir şekilde ifade etmek.
- Sizi mutlu edecek birçok (evet birçok) muhtemel partner olduğu inancını benimsemek.
- Karşı tarafın saldırgan tutumundan kendini sorumlu tutmamak. Bir partner düşüncesiz ve kırıcı davrandığında, güvenli bağlananlar bunun kendileriyle değil, karşı tarafla ilgili bir durum olduğunu bilirler.
- Saygı, itibar ve sevgiyle davranılmayı beklemek.

GÜVENLİ BAĞLANANLAR İLİŞKİ SORUNLARINDAN MUAF MI?

Güvenli insanlar daima kendileri gibi kişilerle eşleşmez. Üç bağlanma stilinden insanlarla çıkar ve evlenirler. İyi haber şu ki, eğer güvenli bağlanan biriyseniz, kaygılı ve kaçıngan bağlanma stilindeki insanlarla da iyi geçinme becerisine sahipsiniz. Fakat bu ancak kendi güvenli zihin yapınızı korursanız mümkün. Daha güvensiz bir hale gelirseniz, sadece çok değerli bir nimeti kaybetmekle kalmaz, ilişkilerinizde mutluluk ve tatmin duygusunu da eskisinden az deneyimlersiniz.

Güvenli biri olarak, güvensiz bağlanma stiline sahip biriyle tatmin edici bir ilişki sürdürebilmenizin nedenlerinden biri, karşı tarafın da zamanla sizinle birlikteliğin sonucu olarak daha güvenli biri haline geliyor olmasıdır. Kaygılı biriyle birlikte olduğunuzda çoğunlukla bu gerçekleşir. Mary Ainsworth'ün anne-bebek ilişkisinde gözlemlediği şeylerden biri, güvenli annelerin özel bir tür olduğuydu. Kaygılı veya kaçıngan çocukların annelerine kıyasla çocuklarıyla daha çok ilgileniyor ya da daha sık kucaklarına alıyor değillerdi. Fakat bir tür "altıncı his"le ve sezgisel olarak çocuğun *ne zaman* kucağa alınmak istediğini biliyor gibiydiler. Çocuklarının yaklaşmakta olan gerginliğini hissediyor ve tamamen ortaya çıkmadan önce harekete geçiyorlardı. Çocuk gerildiğinde nasıl sakinleştireceklerini bilir görünüyorlardı.

Bu duruma yetişkin çiftlerde de rastladık. Güvenli yetişkinler doğal olarak partnerlerini sakinleştirmeyi ve onlarla ilgilenmeyi biliyor – içten gelen bir yetenek. Bu, söz konusu çiftin ebeveynliğe geçişinde de görülüyor. Minnesota Üniversitesi'nden Jeffry Simpson ve Texas A&M Üniversitesi'nden Steven Rholes –aynı zamanda *Attachment Theory and Close Relationships* (Bağlanma Teorisi ve Yakın İlişkiler) kitabının editörleri– kaygılı kadınların partnerleriyle etkileşimlerinde güvenli özelliklere doğru gitmeye yatkın olduğunu ve partnerlerini –güvenli özellikler taşıyan– ulaşılabilir, destekleyici ve kabul edici bulduklarında ilişkiyi ebeveynliğe taşıdıklarını buldular. Başka bir deyişle, güvenli yetişkinlerin duyarlılığı ve teşviki tıpkı güvenli annenin bebeğindeki etkisine benziyor ve partnerlerinin bağlanma stilinde değişiklik için yeterli oluyor.

Yine de bir uyarı gerekli. Bazen içten gelen yetenekleriyle uygun eşler bulan ve partnerlerini daha güvende hissettirebilen güvenliler de kendilerini kötü ilişkiler içinde bulabilir. Bu yalnızca deneyimsiz olduklarında gerçekleşir; ama bir de uzun süren ilişkilerinde partnerlerinin kabul edilemez davranışlarını hoş gördüklerinde olabilir.

35 yaşındaki Nathan ne yapacağını şaşırmış durumdaydı. Shelly'le sekiz yıldır evlilerdi ve işler giderek daha da kötüleşmiş-

ti. Shelly'nin başta nadiren gerçekleşen öfke nöbetleri her gün olmaya başlamıştı. Patlamalarının şiddeti artmıştı, evdeki eşyaları kırıyordu, hatta bir keresinde Nathan'a tokat atmıştı. İlişkilerindeki sorunlar bu kadarla da kalmıyordu. Nathan, Shelly'yi internet sitelerinde ilişki yaşarken yakaladı ve bunları gerçek hayatta da yaşadığına dair güçlü bir şüphesi vardı. Shelly defalarca ayrılmakla tehdit etmesine rağmen –Nathan'ın sabrını ve tahammülünü ölçmek ister gibi– eşyalarını toplayıp taşınmadı. Nathan bu "dönem" sona erdiğinde her şeyin normale döneceğine inanıyordu. Shelly'nin iyi olmasından kendini sorumlu hissediyordu ve böyle "zor bir zaman"dan geçerken ona arkasını dönmek istemiyordu. Bu yüzden de tacize ve gönül maceralarına katlanıyordu. Nihayetinde Shelly onu artık sevmediğini, başka biriyle tanıştığını ve bu evliliği bitirmek istediğini söyledi. Shelly ayrılmaya karar verince Nathan bu kararı kabul etti ve onu geri kazanmaya çalışmadı.

Boşanmayı arkasında bıraktıktan sonra, Shelly'nin sorunu çözmesi ve bu zor durumdan onu kurtarmış olması Nathan'ı rahatlattı. Yeni biriyle tanışma ve onu hayatının bir parçası yapma fikrine bile sıcak bakıyor. Fakat yine de kendisini o ilişkide o kadar süre tutan şeyi açıklamakta zorlanıyor. Bağlanma teorisi buna açıklama getirebilir. Öncelikle, güvenli bağlanma stiline sahip insanlar partnerlerinin iyiliğinden kendilerini sorumlu hisseder. Onların sıkıntılarının bir nedeni olduğuna inandıkları sürece destek olmayı sürdürürler. *Attachment in Adulthood* (Yetişkinlikte Bağlanma) kitabında Mario Mikulincer ve Philip Shaver güvenli bağlanma stiline sahip kişilerin, haksızlık yapan partneri affetmeye diğerlerine kıyasla daha yatkın olduğunu söylüyor. Bunu bilişsel ve duygusal yeteneklerin karmaşık bir birleşimi olarak açıklıyorlar. "Affetmek zor sakinleşme manevraları gerektirir... Hatalı tarafın ihtiyaçlarını ve dürtülerini anlamayı, cömert katkılarda bulunmayı ve karşı tarafın kırıcı hareketlerini göz önünde bulundurarak değerlendirmeyi... gerektirir. Güvenli bağlanan kişiler, partnerlerinin kırıcı davranışlarına dair iyimser açıklamalar getirmeye ve affetmeye yatkın olma eğilimindedir." Bu bölümün başlarında gördüğümüz gibi, güvenli insanlar doğaları gereği olumsuzluklar üzerinde durmaz, uzaklaşarak savunmaya geçmeden üzücü duyguları devre dışı bırakırlar.

İyi haber şu ki; güvenli bağlanan insanların sağlıklı içgüdüleri vardır ve kısa sürede birinin partneri olup olamayacaklarına karar verebilirler. Kötü haberse, güvenli bağlanan insanlar bile nadiren de olsa kendilerini olumsuz ilişkilerde bulabilir. Üstelik ne zaman ayrılacaklarını bilemezler, özellikle de uzun vadeli, kendilerini partnerlerinin mutluluğundan sorumlu hissettikleri ve bağlandıkları bir ilişkiyse.

FAZLA İLERİ GİTTİĞİNİZİ NASIL ANLARSINIZ?

Güvenli bağlanan biriyseniz, ama kendinizi tedirgin, endişeli, kıskanç (kaygılı özellikleri) hissediyorsanız, duygularınızı ifade etmeden önce iki defa düşünmeniz gerekiyorsa, daha az güveniyor ve partnerinizle oyun oynamaya başladıysanız (kaçıngan özellikleri), bu ciddi bir uyarıdır ve size yanlış biriyle olduğunuzu ya da güvenli dayanağınızı çekirdekten sarsan zor bir deneyimden geçtiğinizi söylüyor olabilir. Sevilen birinin kaybı, hastalık, boşanma gibi yaşamsal olaylar bu tür kaymalara sebep olabilir.

Hâlâ bir ilişki içindeyseniz, biriyle *geçinebiliyor* olmanız geçinmek *zorunda* olduğunuz anlamına gelmez. İşlerin yürümesi için gereken her şeyi yaptıktan sonra bile mutsuzsanız, belki de artık yolunuza devam etmeniz gerekiyordur. İşlevini yitirmiş bir ilişkiyi bitirmek, sırf güvenli bağlandınız diye sonsuza kadar aynı insanda takılı kalmaktan daha iyi olabilir.

Bir bağlanma figürünü herhangi bir sebeple kaybetme deneyimi yaşadıysanız, inanç sisteminizi suçlamanın gerekmediğini ve onlara bağlı olmanın değerli olduğunu hatırlayın. Yaralarınızı iyileştirmenin, yakınlık ve samimiyeti paylaşabileceğiniz başka insanlar olduğu umudunuzu korumanın bir yolunu bulmak daha iyi olacaktır. Yeniden mutlu *olabilirsiniz*.

DÜNYANIN GÜVENLİLERİNİ TANIMAK İÇİN BİR SON SÖZ

Bağlanma teorisini öğrenmeden önce güvenlilerin varlığını hafife alıyor ve hatta sıkıcı bularak onları görmezden geliyorduk. Fakat bağlanma teorisi prizmasından baktığımızda, güvenli insanların yetenek ve becerilerini takdir etmeyi öğrendik. Normalde dikkatimizi çekmeyen ve şapşal Homer Simpson'ı andıran iş arkadaşımız gözümüzde birdenbire eşine mükemmel davranan, ilişkilerde başarılı birine dönüştü ya da bize fazla meraklı görünen komşumuz duygusal anlamda tüm ailesini dengede tutan, sezgileri kuvvetli, sevecen biri gibi görünmeye başladı. Fakat güvenli bireylerin hepsi evcimen ya da şapşal görünmez. Güvenli olmanız oturup kalacağınız anlamına gelmiyor. Güvenli bağlananlar çeşitli şekillerde ve türlerde karşınıza çıkar. Çoğu hoş ve seksidir. Muhteşem ya da sade görünmeleri bir yana, onları gerçekten evrimin "harika eşleri" oldukları için takdir ediyoruz ve umarız bir gün siz de edersiniz.

III. KISIM

Bağlanma Stilleri Çakıştığında

6

Kaygılı-Kaçıngan Kapanı

Bir çiftin yakınlık ihtiyaçları birbirinin zıddı olduğunda, ilişkileri güvenli bir sığınak yerine fırtınalı bir yolculuğa benzer. Üç örnek:

KİRLİ ÇAMAŞIR

37 yaşındaki Janet ve 40 yaşındaki Mark yaklaşık sekiz yıldır birlikte yaşıyor. Son iki yıldır bir çamaşır makinesi alıp almamak konusunda fikir ayrılıkları var. Mark şiddetle almak taraftarı – makine işlerini çok kolaylaştırıp onlara zaman kazandıracak. Janet katı bir şekilde karşı çıkıyor – Manhattan'daki evleri minicik ve bir elektronik cihaz daha almak, dekorasyonu tamamen bozacak. Ayrıca çamaşırdan kendisi sorumlu, Mark bunu neden mesele ediyor ki? Konuyu tartıştıklarında ikisi de fazla duygusallaşıyor ve Janet susuyor ya da Mark patlıyor.

Neyin kavgasını ediyorlar?

Asıl konuya gelirsek, denkleme şu bilgiyi de eklememiz gerekir: Janet çamaşır yıkayacağı zaman, bunu hafta sonu yapıyor ve köşe başında yaşayan kız kardeşine gidiyor. Bu mantıklı bir hareket, kız kardeşinin çamaşır makinesi var, para vermeden ve sorun yaşamadan onu kullanabiliyor. Ardından tüm günü orada geçiriyor. Janet kaçıngan bağ-

lanma stiline sahip ve sürekli Mark olmadan bir şeyler yapma fırsatı kolluyor. Kaygılı bağlanma stiline sahip Mark içinse çamaşır makinesi alma isteğinin bambaşka bir anlamı var – Janet'a daha yakın olmak.

Bu açıdan bakıldığında, çamaşır makinesinin gerçek meselenin sadece belirtisi olduğunu ve söz konusu yakınlık ve birlikte vakit geçirmek olduğunda Janet'la Mark'ın bambaşka ihtiyaçları olduğunu görüyoruz.

VERMONT'TA ROMANTİK BİR PANSİYON

24 yaşındaki Susan ve 28 yaşındaki Paul plan yapmadan Vermont'ta bir hafta sonu geçirmeye karar veriyorlar. Oraya vardıklarında, iki tane oda-kahvaltı hizmeti veren yere bakıyorlar. İkisi de cazip ve sıcak yerler. Birinde iki tek kişilik yataklı bir oda, diğerinde tek ve büyük bir yatağı olan bir oda var. Paul iki tek kişilik yataklı odayı istiyor, çünkü manzara harika. Susan büyük yataklı odayı istiyor çünkü ayrı yataklarda uyudukları romantik bir kaçamak hayal edemiyor. Paul, Susan'a burun kıvırıyor. "Her gece aynı yatakta uyuyoruz zaten, büyütecek ne var? Burada en azından manzaranın tadını çıkarırız." Susan, geceleyin Paul'e güçlü bir yakınlık isteği duyduğu için mahcup oluyor ama yine de tatilde ayrı yataklarda uyumayı hâlâ hayal edemiyor. İkisi de geri adım atmıyor ve tartışma hafta sonunu berbat edecek gibi görünüyor.

Anlaşamadıkları konu ne? Görünüşte otel odaları konusunda farklı zevkler. Susan'ın ısrarı biraz aşırı görünüyor. Fakat Paul'ün uykudan önce birbirlerine sokulmaktan nefret ettiğini bilseniz ne düşünürdünüz? Ve bu davranışın Susan'ı fazlasıyla rahatsız ettiğini ve kendini reddedilmiş hissettiğini öğrenseniz? Susan, iki ayrı yatak olduğunda, Paul'ün seviştikten hemen sonra soluğu kendi yatağında alacağından emin. Büyük resme bakıldığında çok da mantıksız durmuyor. Susan'ın endişesini giderilmemiş yakınlık ihtiyacı olarak değerlendirebiliriz.

FACEBOOK VE "TERK EDİLME" KONULARI BULUŞTUĞUNDA

33 yaşındaki Naomi ve 30 yaşındaki Kevin yaklaşık altı aydır görüşüyorlar ve çözemedikleri birkaç fikir ayrılığı var. Naomi, Kevin'ın eski sevgililerini Facebook arkadaş listesinden çıkarmamasına bozuluyor. Başka kadınlarla da flört ettiğine inanıyor. Öte yandan Kevin ne zaman arkadaşlarıyla içmeye gitse Naomi'nin onu aramayı alışkanlık haline getirmiş olmasından rahatsız ve aramalarını reddediyor. Kevin, Naomi'nin ciddi bir terk edilme sorunu olduğuna ve fazla kıskanç davrandığına inanıyor. Ve bunu sıklıkla dile getiriyor. Naomi giderek artan şüphelerini ve endişelerini kontrol etmeye çalışıyor ama bunların bir yere gittiği yok, işte hepsi orada duruyor.

Facebook'ta eski kız arkadaşlarını tutma ve onlarla iletişimi sürdürme konusunda yazılı bir ilişki kuralı yok. Ayrıca erkek arkadaşın dışarıdayken onu aramakla ilgili de kesin bir doğru ya da yanlış yok. Belli durumlarda bu davranışlar mantıklı görünebilir. Fakat Naomi ve Kevin'ın anlaşmazlıkları tam olarak bu sorularla ilgili değil. Bu yüzden de bir çözüme ulaşamıyorlar. Çatışmaları birbirlerine ne kadar bağlı ve yakın olmak istedikleriyle ilgili. Kaçıngan bağlanma stiline sahip Kevin, Naomi'yle arasında belli bir mesafeyi korumak istiyor ve bunu çeşitli yöntemler kullanarak sağlıyor – geliş gidişleri konusunda gizemli davranıyor, Naomi'nin açıkça rahatsız olmasına rağmen eski flörtleriyle bağlantıyı sürdürüyor. Naomi'ye gelince, Kevin'ın aralarına koyduğu engel ve dikkat dağıtan şeyleri kaldırarak daha yakın olmaya çalışıyor. Fakat Kevin bunu içtenlikle istemedikçe çabaları boşa olacak. Çünkü sonuçta yakınlığı yaratmak iki kişinin de isteğiyle olur.

Üç vakada da ortak bir şey tarif ettik. Partnerlerin biri yakın olmayı gerçekten isterken, diğeri fazla yakınlaştıklarında rahatsız hissediyor. Bu, taraflardan biri kaçıngan ve diğeri kaygılı ya da güvenli bağlanma stiline sahip olduğunda gerçekleşir. Fakat sıklıkla, bir taraf kaçıngan ve diğer taraf kaygılıysa görülür.

Bağlanma üzerine yapılan araştırmalar tekrar tekrar gösteriyor ki, yakınlık ihtiyacınız partnerinizde karşılık bulduğunda ve onun tarafından giderildiğinde tatmin seviyeniz yükselir. Birbirine uymayan yakınlık istekleri zamanla giderek azalan tatmin halini alır. Çiftler yakınlık seviyesi hakkında anlaşmazlık yaşadığında, bu mesele diyaloglarının tamamına hâkim olur. Biz buna "kaygılı-kaçıngan kapanı" diyoruz. Çünkü tıpkı bir kapan gibi fark etmeden düşersiniz ve yine bir kapan gibi düştükten sonra çıkmak çok zordur.

Kaygılı-kaçıngan ilişkideki insanların güvenli olana ilerlemekte zorlanmasının sebebi, birbirlerinin güvensizliklerini tetikledikleri bir döngüye düşmüş olmalarıdır. Yandaki şemaya bakın. Kaygılı bağlanma stiline sahip kişiler (sağ aşağıdaki çember) ilişkideki tehlikelerle kendi bağlanma sistemlerini harekete geçirerek baş ediyor – yani partnerine daha yakın olmaya çalışarak. Kaçıngan bağlanma stiline sahip kişiler (sol aşağıdaki çember) tam tersi tepki veriyor. Tehlikelerle devre dışı bırakarak başa çıkıyor – partnerleriyle arasına mesafe koyuyor ve bağlanma sistemlerini devre dışı bırakıyorlar. Kaygılı daha çok yaklaşmak istedikçe kaçıngan onu daha fazla ittirmeye çalışıyor. Dahası kaçıngan tarafından mesafe koyulması, kaygılı partnerce tehdit olarak algılanıyor ve yaklaşma çabasını sürdürüyor. Bu yakınlaşma gayreti de kaçıngan partner tarafından tehdit olarak algılanıyor ve uzaklaşmaya çalışıyor. İki partnerin de harekete geçme ve devre dışı bırakma yöntemleri, birbirlerinin güvensizliğini tetikleyen bir kısırdöngüye dönüşüyor ve ikisi de daimi bir memnuniyetsizlik haline rağmen "tehlike alanı" sayılacak ilişkide kalmaya devam ediyor. Daha güvenli bir alana –şemadaki konfor alanı– doğru ilerlemek için her iki taraf da daha az tehditte hissettikleri bir yol bularak tehlike alanından çıkmalı.

Kaygılı-kaçıngan ilişkilerde tam olarak neler olduğunu anlatalım:

Kaygılı-Kaçıngan Kapanının Belirtileri

1. **Lunapark treni etkisi:** İlişki dengeli bir şekilde yol almaz. Bunun yerine belli aralıklarla, kaçıngan partner kendini kaygılı partnere açtığında, bağlanma sistemi bir süreliğine sakinleştiğinde ve çift olabildiğince yakın olduğunda "yüksek" mutluluk hissedilir. Bu yakınlık, kaçıngan partner tarafından hızla tehdit olarak algılanır, ardından çekilme başlar.
2. **Duygusal dengeleme hareketi:** Kaçıngan kişinin kendinden emin hali savunmadır. Başkalarına kıyasla kendine güvenlerini ve bağımsızlıklarını sıklıkla tazelemek isterler. Kaygılı partner bu dinamik için elverişli bir zemindir. Bağlanma sistemi harekete geçmiş kaygılılar zaten "yetersiz" hissetmeye programlıdır. Kaçınganlar genellikle partnerle-

KAÇINGAN-KAYGILI KAPANININ GİRDİLERİ ÇIKTILARI

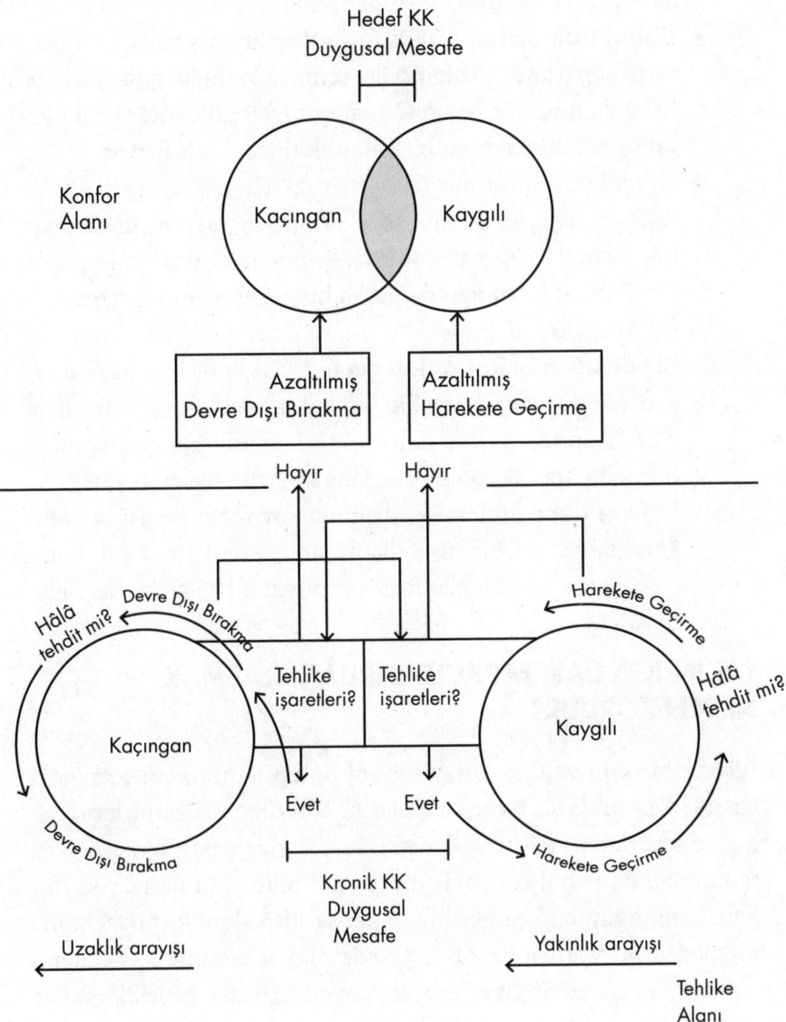

rinin muhtaç ve yetersiz olduğu oranda bağımsız ve güçlü hissederler. Bu, çoğu kaçınganın kendileri gibi kaçıngan kimselerle birlikte olmamasının ana sebeplerindendir. Kendileriyle aynı duyguyu paylaşan biriyle birlikte olduklarında güçlü ve bağımsız hissedemezler.

3. **Daimi tutarsızlık:** İlişki uzun sürebilir ama belirsizlik faktörü hep vardır. Yukarıdaki şemada olduğu gibi, birlikte kalabilirsiniz ama kronik memnuniyetsizlik sürer ve iki tarafın da rahat olduğu bir yakınlık düzeyi kurulamaz.
4. **Gerçekten bunu mu tartışıyoruz?** Hiç de tartışmanız gerekmeyen şeyler üstüne sürekli tartıştığınızı düşünebilirsiniz. Aslında kavgalar bu küçük meseleler hakkında değildir. Bütüne bakıldığında başka bir sorun vardır: aranızdaki yakınlık düzeyi.
5. **Bir düşman olarak yakın çevre:** Kaygılı biriyseniz, kaçıngan partnerinize en yakın kişi olduktan sonra, size daha iyi davranmak yerine daha kötü davrandığını görürsünüz. Bunu bir sonraki bölümde daha detaylı inceleyeceğiz.
6. **Kapanı deneyimlemek:** İlişkinin sizin için doğru olmadığına dair tuhaf bir his geliştirirsiniz ama karşı tarafa, onu terk edemeyecek kadar fazla bir duygusal bağ hissedersiniz.

YAKINLIĞA DAİR FARKLILIKLARDA UZLAŞMAK NEDEN ZORDUR?

İki kişi birbirine âşıksa, ortak bir yol bulup farklılıkları çözemezler mi? Yanıtın basit bir evet olmasını isterdik ama birbirlerini ne kadar severlerse sevsinler, kaygılı ve kaçıngan partnerlerin ikisi tarafından da kabul edilebilir bir çözüm bulmanın neredeyse imkânsız olduğunu sıkça gördük. Tüm farklı yakınlık ihtiyaçlarına rağmen ilişki normal seyrinde (böyle olmak zorunda olmadığını daha sonra göstereceğiz) ilerlerse, kaygılı partner genellikle taviz verir ve kaçıngan tarafın kurallarını benimser.

İlişki kendi haline bırakılsa ve (tutarsız bir tutarlılıkla) uzun sürse dahi, güvenli sulara doğru dümen kırılmadıkça işler daha iyiye gitmez – daha kötüye gidebilir. Çünkü:

- Yakınlığa dair farklılıklar hayatın başka alanlarına da taşabilir. Ciddi farklılıklar sadece bir tarafın diğerinden fazla el ele tutuşmak istemesi gibi küçük sorunlardan ibaret kalmayabilir. Bu farklılıklar karşıt istekleri, varsayımları ve tavırları ortaya koyar. Ortak bir yaşamı neredeyse her açıdan, birlikte uyuma şeklinizden çocuklarınızı büyütmeye kadar etkiler. İlişkideki her yeni gelişmede (evlenmek, çocuk sahibi olmak, yeni bir eve taşınmak, para kazanmak ya da hastalanmak) bu temel farklılıklar kendini ortaya koyar, zorluklar büyüdükçe partnerler arasındaki boşluk da büyür.
- Çatışmalar genellikle çözülmemiş olarak bırakılır, çünkü çözüm bulmanın kendisi fazlasıyla yakınlık sağlar. Kaygılı ya da güvenliyseniz, bir ilişki sorununu içtenlikle çözmekten yana olursunuz. Fakat çözümün kendisi çifti birbirine daha da yakınlaştırır – tam da bu sebeple ne yazık ki bilinçdışı bir şekilde kaçıngan partner bundan kaçınır. Kaygılı ya da güvenli bağlanma stiline sahip bireyler daha büyük duygusal yakınlığa ulaşmak için soruna çözüm ararlarken, bu sonuç mesafeyi korumak isteyen kaçıngan için tahammül edilmez olur. Yakınlaşma ihtimalini bertaraf etmek isteyen kaçınganlar tartışma sürecinde daha düşmanca ve uzak davranma eğiliminde olur. İki tarafın da memnuniyetini sağlayacak bir uzlaşmaya varmaya çalışırken bile kaçıngan partnerin direnç gösterdiğini görebilirsiniz, çünkü amacı sizi uzak tutmaktır. Kaçıngan ve kaygılı çatışmasına dair bir farkındalık gelişmedikçe, çatışma esnasındaki uzaklık kendini tekrar eder ve mutsuzluğa neden olur. Meseleyi tespit etmedikçe durum gittikçe kötüleşir.
- Her uyuşmazlıkta, kaygılı kişi bulunduğu zemini daha da yitirir. Kaçıngan ve kaygılı partnerler arasındaki hararetli kavgalarda güven tazelenmez ve dengeler yerine oturmaz. Bu durumda kaygılı bağlanma stiline sahip kişi olumsuz duyguların ağırlığı altında ezilir. Kırıldıklarında konuşurlar, düşünürler, uç davranışlar sergilerler ve ayrılmakla tehdit ederler (tepkisel davranış). Fakat sakinleştikten sonra olumlu hatıralarla dolarlar ve pişmanlıkla üstesinden ge-

lirler. Uzlaşmak için partnerleriyle iletişime geçerler. Fakat genellikle düşmanca bir tavırla karşılaşırlar, çünkü kaçınganlar kavgaya farklı tepki verir. Bağlanmayla ilgili tüm anıları susturur ve partnerlerine dair en kötü anıları hatırlarlar.

Bu noktada kaygılı biriyseniz şu gerçekleşir; *asıl* çatışmayı çözemediğiniz gibi, bir de kendinizi en başta olduğunuzdan daha kötü bir yerde bulursunuz. Baştaki memnuniyet duymadığınız noktaya bile dönmek için (çoğu zaman daha azına razı olarak) yalvarmanız gerekir. Birlikte daha iyi bir hayat hayaliniz ellerinizden uçup gitmiştir.

KAYGILI-KAÇINGAN KAPANINDAN KAÇMAK: KAYGILI-KAÇINGAN ÇİFT GÜVENLİ SULARA NASIL ULAŞABİLİR?

Yaşadığınız zorlukların çoğunun çakışan yakınlık istekleriniz olduğunu keşfettiniz; peki bu konuda yapabileceğiniz bir şey var mı?

Yetişkin bağlanmasına dair en merak uyandırıcı bulgulardan biri, bağlanma stillerinin sabit ama esnek olmasıdır. Bu, zamanla kalıcı hale gelebileceği gibi değişebileceği anlamına da gelir. Buraya kadar, kaygılı-kaçıngan ilişkiler normal akışına bırakıldığında nasıl olacağını anlattık. Bu bölümde çiftlere daha güvenli bir ilişki için birlikte çalışabileceklerini söylemek istiyoruz.

Bağlanma araştırmaları, insanların güvenli biriyle ilişki yaşadığında daha güvenli olmaya yatkın olduklarını söylüyor. Fakat tarafların hiçbirinin güvenli olmadığı çiftlerin geleceği için de umut var. Çalışmalar, güvenliğe dair ön hazırlığın –insanlara güvenlik açısından zengin deneyimlerini anımsatmanın– daha iyi bir güven algısı yaratmakta yardımcı olacağını söylüyor. Kişiler güvenli biriyle yaşadıkları eski bir ilişkiyi hatırlayarak ya da hayatlarındaki güvenli bir modelden ilham alarak güvenli yolları kendilerine uygulamakta başarılı olabilir. Kişinin bağlanma stili zamanla daha güvenli bir noktaya doğru değiştikçe, ilişkilerinde daha yapıcı davranır, ruh ve beden sağlığı dahi iyiye gider. Tarafların ikisi de bunu yapabildiğinde sonuçlar dikkat çekici olur.

BÜTÜNLEŞTİĞİNİZ GÜVENLİ MODELİNİZİ TANIMLAMAK

Güvenli bağlanma için ön hazırlık etrafınızdaki güvenli insanları ve ilişkilerde nasıl davrandıklarını düşünmekten ibaret değil. Böyle bir model bulmak için, geçmişten ve şimdiden farklı insanları zihninizden geçirmeniz gerekir. Güvenli kaynak, ebeveyn ya da kardeş kadar yakın biri ya da işyerinden ya da arkadaşlarınızdan iyi tanıdığınız biri olabilir. Bu kişiyle ilgili önemli husus, güvenli bağlanma stiline sahip olması ve insanlarla güvenli yoldan bağ kurmasıdır. Böyle bir ya da daha fazla kişi bulduktan sonra, dünyayla kurdukları ilişkiye dair belli görüntüler ve durumları zihninizde yaratın: Neyi görmezden gelir, neye karşılık verirler, partnerleri keyifsiz olduğunda nasıl davranırlar, hayat ve ilişkilerle ilgili genel yaklaşımları nedir. Mesela:

> *"Müdürümle bir kez tartıştığımızda, ona çok sert bir şekilde karşı çıktım. Söyleyeceklerime içtenlikle ilgi gösterdi ve çatışmak yerine benimle diyalog kurdu."*
>
> *"En iyi arkadaşım Jon ve karısı Laura, birbirlerini ilgi duydukları konularda destekliyor. Laura avukatlık bürosunu bırakıp sosyal hizmetlere yöneldiğinde, Jon bunun mali açıdan onları zora sokacağını bildiği halde, karısına destek veren ilk kişi oldu."*

Aklınıza gelen tüm olumlu örneklerin üzerinden geçin ve kendinizde uygulamak istediğiniz özellikleri özetleyin. Bu sizin bütünleştiğiniz güvenli modeliniz olacak. Sahip olmak istediğiniz şey bu.

İŞLEYİŞ MODELLERİNİZİ YENİDEN ŞEKİLLENDİRMEK

Bağlanma araştırmasında "işleyiş modeli" romantik ilişkiler söz konusu olduğunda bizim inanç sistemimizi tarif eden ifadedir.

Sizi harekete geçiren, durduran şeyler ya da tavırlarınız ve beklentileriniz demektir. Kısacası, sizi ilişkilerde çalıştıran şeydir. Sizi güvenli olmaktan alıkoyan düşünce, his ve davranış döngülerinizi tanımlamanın ilk yolu, işleyiş modelinizin artı ve eksilerini anlamak olacaktır.

Evcil Hayvanınızla İlişkiniz Güvenli Bir Model Olabilir mi?

Healing Together (Birlikte İyileşmek) kitabının eş yazarı Suzanne Phillips evcil hayvanlarımızla ilişkimizi romantik ilişkilerimiz için ilham kaynağı olarak kullanabileceğimizi söylüyor. Yazılarında, evcil hayvanlarımıza birçok kusurlarına rağmen bencillikten uzak ve sevecen bir şekilde yaklaştığımıza dikkat çekiyor. Bizi gece yarısı uyandırıyor, değerli eşyalarımıza zarar veriyor, dikkatimizin tamamını talep ediyorlar. Fakat bunları görmezden geliyor ve onlara olumlu yaklaşıyoruz. Açıkçası evcil hayvanlarımızla bağımız, hayatımızdaki güvenli kaynağın harika bir örneği. Onlara karşı tavırlarımızı, içimizdeki güvenli kaynak olarak görebiliriz. Hayvanlarımızın bunları bilerek bizi incitmek için yaptığını düşünmüyor, yememeleri gereken bir şey yediklerinde ya da etrafı dağıttıklarında kin tutmuyoruz. Eve döndüğümüzde (işyerinde zor bir gün geçirmiş de olsak) onları sıcak bir şekilde karşılıyor ve ne olursa olsun onlarla takılıyoruz.

İlişki Envanterinizi Oluşturmak

İlk işimiz, ilişkilerdeki davranışlarınızı yöneten işleyiş modelinizin farkında olmak. Buraya kadar okuduklarınızdan bağlanma stiliniz hakkında fikir edinmiş olsanız da ilişki envanteri çıkarmak, bağlanma stilinizin romantik durumlardaki günlük düşünce, his ve davranışlarınızı nasıl etkilediğini açıkça görmenizde faydalı olur.

Bu envanterle geçmişteki ve gelecekteki ilişkilerinize bağlanma penceresinden bakacaksınız. Hafıza ve öğrenmenin moleküler mekanizması hakkındaki araştırmaların ortaya çıkardığına göre, bir sahneyi –ya da bilinçli olarak bir anıyı– zihnen çağırdığımızda onu bozuyoruz ve sonsuza dek değiştirmiş oluyoruz. Hatıralarımız kütüphanedeki eski kitaplar gibi toz içinde ve hiç değişmeden durmuyor; canlı ve nefes alan varlıklar. Bugün geçmişe dair hatırladığımız şey, hatırayı her çağırdığımızda gerçekleşen düzeltme ve yeniden şekillendirmenin ürünü. Başka bir deyişle, şimdiki deneyimlerimiz geçmişe dair bakış açımızı şekillendiriyor. İlişki envanterinizi yaratarak, geçmiş ilişki deneyimlerinizi yepyeni bir bakış açısıyla gözden geçireceksiniz. Bağlanma penceresinden onlara bakmak, o anılara dair işinize yaramayan inançlarınızı değiştirmenizi sağlayacak ve işleyiş modelinizi güvenli hale getirecek.

Sonraki sayfada ilişki envanteriniz bulunuyor. Envanter listenizi tek başınıza çıkarmalısınız. Titizlikle çalışacak kadar zamanınız olduğuna emin olun. Böylece bağlanma açısından kendinize dair tam ve doğru bir resim elde edebilirsiniz. Öncelikle ilk sütuna geçmişteki ve şimdiki partnerlerinizin adını sıralayın. Buraya kısa bir süre çıktığınız kişileri de yazın. Dikey olarak, tek tek sütunları çalışmanızı öneriyoruz. Dikey olarak tamamlamak, her olaya daha az odaklanmanızı ve ilişkiler konusundaki işleyiş modelinizi çıkarmayı başarmanızı sağlar. Ne kadar bilgi olursa o kadar iyi. İkinci sütuna, ilişkiye dair hatırladıklarınızı yazın: Nasıldı ve birlikte geçirdiğiniz zamanı düşündüğünüzde gözünüzün önüne en çok ne geliyor? İlişkiye dair aklınıza gelenleri genel olarak yazdıktan sonra, üçüncü sütun daha yakından bakmanızı, bağlanma sisteminizi harekete geçiren/devre dışı bırakan belirli olayları hatırlamanızı sağlar. Dördüncü sütun bu durumlardaki tepkinizi soruyor: Ne yaptınız? Aklınızdan ne geçiyordu? Nasıl hissettiniz? Envanterin altındaki listeler bu tepkileri anımsamanız için oluşturuldu.

Beşinci sütun, sonraki kritik adım. Bağlanma penceresinden bakarak ilişkilerinizi etkileyen meselelere dair içgörü edinmek için bu tecrübeleri yeniden değerlendireceksiniz. Bu hareketlerin altında hangi bağlanma meseleleri yatıyordu: Tepkisel davranış? Devre dışı bırakma? Rehber olarak listeleri kullanın. Altıncı sütunda tepkinizin –artık bağlanma prensipleri açısından– sizi nasıl incittiğini ve mutluluğunuza nasıl engel olduğunu düşüneceksiniz. Yedinci sütun bu durumları ele almanın güvenli yollarını aramanızı, hayatınızın güvenli modelini ve bu kitapta yer verdiğimiz güvenli prensipleri esas alarak gözden geçirmenizi sağlayacak. Bu son sütunu, II. Kısım'daki "Rahatça Yakınlaşmak: Güvenli Bağlanma Stili" ve IV. Kısım'daki "Sorunları Çözmek: Çatışmayla Baş Etmenin Beş Güvenli Yolu" başlıkları altında anlatılanları iyice okuduktan sonra doldurmanızda fayda var.

1) İsim	2) İlişki nasıl/dı? Sürekli tekrar ettiğini hatırladığınız döngüler neler?	3) Bağlanma sisteminizi harekete geçiren ya da devre dışı bırakan durumlar	4) Tepkilerim (düşünceler, duygular, davranışlar)
Partner #1 İsmi: ______			
Partner #2 İsmi: ______			
Partner #3 İsmi: ______			
Partner #4 İsmi: ______			
Partner #5 İsmi: ______			
Partner #6 İsmi: ______			
Partner #7 İsmi: ______			
Partner #8 İsmi: ______			
Partner #9 İsmi: ______			

5) Güvenli olmayan işleyiş modeli ve prensipler	6) Bu işleyiş modeli ve prensiplere yenik düşerek nasıl zarar gördüm	7) Bu durumla ilgili güvenli bir model ve güvenli prensipler belirleyin. Güvenli modelin konuyla ilgisi nedir?

Yaygın *Kaygılı* Düşünceler, Duygular ve Davranışlar

Düşünceler

- Zihin okuma: Tamam biliyorum, beni terk ediyor.
- Başka birini asla bulamayacağım.
- Uzun sürmeyecek kadar iyi olduğunu biliyordum.
- Ya hep ya hiç: Her şeyi ben berbat ettim ve durumu düzeltmek için yapabileceğim bir şey yok.
- Bana böyle davranamaz! Ona gününü göstereceğim!
- Bir şeylerin ters gideceğini biliyordum; benim işlerim asla iyi gitmez.
- Onu hemen şimdi görmeliyim ve konuşmalıyım.
- Bana dönmek için yalvaracak, yoksa beni rüyasında görür.
- Muhteşem görünüp onu baştan çıkaracak şeyler yaparsam belki işe yarar.
- O kadar harika biri zaten neden benimle olmak istesin ki?
- Partnerin yaptığı ve söylediği tüm o iyi şeyleri hatırlamak.

Duygular

- Üzgün
- Öfkeli
- Ürkek
- Alıngan
- Yılgın
- Depresif
- Umutsuz
- Çaresiz

- Kıskanç
- Saldırgan
- Kinci
- Suçlu
- Kendinden nefret eder
- Huzursuz
- Zor
- Aşağılanmış
- Nefret dolu
- Kararsız
- Tedirgin
- Reddedilmiş
- Sevilmiyor
- Yalnız
- Yanlış anlaşılmış
- Değeri bilinmemiş

Davranışlar

- Trip atmak.
- Neye mal olursa olsun yeniden bağlantı kurmak.
- Kavga çıkarmak.
- İlk uzlaşma adımını karşı taraftan beklemek.
- Terk etmekle tehdit etmek.
- Düşmanca davranmak – gözlerini devirip küçümsemek.
- Kıskandırmaya çalışmak.
- Meşgul ve ulaşılmaz davranmak.
- Geri çekilmek – partnerle konuşmayı bırakmak ve ondan fiziksel olarak uzaklaşmak.
- Çıkarcı davranmak.

Yaygın *Kaçıngan* Düşünceler, Duygular ve Davranışlar

Düşünceler

- Ya hep ya hiç: Benim için uygun olmadığını biliyordum, işte belli oldu!
- Genellemek: Yakın ilişki kurmaya uygun biri olmadığımı biliyordum.
- Hayatımı ele geçirmeye çalışıyor, buna gelemem!
- Her şeyi onun istediği gibi yapmalıyım, bu bedel çok fazla.
- Buradan çıkmalıyım, boğulmuş hissediyorum.
- Eğer "o kişi" olsaydı zaten bunlar olmazdı.
- Ben onunla (hayalet eski sevgili) birlikteyken böyle şeyler olmazdı.
- Kötü niyet: Beni sinir etmeye çalıştığı çok açık...
- Elimi kolumu bağlamak istiyor, gerçek sevgi bu değil.
- Başkalarıyla cinsel ilişki kurduğunu hayal etmek.
- Tek başıma çok daha iyiyim.
- O kadar muhtaç ki, ona acıyorum.

Duygular

- İçe dönük
- Yılgın
- Öfkeli
- Baskı altında
- Değeri bilinmemiş
- Yanlış anlaşılmış
- Alıngan
- Saldırgan
- Soğuk

- Boşlukta
- Oyuna getirilmiş
- Gergin
- Nefret dolu
- Kendini beğenmiş
- Aşağılayıcı
- Çaresiz
- Kibirli
- Huzursuz
- Şüpheci

Davranışlar

- Trip atmak.
- Kalkıp gitmek.
- Partneri küçümsemek.
- Düşmanca davranmak ve küçümser görünmek.
- Eleştiren şeyler söylemek.
- Zihinsel ya da fiziksel olarak ortamı terk etmek.
- Fiziksel bağlantıyı en aza indirmek.
- Duygusal paylaşımı en azda tutmak.
- Partneri dinlemeyi bırakmak ve onu yok saymak.

Devredeki Olası Bağlanma Prensipleri

Kaygılı

- Tepkisel davranış
- Harekete geçirme stratejileri – yeniden bağlantı kurma isteğini artırmakla sonuçlanacak herhangi düşünce, duygu ve davranış
- Partnere olduğundan fazla değer vermek
- Partnerle kıyaslandığında kendini küçük görmek
- Kavga ânından sonra (olumsuz kısımları unutarak) partnerin sadece en iyi şeylerini görmek ve hatırlamak
- Harekete geçmiş bir bağlanma sistemini sevgiyle karıştırmak
- Tehlike alanında yaşamak (bkz. 82. sayfadaki şema)
- Duygusal lunapark treninde yaşamak – inişlere ve çıkışlara bağımlı olmak

Kaçıngan

- Devre dışı bırakma stratejileri
- Kendine yetmekle bağımsızlığı karıştırmak
- Kendi önem ve değerinizi artırırken partnerinizinkini düşürmek
- Partnerinizde sadece olumsuzlukları görerek olumlu yönlerini görmezden gelmek
- Partnerinizin davranışlarının kötü niyetle yapıldığını düşünmek
- Partnerinizin duygusal ipuçlarını görmezden gelmek
- Hayalet eski sevgiliye özlem duymak
- "O kişi"nin hayalini kurmak
- Sevecen duygu ve hisleri baskılamak

Güvenli Prensiplere Örnekler

- Ulaşılabilir olun.
- Müdahale etmeyin.
- Teşvik edici davranın.
- Etkin biçimde iletişim kurun.
- Oyun oynamayın.
- Partnerin iyiliğinden kendinizi sorumlu hissedin.
- Kalbinizi açın: İlişki kurarken cesur ve dürüst olun.
- Mevcut soruna odaklanın.
- Çatışma ânında genellemeler yapmayın.

Bağlanma konusunda bilgili biriyle, aileden biri, yakın arkadaş ya da terapistle zaman zaman envanterin üstünden geçmek iyi olabilir. Sisteminize fazla yüklendiğinizde ya da muhakemeniz harekete geçme/devre dışı bırakmayla gölgelendiğinde, döngülerinizi bilen biriyle konuşmak size yeni ve farklı bir bakış açısı (daha önceki örneklerde Grace'in kardeşi ya da Sam'in terapistinde olduğu gibi) kazandırır. Bu kişi size yıkıcı bağlanma eğilimlerini hatırlatarak, tavır koymadan ve ilişkiyi zedelemeden daha güvenli bir duygusal alana doğru ilerlemenizi sağlar.

İlişki envanterinizi (son sütun hariç) tamamladıysanız, işleyiş modelinizi ve mutluluğunuzu, üretkenliğinizi hangi şekilde baltaladığınızı ortaya çıkardınız demektir. Kendini tekrarlayan döngüleri muhtemelen tespit ettiniz ve (geçmişteki ya da şimdiki) partnerlerinizle birbirinizi ne şekillerde yıprattığınızı fark ettiniz. Bunları kendiniz için özetleyebilirsiniz.

İşleyiş Modelim – Envanterin Özeti

İlişki esnasında bağlanma sisteminizi (kaygılıysanız) harekete geçiren, (kaçıngansanız) devre dışı bırakan belli durumları tanımlayabilir misiniz?

- ____________________
- ____________________
- ____________________

İşe yaramayan işleyiş modelinizin daha fazla güvenliğe ulaşmanızı hangi şekillerde engellediğini belirleyebilir misiniz?

- ____________________
- ____________________
- ____________________

İlişkilerinizde hangi ana bağlanma prensipleri yer alıyor?

- ____________________
- ____________________
- ____________________

Sonraki bölümleri okuduktan sonra envanterinize geri dönün ve güvenli örneklerin (ya da sizin örnek aldığınız güvenli kişinin) sizin uğraştığınız ilişki meselelerinde nasıl farklı davranacağını kendinize sorun.

- Bu tür bir durumda onlar ne yapardı?
- Hangi bakış açısını ortaya koyarlardı?
- Bu meseleyle uğraştığınızı bilseler size ne söylerlerdi?
- Onlarla olan deneyiminizin bu durumla ilgisi nedir?

Bu soruların yanıtları, son –ve en kritik– sütunu tamamlamanızda yardımcı olacak.

Aşağıdaki iki örnek, bu bakış açısının nasıl çalıştığını ve envanterin nasıl kullanılacağını anlamanızda faydalı olacak.

GÜNÜ KURTARAN KISA MESAJ

Bu kitap için Georgia ve Henry'yle konuşurken, onlar sürekli tartışıyordu. Henry'ye sorarsanız, yaptığı hiçbir şey Georgia için yeterli ve iyi değildi, sürekli yargılanıyor ve eleştiriliyordu. Georgia ise evliliğin tüm yükünün kendi üzerinde olduğuna inanıyordu. Basit planlar için bile Henry'nin peşinden koşması gerekiyordu, her şeyde girişimde bulunan oydu – Henry'nin annesine doğum günü için hediye almaktan tutulacak evi seçmeye kadar. İlişkide kendini çok yalnız hissediyordu. Georgia'nın modelini gözden geçirmesini istediğimizde, kaygılı biri olarak sürekli tekrarlanan, onu üzen belli bir olay olduğunu buldu. Henry'nin işgünü boyunca onunla konuşacak zamanı olmuyordu. Georgia arıyor ve mesaj bırakıyordu ama Henry nadiren ona dönüş yapıyordu. Georgia'nın envanterinde şu girdiler vardı:

1) İsim	2) İlişki nasıl/dı? Sürekli tekrar ettiğini hatırladığınız döngüler neler?	3) Bağlanma sisteminizi harekete geçiren ya da devre dışı bırakan durumlar	4) Tepkilerim (düşünceler, duygular, davranışlar)
Henry	Bu ilişkide kendimi yalnız ve ilgilenilmemiş hissediyorum. İlişkiye dair işlerin büyük bir kısmını tek başıma yapmaktan yoruldum.	Gün içinde Henry'nin aramalarıma dönüş yapmaması.	Kaygılı ve huzursuz hissediyorum. Henry'yi kızdıracak bir şey yapmış olmaktan kaygı duyuyorum. Midem kasılıyor. Hemen tekrar arıyorum ya da kendimi beni aramasını beklemeye zorluyorum. Aradığında düşmanca davranıyorum.

5) Güvenli olmayan işleyiş modeli ve prensipler	6) Bu işleyiş modeli ve prensiplere yenik düşerek nasıl zarar gördüm	7) Bu durumla ilgili güvenli bir model ve güvenli prensipler belirleyin. Güvenli modelin konuyla ilgisi nedir?
Harekete geçiren: Henry'yle HEMEN ŞİMDİ konuşma ihtiyacı, kaygı ve huzursuzluk bağlanma sistemimin Henry'ye yakın kalmak için bulduğu bir yol. ***Tepkisel davranış:*** Henry aradığında düşmanca davranarak Henry'nin bana ilgi göstermesini ve benimle barışmaya çalışmasını sağlamaya çalışıyorum.	Henry'yle iletişim kurmak yerine onunla kavga etmiş oluyorum. Ayrıca ulaşılabilir olup olmayışı konusunda endişelenmek işyerinde konsantrasyonumu etkiliyor ve bunlar beni sevdiğini bilmeme rağmen yaşanıyor.	Terapistim Debbie hayatımdaki güvenli kaynak. Üzgün olduğumda onu arayabileceğimi söyledi ve dedi ki: "Tüm gün üzgün olman yerine, işleri daha iyi hale getirmek için telefonda seninle on dakika konuşmayı tercih ederim." Yıllardır süren terapi sürecimizde onu sadece iki kere aradım. Onun ulaşılabilir olması ve karşılık vereceğini bilmek önemliydi. Sanırım gün içinde Henry'yle o kadar sık konuşmam gerekmiyor. Benim gerçek ihtiyacım onun ulaşılabilir olduğunu ve bizim yakın olduğumuzu bilmek. Henry'yi sürekli arayarak güvenli dayanağın "müdahale etmemesi" ilkesini ihlal edip güvensiz bir dayanak meydana getirmiş oluyorum.

Kaçıngan bağlanma stiline sahip Henry işyerinde hastalarıyla meşgul ve Georgia'nın aramaları onu sinir ediyor. Nihayet ona dönüş yaptığında, diyalog tüm konuşmanın akışını etkileyecek tatsız sözlerle başlıyor. Onun envanterinin bir kısmı da şöyle:

1) İsim	**2) İlişki nasıl/dı? Sürekli tekrar ettiğini hatırladığınız döngüler neler?**	**3) Bağlanma sisteminizi harekete geçiren ya da devre dışı bırakan durumlar**	**4) Tepkilerim (düşünceler, duygular, davranışlar)**
Georgia	İlişkimizde asla huzur ve sükûnet yok. Georgia sürekli ilgi talep ediyor.	Georgia'nın ben işyerinde meşgulken durmadan araması ve mesaj atması.	Öfke duyuyorum. Onun ne kadar muhtaç olduğunu düşünerek sinirleniyorum. Telefonumu kapıyorum ya da aksi ve sinirli bir şekilde cevap veriyorum.

5) Güvenli olmayan işleyiş modeli ve prensipler	6) Bu işleyiş modeli ve prensiplere yenik düşerek nasıl zarar gördüm	7) Bu durumla ilgili güvenli bir model *ve* güvenli prensipler belirleyin. Güvenli modelin konuyla ilgisi nedir?
Devre dışı bırakma: Georgia'yı muhtaç ve fazla bağımlı olarak görmek. Beni ele geçirmeye çalışmadığını, beni sevdiğini ve benimle ilgili her şeyle ilgilendiğini unutmak. ***Çekilme:*** Telefonu kapayarak ya da nihayet konuştuğumuzda düşmanca davranarak mesafe koyuyorum.	Eve gittiğimde Georgia üzgün oluyor ve ben de kendimi suçlu hissediyorum. Üstelik çoğunlukla aramasının iyi bir sebebi (akşam hangi restorana yer ayırtmak istediğim gibi) oluyor ve onu görmezden gelerek kaybediyorum.	Patronum ve eşi sürekli birbirlerini ararlar. İkisi de hastanede bölüm başkanı ve muhteşem bir ikililer. Kadın eşinin gün içinde spora da yer veren bir program yaptığından emin olmak için bile arıyor. Birbirlerinin başarılı olmasına gerçekten yardım ediyorlar. Ben ayrıca güvenli dayanağın "ulaşılabilir olma" ilkesini ihlal ediyorum. Georgia bana ihtiyaç duyduğunda uygun olmanın bir yolunu bulmam gerekiyor.

Georgia ve Henry kendi modellerini inceledikten sonra durumlarını farklı şekilde ele almaya başladılar. Henry karısının ihtiyaçlarını görmezden gelmenin ve bağımlılığını aşağılamanın işleri daha da berbat ettiğini ve ilişkide mutsuzluğa yol açtığını fark etti. Georgia tepkisel davranarak Henry'nin umduğu gibi yanında olmasını sağlamak yerine onu uzaklaştırdığını anladı. Oturup tekrar eden bu durumu konuştuklarında ikisi de hazırlıklıydı. Henry karısını gün içinde düşünüyor olsa da durup arayacak zamanı olmadığını anlattı. Georgia'yı ayrı olduklarında düşünüldüğünü bilmek rahatlattı. Günün yoğun geçtiğini de anladı. Sadece gün içinde bağlantılarının daha güçlü olduğunu hissetmeye ihtiyacı olduğunu biliyordu. Orta yolu buldular: Henry ona kendisini her düşündüğünde daha önce yazdığı bir mesajı atmayı teklif etti. Kısa sürecek bir işti ama Georgia'nın endişesini azaltacağı kesindi. Bu çözüm ilişkilerinde harikalar yarattı. Georgia için "seni düşünüyorum" anlamında mesaj almak sakinleşmesine ve işlerine yoğunlaşmasına yetti. Henry, Georgia'nın aralıksız dırdır yaparak iş hayatını mahvetmeye çalışmadığını fark ettiğinde daha huzurlu hissetti. Hatta patronunun eşiyle kurduğu güvenli ilişkiye baktığında, güvenli bir dayanağın kariyerini nasıl yükselteceğini gördü. Georgia ve Henry akşam buluştuklarında gerilim kaybolmuştu, aralarında muhtaçlık ve düşmanlık artık yoktu.

DİŞ MACUNU OLAYI

Sam, Grace New York'a taşındığında, aslında onun yanına taşınmasını çok istiyordu. İki yıldır birlikteydiler ve ilişkilerini bir sonraki adıma taşımalarının harika olacağını düşünüyordu. Ayrıca zaten sürekli birbirlerinin evinde kalıyorlardı. Zaman kazanacak ve kiradan kâr edeceklerdi. Grace, Sam'in evine taşınmayı tercih etmedi. İkisinin de eşit alanlara sahip olacağı daha büyük bir eve çıkmayı istedi. Fakat Sam itiraz etti. Küçük evini seviyordu ve kendine ait bir yer varken para harcamak için sebep göremiyordu. Bu şekilde yürütebileceklerinden emindi. Yine de bazı tereddütleri vardı. Daha önce kimseyle birlikte yaşamamıştı ve kendi kurallarına bağlıydı. Fakat yıllar içinde kendine yetmekle birlikte gelen yalnızlığı hissediyordu ve daha fazlasını istiyordu. Ardından Grace yanına taşınınca Sam giderek artan bir baskı hissetti. Zaman zaman boğulacak gibi oluyordu. Her yerde eşyaları vardı. Kendi sakin sığınağını kaybetmiş gibiydi ve kelimenin tam anlamıyla evi işgal altındaydı. Nihayet bir gün kontrolünü kaybetti – sorun diş macunuydu. Grace diş macununu sürekli ortasından sıkıyordu, o ise dikkatle en dibinden sıkardı. Eciş bücüş diş macununu görünce öfkelendi ve Grace'e ne kadar dikkatsiz ve dağınık olduğunu söyledi. Grace savunmasız yakalandı, evdeki varlığını göze batmadan sürdürmeye çalışıyordu ve bu saldırı beklediği son şeydi.

Bir süre sonra tekrar düşününce, Sam aşağıdaki sonuçlara ulaştı:

1) İsim	2) İlişki nasıl/dı? Sürekli tekrar ettiğini hatırladığınız döngüler neler?	3) Bağlanma sisteminizi harekete geçiren ya da devre dışı bırakan durumlar	4) Tepkilerim (düşünceler, duygular, davranışlar)
Grace	Şu zamana kadar iyi gidiyorduk ama artık emin değilim. Ben belki de biriyle birlikte yaşamaya uygun değilim.	Grace'in evime taşınması, değişiklikler yaratması ve her şeyi kendi bildiği gibi yapması: Diş macunu bardağı taşıran son damla oldu.	Kızmak ve öfkelenmek. Grace'le birlikte yaşamanın kötü bir fikir olduğunu düşünmek – kendi evimde bir yabancı gibi hissediyorum. Kapana kısıldım. Grace ne yapsa hata buluyorum. Onun yetersiz olduğunu düşünüyorum. Somurtuyorum.

5) Güvenli olmayan işleyiş modeli ve prensipler	6) Bu işleyiş modeli ve prensiplere yenik düşerek nasıl zarar gördüm	7) Bu durumla ilgili güvenli bir model ve güvenli prensipler belirleyin. Güvenli modelin konuyla ilgisi nedir?
Devre dışı bırakma: Grace'i yetersiz ve işgal edici bulmak. Sevecen hisleri bastırma – onun benim için ne kadar önemli olduğunu, birlikte yaşamayı ne kadar istediğimi ve eskiden ne kadar yalnız ve mutsuz hissettiğimi unutmak.	Evde her şeyi benim istediğim gibi yapmasını istiyorum, bu da onu geriyor ve gerginlik bulaşıcı bir şey. Grace'le olan ilişkimi riske atıyorum ve şimdiye dek bu kadar değer verdiğim tek partnerimi incitiyorum. Tek başına yaşamak yeniden en başa dönmek olacak. Yalnız ve mutsuzdum. Bu yüzden terapiye gittim. Terapide yol alarak bu ilişkiye başlayabildim.	Terapistim zaman vermemi, biriyle yaşamaya uygun olmamak gibi keskin ve büyük sonuçlar çıkarmamamı söyledi. Bu sadece alışma dönemi. En yakın arkadaşım yaklaşık bir yıldır sevgilisiyle yaşıyor. Birlikte markete gidiyor ve ev işlerini birlikte yapıyorlar. Grace bana taşınmadan önce onları çok kıskanırdım. Güvenli dayanağın "müdahale etmemesi" ilkesini ihlal ediyorum. Burası onun için yeni bir yer. Benim de destekleyici olmam ve ona kendini kötü hissettirmemem gerekiyor.

Ve bu da Grace'in ilişki envanterine yazdıkları:

1) İsim	**2) İlişki nasıl/dı? Sürekli tekrar ettiğini hatırladığınız döngüler neler?**	**3) Bağlanma sisteminizi harekete geçiren ya da devre dışı bırakan durumlar**	**4) Tepkilerim (düşünceler, duygular, davranışlar)**
Sam	Son zamanlarda ne oluyor anlamıyorum. İyi gidiyorduk ama onun evine taşındığımdan beri uzak ve kaba davranıyor. İkimiz için de yeni bir yere taşınmamız gerektiğini biliyordum.	Birlikte yaşamak ve sürekli eleştirilmek.	Her yaptığım yanlışmış gibi hissediyorum. Beni artık sevmediğine eminim. Niye onun evine taşındım ki? Kendi evimde misafir gibiyim. Kapana kısıldım. Yetersiz hissediyorum. Gerçekten de o kadar dağınık mıyım? Bunu başaramayacağımızı düşünüyorum. Yakında kesin ayrılırız.

5) Güvenli olmayan işleyiş modeli ve prensipler	**6) Bu işleyiş modeli ve prensiplere yenik düşerek nasıl zarar gördüm**	**7) Bu durumla ilgili güvenli bir model ve güvenli prensipler belirleyin. Güvenli modelin konuyla ilgisi nedir?**
Belli bir durumu ilişkinin tamamına genellemek. Kendimi küçümsemek. Sonuca –bu ilişki bitti– varmak. Olumsuz duygu ve anılarla boğulmak.	Kendini gerçekleştiren kehaneti yeniden yaratacağım. Bu ilişki sona erene kadar düşmanca davranacağım, kızgın ve hoşnutsuz olacağım. İşleri bu kadar uç şekilde değerlendirince bir çözüm düşünemiyorum.	Kız kardeşim doğru bir noktaya değindi: Sam'in evde yaşadığını, çalıştığını ve benim de sürekli evde olduğumu söyledi. Belki hepsi bir anda fazladır. Birlikte yaşamamızı aşamalarla kolaylaştıracak bir tampon bölge iyi olabilir. İnsanların alışmak için zamana ihtiyacı vardır. Kız kardeşim de kocasıyla birlikte yaşamaya başladığında bir alışma sürecinden geçmişler. Güvenli dayanağın "destek olma" ilkesini ihlal ediyorum. Daha destekleyici olmalıyım. Bu benim için olduğundan çok onun için zor.

Envanterini çıkaran Sam yıllarca tek başına yaşama ve kendine yetme inancının şimdi sınandığını fark etti. Kendine fazla yüklendiğini hissetti ve Grace'le bu yeni algısını konuştu. Grace, Sam'in onun varlığına alışmakta zorlanmasını tehdit olarak algıladığını hissetti. Kendisinin duruma nasıl müdahale ettiğini ve tüm ilişkiyi tehlikeye atacak şekilde tepki verdiğini de gördü. Kız kardeşinin tampon bölge fikrini sevmişti. Grace'in yakın arkadaşı altı ay boyunca şehir dışında olacaktı. Grace arkadaşının stüdyo dairesini Sam'in tepkisi için endişelenmeden kendi sanat çalışmalarını ve diğer hobilerini gerçekleştirebileceği bir yer olarak kullanacaktı. Sam bu öneriye şaşırdı. Grace'in bir alternatifi olması onda büyük bir değişim yarattı. Kendini boğulmuş hissetmiyordu ve yaptığı değişiklikler onu rahatsız etmiyordu. Grace'in stüdyo daireyi nadiren kullandığı bir altı ayın ardından, ikinci bir daire aramasına gerek olmadı; Sam'le birlikte yaşamaya alışmışlardı.

DEVAM EDEN BİR BÜYÜME SÜRECİNİ GÜVENLİ KILMA

Bağlanma stillerinin sabit ve esnek olduğunu hatırlayın. Güvenli olmak devam eden bir süreçtir. Yeni bir kaygı, memnuniyetsizlik ya da çatışma olduğunda, yeni bir bilgi girersiniz. Bu da güvensiz döngülerinizi kırmak için bir mücadeledir. Fakat güvenli olmaya doğru ilerlemek, sadece ilişkinize dair sorunlarla meşgul olmak değil, birlikte eğlenebilmek de demektir. Çift olarak birlikte yapmaktan hoşlandığınız şeyler bulun – parkta yürüyüş, film ve yemek, sevdiğiniz bir televizyon programını izlemek, fiziksel olarak yakınlaşmak için zaman yaratmak gibi. Güvensiz modelinizi değiştirmek, dünyadaki yaşam biçiminizde harikalar yaratacak. Çiftler arasındaki güvenli bağlanmanın en önemli savunucularından Dr. Sue Johnson, Duygusal Odaklı Çift Terapisi'nin kurucusu. Çift terapisine bağlanma prensiplerini dahil eden Dr. Johnson klinik çalışmalarında ve yazılarında, partnerinize her seviyede duygusal olarak bağımlı olmanın ve ilişkide gerçek bir güven yaratmanın romantik bağınızı geliştirmenin en iyi yolu olduğunu ortaya koyuyor.

Güvenli bir ilişki kurduğunuzda iki birey de kazanıyor: Kaygılı tarafsanız, istediğiniz yakınlığı elde ediyorsunuz. Kaçıngan tarafsanız, ihtiyacınız olan bağımsızlığın tadını çıkarıyorsunuz.

HEDEFLENEN GÜVEN NOKTASINA ULAŞILMADIYSA?

İlişkinizi "kapan"dan çıkararak güvensiz kısırdöngüyü kırmaya çalışmanıza rağmen yapamıyorsanız ne olacak? Bu ya iki taraftan birinin ya da her ikisinin kendine düşen kısmı değiştirmekle ilgili içten bir isteği olmadığı için ya da çabalar başarısızlıkla sonuçlandığı için gerçekleşebilir. Kaygılı-kaçıngan ilişki içindeki insanların, özellikle de daha güvenli bir alana doğru hareket edemediklerinde, uyuşmazlıkların yaşamlarının daima bir parçası olacağına ve asla tamamen kaybolmayacağına inanıyoruz. Fakat bilginin güç olduğuna da kuvvetle inanıyoruz. Ayrıca verdiğiniz mücadelenin deli olduğumuz için değil, ilişkinizin kendiliğinden yok olmayacak bir çatışma üzerine kurulduğunu bilmek de değerli olabilir.

Bu içgörünün en önemli faydalarından biri, kendilik algınızla ilgilidir. Yakınlık çatışması, kaçıngan tarafın sürekli uzaklaştırmasına maruz kalan kaçıngan olmayan partner için oldukça yıkıcı olur. Yukarıda yer verdiğimiz örneklerde bunu görebilirsiniz. Yüksek derecede mahremiyeti sürdürme, ardından karşı tarafı kıskanç ve muhtaç olmakla suçlama, ayrı yataklar tercih etme, hafta sonları daha az bir arada olmanın yollarını arama. Kaçıngan bir partnerle birlikteyseniz sürekli reddedilir ve geri püskürtülürsünüz. Bu uzaklaştırma stratejilerini bir süre deneyimledikten sonra kendinizi suçlamaya başlarsınız. Partnerinizin bir başkasıyla olsa farklı davranacağını, o başka kişiyle sizinle olduğundan daha yakın olmak isteyeceğine inanırsınız. Kendinizi yetersiz ve çekici olmaktan uzak bulursunuz.

Sürüp giden tartışmaların altında yatan sebebi –ve çözümsüz olduklarını– anlamak kendinize düşen rolü ciddi şekilde değiştirir. Partnerinizin mesafeyi korumak için sürekli çatışma alanları bulacağını ve kiminle birlikte olursa olsun ortamı terk etme ihtiyacı hissedeceğini bildiğinizde, ilişkinizdeki sorunlar yüzünden kendinizi suçlamayı bırakırsınız.

Kaçıngan partner, en azından görünüşte daha az acı çeker, çünkü ortamı terk etmek partnerinizin işbirliğini gerektirmeyen tek taraflı bir harekettir. Soğukkanlı görünseler de kaçıngan bireyler bağlanma ihtiyaçlarını baskılar ve bu tür ilişkilerde mutlu olmadıklarından şikâyet eder ama genellikle mutsuzluklarından partnerlerini sorumlu tutarlar.

Peki insanlar bu anlayışla nasıl yaşar?

Alana bize eski kocası Stan'le ilişkilerini anlattı. Stan'in zamanının çoğunu çalışarak geçirdiğini, hafta sonu farklı ev işlerini bölüştüklerini ve birlikte geçirecekleri zaman az olduğu sürece ilişkilerinde istikrarı sağladıklarını söyledi. Fakat Alana ne zaman onları yakınlaştıracak romantik bir kaçamak düşünse işler zorlaşıyordu. Bu tür durumlarda Stan gitmemek için daima bir bahane buluyordu. Alana'nın arkadaşlarına ve işyerindekilere hafta sonu Stan'le bir yerlere gideceklerini söylemesi, heyecanlanması, planlar yapması ve eşyalarını toplaması rutin bir durumdu. Birkaç gün sonra yenilmiş ve bezmiş bir sesle onları arar, son anda çıkan bir şey yüzünden planın iptal olduğunu anlatırdı ve hiç gitmezlerdi. Bahanesi bazen işi, bazen iyi hissetmemesi, bazen de arabanın tamiri olurdu. Büyük bir kavga eder, sonra yeniden sakinleşirlerdi – bir sonraki sefere kadar. Alana umutlanıyor ama her seferinde yeniden hayal kırıklığına uğruyordu ve bu ona acı veriyordu.

Alana'nın Stan'le ilişkisi nihayetinde sona erdi. Onunla olan kavgalarının sebebinin tatile gitmek (hatta romantizm bile) gibi şeylerden çok daha temel bir şeylerden kaynakladığını anlamıyordu. Kavgalar Stan'in aralarına koyduğu büyük sınırla ilgiliydi. Alana derinlerde bir yerde bunu anlıyor olsa da gerçeği tam olarak kabul edemiyor ve bununla yaşayamıyordu.

Diğer insanlar yakınlık çatışmalarıyla nispeten huzurlu bir şekilde yaşamanın yolunu buluyorlar. Bunu nasıl başarıyorlar? İlişkinin bazı açıları söz konusu olduğunda işlerin hiçbir zaman değişmeyeceği gerçeğiyle yüzleşiyorlar. Sürekli devam eden hayal kırıklığı ve öfkeyle boşuna bir çaba içinde yaşamayı ve sürekli kaybedecekleri bir savaşta olmayı seçebileceklerini anlıyorlar. Ya da beklentilerini değiştirebiliyorlar. Belli sınırları kabul etmeyi öğreniyorlar ve bazı pragmatik yaşam stratejileri benimsiyorlar:

- Bazı alanlarda eşlerinin asla aktif bir partner olmayacağını kendilerine itiraf ediyorlar ve onu değişmeye zorlamaktan vazgeçiyorlar.
- Partnerleri onları uzaklaştırdığında savunmaya geçmeyi bırakıyorlar, bunun onun *doğası* olduğunu kabul ediyorlar.
- Daha önce partnerleriyle birlikte yapmayı bekledikleri şeyleri kendileri yapmayı öğreniyorlar.
- Partnerlerinin katılmak istemediği aktivitelere benzer şekilde düşünen arkadaşlarıyla katılıyorlar.
- Eşlerinin *yaptıkları* şeyler için minnet duymayı, *yapmadıklarını* görmezden gelmeyi öğreniyorlar.

Devam eden yakınlık çatışmalarıyla baş ettikten sonra, zihin yapılarını değiştiren ve nihayet birlikte yaşayabilecekleri bir uzlaşmaya varan sayısız insan tanıyoruz:

- **53 yaşındaki Doug**, karısı eve geç geldiği her gün ona kızıyor. Kapıdan girdiğinde ona kızmak yerine sıcak bir karşılama sunmaya nihayet karar verdi. Bilinçli bir tercihle, evi bir savaş alanı yerine, gelmek isteyeceği bir yer haline dönüştürmekte kararlı.
- **38 yaşındaki Natalie**, hep boş zamanlarını kocasıyla geçirmeyi hayal etti. Hafta sonlarını birlikte geçirmeyi reddettiği için kavga ettikleri acı ve öfke dolu yılların ardından değişmeye karar verdi. Artık kendi için planlar yapıyor. Kocası da katılmak isterse –ki bu nadiren oluyor– gelebiliyor. Gelmediğinde, "hoşça kal ve görüşürüz" yeterli.
- **43 yaşındaki Janis**, Larry'yle evli. Larry'nin başından daha önce bir evlilik geçmiş ve ortak çocuklarının sorumluluğunda aktif rol almak istemiyor. Janis zamanla söz konusu çocuklar olduğunda (ve ortak hayatlarının birkaç başka alanında daha) kelimenin tam anlamıyla yalnız olduğunu kabul etti. Artık ondan dahil olmasını beklemiyor ve reddettiğinde öfkelenmiyor.

Bu bireylerin tümü partnerleriyle kronik ve devam eden yakınlık çatışmaları yaşıyor. Partnerleriyle gerçekten yakın olma hayallerinden vazgeçerek sınırlı birliktelikle yaşamanın bir yolunu bulmuşlar. Uzlaşıyorlar. Fakat hata olmasın: Uzlaşma ortak bir şekilde gerçekleşmiyor, tamamen tek taraflı. Sonu sadece hayal kırıklığı ve öfke olacak sonsuz çatışmaların içinde olmak yerine, beklentilerini değiştirmeye ve çatışmayı kaldırılabilir düzeye çekmeye karar verdiler.

HAYALDEN VAZGEÇMEK

Bu yoldan gitmenizi önerir miyiz? Cevabımız: "Duruma göre değişir." Çözümleyemediğiniz yakınlık çatışmalarıyla düğüm olmuş bir ilişki içindeyseniz ve bu bağı herhangi bir sebeple korumak istiyorsanız, evet, nispeten huzurlu yaşamanızın yolu bu olacak. İlişkideki memnuniyet düzeyiniz bu tür savaşları tecrübe etmeyenlerden daha az olacak. Fakat her gün bu kavgaları yeniden yaşamayı seçen ve bu temel farklılıkların yok olup gitmeyeceğini kabul etmeyenlerden fazla olacak.

Fakat yeni ya da bağlanmadığınız bir ilişki içindeyseniz ve daha şimdiden yakınlık çatışmaları yaşıyorsanız, size bu kişiyle birlikte olmak adına bu kadar ödün verip vermeme kararı için uzun ve derin bir şekilde düşünmenizi öneririz. Bağlanmayla ilgisi olmayan sorunlarla uğraşan çiftler ile yakınlık mücadeleleri içindeki çiftler arasında büyük bir fark var. İlk bahsi geçen çiftler ortak bir zemin bularak, onları daha da yakınlaştıracak bir çözüme ulaşabiliyorlar. Diğer çiftlerse daima süren, uzlaşılamayan kavgalar içinde oluyorlar ya da içlerinden biri tek taraflı bir şekilde kendisi için önemli konularda uzlaşmaya zorlanıyor.

Fakat dahası var. Bağlanma çatışmaları daha da kötüye gidebilir. Gelecek bölümde yakınlık çatışmalarının nasıl kontrolden çıkabileceğini, durumu anlamak için ne gerektiğini ve daha da önemlisi bunları nasıl arkanızda bırakabileceğinizi okuyacaksınız.

7

Anormal Olan Normalleştiğinde: Ayrılmak İçin Bağlanma Temelli Rehber

- *Clay ve Tom yıldönümlerinde romantik bir yemeğin tadını çıkarıyordu. Clay sevgiyle Tom'a bakarken, Tom birden, "Neye bakıp duruyorsun? Gözlerini dikme, gerçekten sinir bozucu," diye çemkirdi. Kalkıp gitmek istedi ama kendini tuttu. Başka bir şey söylemedi ve yemeklerini sessizlik içinde bitirdiler.*
- *Guatemala'daki yürüyüş gezileri boyunca, birlikte yürümek ve macerayı paylaşmak yerine Gary, Sue'dan ileride yürüdü ve yavaş yürüdüğü için onun tembel ve yetersiz olduğuna dair yorumlar yaptı.*
- *Pat kocasının istediği cinsel bir fantezi olan "karşılık vermeden durma" oyununu oynadığında, kocası, "Harika bir şeydi ve bence bununla ilgili en harika şey, herhangi biri ile olabilecek olması. Tamamen bir yabancıyla bile. Çok çekici," dedi. Pat midesine yumruk yemiş gibi hissetti.*

Önceki bölümde kaygılı-kaçıngan çatışmayla meydana gelebilecek sorunlardan ve olası çözüm yollarından bahsettik. Bazı durumlarda tekrarlanan çabalar bile durumu daha iyiye götürmez ve iki bağlanma stili arasındaki etkileşim gerçekten zarar verici hale gelebilir. Ne yazık ki bu durumlarda iki tarafın da en kötü yüzleri ortaya çıkabilir. Anormal olan şey, normal hale gelir.

Genel görüş yalnızca mazoşist ve "zavallı" kişilerin böyle kötü bir muameleye hoşgörü gösterebileceği yönünde. Madem gitmek yerine buna katlanıyorlar, belki de hak ediyorlardır! Bazı insanlar ise bu kişilerin sıkıntılı çocukluk deneyimlerini yetişkinlikte yeniden yaşıyor olabileceğine inanıyor. Marsha ve Craig'in hikâyesi tipik varsayımları yalancı çıkarıyor. 31 yaşındaki Marsha'yla bu kitapla ilgili görüşmeler yaparken tanıştık. Hikâyesini bize anlatmada çok açık ve paylaşımcı davrandı. Hayatının özel ve çoğunlukla can yakan detaylarını anlatmakta tereddüt etmedi. Benzer durumlardaki kadınların kendilerini bulmasına yardım edeceğini düşünerek hikâyesinin anlatılmasını istediğini söyledi. Onların da yıkıcı ilişkilerden çıkmanın mümkün olduğunu, mutluluğu başka yerlerde bulabileceklerini bilmesini istiyor. Sevecen ve ilgili bir aileden gelen Marsha, Craig'le ilişkisinin ardından ona çok iyi davranan muhteşem bir adamla görüşmeye başladı. Bulabildiğimiz tek "sorun" Marsha'nın kaygılı, Craig'in kaçıngan oluşuydu. 6. Bölüm'de bahsettiğimiz gibi, kaçıngan ve kaygılı bireyler arasında bir çekim olduğu görülüyor ve bir kere bağlandıklarında bırakıp gitmek onlar için zor oluyor. Marsha'nın hikâyesi kaygılı-kaçıngan eşleşmesinin çok uç bir örneği ve ilişkiyi bitirmekteki zihinsel mücadeleyi ortaya koyuyor.

Rahatsız edici olsa da umut veren bir sonla biten Marsha'nın hikâyesine yer vermek için üç nedenimiz vardı: bağlanma sürecinin gücünü resmetmek, duygusal açıdan sağlıklı insanların da yıkıcı durumlar içinde olabileceğini göstermek ve bu tür ilişkiler içindeki insanların ayrılacak gücü topladıklarında daha iyi bir hayata doğru yol alacaklarını bilmelerini sağlamak.

MARSHA'NIN HİKÂYESİ

Craig'le üniversitede tanıştım. Hoş ve sportifti, görünümüne hayran olmuştum. Okuduğum fizik bölümünde asistandı. Benden kat kat ileride görünüyordu, yani onun harika olduğunu düşünüyordum. Fakat en baştan beri davranışlarında kafamı karıştırıp sinirimi bozan şeyler vardı.

Bana ilk kez çıkma teklif ettiğinde baş başa bir buluşmaya göre hazırlandım ama arkadaşlarıyla birlikte toplandığımızı öğrendim. Her kadın o daveti benim gibi anlardı ama yine de şüphelendim ve onu yanlış anlamış olabileceğim ihtimaline izin verdim. Bundan kısa bir süre sonra yalnız çıkmayı teklifi edince, ilk "buluşma"yı yanlış anlamama yordum.

Bir ay sonra Craig'in takım antrenmanına gidip tezahürat ederek sürpriz yapabilirim diye düşündüm. Desteğime teşekkür etmediği gibi, bir de beni görmezden geldi. Arkadaşlarıyla birlikteydi ve selam bile vermedi. Benden utandığını düşünmekten başka ne yapabilirdim?

Sonrasında Craig'le davranışı hakkında konuştum. Şöyle söyledi: "Marsha, bir sürü insanın içindeydik, çift olduğumuzu bilmek zorunda değiller." Sözleri beni öfkelendirdi ve gözlerim yaşlarla doldu. Fakat hemen ardından sarıldı ve öptü, ben de barıştım. Kısa bir süre sonra Craig ilişkimizi insanların içinde kabul etmese de bir çift olduğumuz netleşti.

Ne yazık ki aynı düşünceleri paylaşmadığımızı gördüğüm son sefer bu değildi. Birkaç aydır çıkıyorduk ve ona göre ilişkimiz güzel ilerliyordu. Daha açık anlatmak gerekirse, arada bir görüştüğüm eski sevgilime onunla artık görüşemeyeceğimi söyledim. Bundan Craig'e bahsettiğimde verdiği karşılık savunmasız bir ânıma denk geldi: "Neden eski sevgiline böyle söyledin ki? Daha başındayız ve bu ilişki bir yere varmayabilir!"

Birkaç ay daha görüşmeye devam ettikten sonra Craig'le aynı ritmi tutturmuş gibiydik. Tek odalı bir eve taşınıyordu ve ona birlikte taşınmayı teklif ettim. Bağlanması hoşuma gitmişti ve kabul etti. Bu herkese oldukça doğal geldi. Craig harika biriydi ve herkeste iyi izlenim bırakıyordu. Onu tanıyan insanlar da tanıdıkları kadarıyla onun iyi biri olduğunu düşünüyordu. Fakat Craig'le hayatım duygusal anlamda bir lunapark treninden farksızdı ve her gün kendimi ağlarken buluyordum.

Öncelikle Craig beni sürekli eski sevgilisi Ginger'la kıyaslıyordu. Ona göre Ginger mükemmeldi: Akıllı, güzel, ilginç ve zengin bir iç dünyaya sahipti. Bağlantılarının hâlâ sürüyor olması bana çok zor geliyordu ve kendimden şüphe ediyordum. Ginger'ı sürekli yüceltirken beni küçümsüyordu. Özellikle zekâyla ilgili yetenekler söz konusu olduğunda. Benim yavaş olduğumu düşünmesi beni öldürüyordu. Fakat zeki olduğumu biliyordum. Nihayetinde ülkenin en iyi üniversitelerinden birindeydim – bunu boş verdim.

Görünüşümle ilgili özgüvenim bambaşka bir konuydu. Görüntümle ilgili güvensiz hissediyordum ve Craig'in bir kusura –mesela selülit– dikkat çekmesi ve bunu haftalarca sürdürmesi iyi gelmiyordu. Beni duşta ilk kez çıplak gördüğünde durup "koca memeleri olan bir cüce"ye benzediğimi söyledi. Küçümseyen yorumları kalbimi parçalıyordu ve zaman zaman ben de kendimi küçümsüyordum. Çok yediğim ve kendimi şişmiş hissettiğim bir sefer ona neden benim kadar iğrenç biriyle sevişmek istediğini sordum. Sevgililerin –aslında insanların– çoğu böyle berbat bir kendini aşağılama ânında, "Marsha nasıl böyle söylersin? Sen harikasın," gibi yüreklendirici bir şey söyler. Ama Craig basitçe şunu dedi: "Ne yapalım, elde sen varsın." Sözlerinin saldırgan olduğunun farkında bile değildi, ona göre sadece gözlem yapıyordu.

Onunla konuşarak ne kadar kırıcı olabildiğini anlatmaya çalıştım, birkaç kez konuşmayı onun duygusal açıdan engelli göründüğüne kadar getirebildim. Fakat söylediklerim bir kulağından giriyor, diğerinden çıkıyordu. Kendime bu davranışı bir daha kabul etmeyeceğime dair yeminler ediyor ve gücümü toplayıp ondan ayrılmaya karar veriyordum. Fakat kendime verdiğim sözü tutamıyordum. Bana beni sevdiğini söylüyordu ve birlikte olmamız gerektiğine beni ikna etmesine izin veriyordum.

Beni seviyor muydu? Belki. Bunu neredeyse her gün söylerdi. Davranışını normalleştirirdim, kendimi onu suçlamamak gerektiğine, çünkü sağlıklı bir ilişki görmeden büyüdüğüne inandırırdım. Babası çok baskın bir tipti ve annesine kötü davranmıştı.

"Daha iyisini yapmayı bilmiyor" fikriyle durumu normalleştirdim. Bu davranışı öğrendiyse, öğrendiğini unutması ve değiştirmesi de mümkün olmalıydı.

İnkâr ettikçe yüküm artıyordu. Craig de babası gibi zorlayıcıydı. Her şey *onunla* ilgili olmalıydı. O ne istese onu yapıyordu, onun fikri daha önemliydi – her konuda. Gideceğimiz filmleri, yapacağım yemekleri o seçerdi. Dekorasyonun benim için önemli olduğunu bile bile, oturma odasına Shaquille O'Neal'ın posterini asmaya karar verdi. Oturma odasına!

Craig'in bana –benim de izin verdiğim– davranış biçiminden o kadar utanıyordum ki, o varken arkadaşlarımla buluşmuyordum. Onun arkadaşlarıyla geçen zaman yeterince berbattı. Oldukça çekingen davranıyordum, bir keresinde tanıdığımız insanların olduğu bir yerde fikrimi söyleyerek konuya dahil olmak istedim. Konuşan kişiyi durdurup, "Dinle bak, 'dâhi' kız arkadaşım da bir şey söylemek istiyor," dedi. Bir seferinde plajdayken ondan havlu istedim ve, "Git güneşte kendi kendine kuru işte," diye herkesin içinde bağırdı. Bu sadece iki örnek. Çok ama çok fazla başka örnek var. Benimle böyle konuşmamasını istedim ama sonunda bundan da vazgeçtim.

İlişkimizdeki bir şey benim bütün bunlara katlanmama neden oluyordu ve o kadar uzun zaman onunla kalmama neden oldu. Bu şey Craig'in bütün söylediklerine rağmen şefkatli biri olmasıydı. Bolca sarılır, sarmaş dolaş uyurduk. Bu şefkat cinsel hayatımızdan memnunmuşum gibi davranmama neden oluyordu. Craig en az seksi bulduğum sevgilimdi ama sarılmanın konforu reddedilme acısını dindiriyordu.

Olanları zihnimde bir yere oturtmaya çalışsam da zamanla düşünme biçimim de zarar gördü. Kendime, "Kimsenin mükemmel bir ilişkisi yok, bir şeylere razı olmak zorundasın. Herkes böyleyse, ben de Craig'le iyiyim," diyordum. Birkaç yıldır birlikte olduğumuz için, zamanı boşa harcamayı bırakıp evlenmemiz gerektiğini öne sürdüm. Bu fikri ona sunduğumda söylediği uygunsuz şeylerden sonra bile (bunların arasında, "Ama bu bir daha yirmilerinde bir kadınla sevişemeyeceğim anlamına geliyor," gibi laflar da vardı) yine de onunla evlenmek istiyordum.

Evlilik Craig'e baskı yaptığım tek karar oldu. Kısa bir süre sonra kabul etti. Bir hata olduğunu biliyordum. Daha ilk andan belliydi. Aldığı yüzük değersiz bir şeydi ve taşlar düşüp duruyordu. Daha ne kadar işaret bekliyordum ki?

Craig düğünü planlamakla ilgilenmiyordu. İlgileniyormuş gibi bile yapmıyordu, çünkü sadece benim için önemliydi. Sadece dikkate aldığı şeyler onun için önemli olabilirdi. Ona giyeceğim ayakkabıları gösterdiğimde ne kadar sığ olduğumu söyleyip bağırdı. Ayakkabı gibi saçma bir şey için onu çalışırken nasıl rahatsız ederdim? Harika olabilecek bir dönemin bütün neşesini mahvediyordu.

Ayakkabı olayı beni o kadar kızdırdı ki, ertesi sabah uyandığımda fikrimi değiştirdiğimi ve onunla evlenmek istemediğimi söyledim. Tamamen yıkıldı. Onu ilk defa ağlarken gördüm ve savunmasız yakalandım. Duygu gösterisi direncimi kırdı, davetiyeler bile dağıtılmıştı, teslim oldum. Bir hata yaptığımı biliyordum ama kendime engel olamadım.

Paris'teki balayımız berbattı. Her dakika bir aradaydık ve ben kelimenin tam anlamıyla zincirle bağlı gibiydim. Keyfimize bakacak zamanımız çoktu ama Craig her şeyi soruna dönüştürüyordu. Oteldeki hizmetten şikâyet etti, ben yanlış metroya binmemize neden olduğumda aşırı sinirlendi. O an bende ışık yandı. Craig bana küfür etmeye başladığında onu değiştirmeye gücümün yetmeyeceğini anladım. Eve döndüğümüzde ve ailem balayının nasıl geçtiğini sorduğunda onlara tam bir felaket olduğunu anlatacak cesaretim yoktu. Acınacak kadar güçsüz bir sesle, "İyiydi," dedim.

Kendimi kapana kısılmış gibi hissediyordum, kâbustan hâlâ tam olarak uyanamıyordum. Zaman içinde ayrılmak için cesaretimi her topladığımda Craig beni kalmaya ikna ediyordu. Birine âşık olup beni terk edişinin hayallerini kurmaya başlamıştım, çünkü onu terk eden taraf olacak gücü hiçbir zaman bulamayacağımdan korkuyordum. Neyse ki Craig o gücü buldu. Ona sayısız defa boşanmak istediğimi söylediğim her sefer bana kalmam için yalvarırdı. Fakat bir seferinde bir daha boşanmak istersem beni bundan vazgeçirmeyeceğini söyledi. Sözünü tuttuğuna minnettarım. İşler yine katlanılmaz bir hal aldığında boşanmak istediğimi söyledim ve, "Tamam," dedi. Birlikte aldığımız evden ve 10 bin dolardan vazgeçtiğim bir anlaşma imzaladık, harcadığım en iyi paraydı.

Boşanma nispeten kolay ve hızlı oldu, sonrasında bağlantımız sürdü. Fakat ona bağlı değildim, hatta onunla küçük dozlarda vakit geçirmek eğlenceliydi bile. İlginç, şefkatli ve çekiciydi. Acı verdiğinde kalkıp gidiyordum.

Neyse ki, Marsha birlikte mutlu olduğu biriyle tanıştı. Yeni partneriyle birlikteyken işini daha iyi bir işle değiştirdi ve yeni bir hobi edindi. Craig'le yaşadığı türden duygusal lunapark treni deneyimini bir daha yaşamadı.

KARŞIT GÜÇLER

Marsha ve Craig'in hikâyesi, kaygılı-kaçıngan kapanının ne kadar kötüleşebileceğinin örneği. Craig çok fazla yakınlıkta rahat hissetmedi, bu yüzden de Marsha'yla arasına duygusal engeller koyabileceği hiçbir fırsatı kaçırmadı – başta ilişkileri hakkında kesin davranmamak, durumlarını belirsiz kılmak, evliliğe "itilmiş" zorunda kalmak, küçümsemek, cinsellikten kaçınmak ve daha birçok çeşitli devre dışı bırakma stratejisi kullanmak. Kaçıngan bir bağlanma stiline sahip olduğu çok açık. Marsha kaygılı bağlanma stiline sahip. Craig'le yakın olmayı çok istiyor, evliliklerini yürüten lokomotif rolünü üstleniyor ve ilişkiyle fazlasıyla meşgul – başta davranışları yüzünden her gün ağlıyordu, bu da bir tür meşgul olma hali. Sonrasında sürekli boşanmayı düşündü, bu da yine ilişkiye odaklanma şekli. Tipik bir kaygılı davranışı olarak, Craig'den gelen sinyaller doğrultusunda iniş çıkışlar yaşadı, tepkisel davranışlar (ayrılmakla tehdit etmek ama asla söylediğini yapmamak) sergiledi. İlk birkaç yıl boyunca bağlanma sistemi kronik olarak devredeydi; ta ki Craig'e kayıtsız kalana kadar.

İlişkide iki tarafın birbirinden farklı ihtiyaçları süregelen bir çatışmaya sebep oluyordu. Craig mesafeyi korumak isterken Marsha yakınlaşmak istiyordu. Craig'in kendini beğenmişliği (kaçıngan özelliği) Marsha'nın sürekli artan kendinden şüphesini (kaygılı özelliği) besliyordu. Fakat aralarında Marsha'nın gitmesini engelleyen sevgi dolu anlar da vardı. Mesela Craig sevecen ve şefkatli davranmayı iyi biliyordu ve her şey üst üste geldiğinde (bu çoğunlukla kendisi yüzünden olsa da) Marsha'yı sakinleştirebiliyordu. Fakat yakınlaştıkları her seferin ardından Craig'in uzaklaştırması geliyordu ki bu, kaygılı-kaçıngan ilişkilerin tipik bir özelliğidir.

CİNSELLİK HAKKINDA BİRKAÇ ŞEY

Marsha'nın Craig'den "en az seksi bulduğu sevgilisi" olarak bahsettiğini hatırlayın. Kaçınganlar cinselliği partnerlerinden uzaklaşmanın bir yolu olarak kullanır. Bu her zaman onları aldatacakları anlamına gelmez. Fakat çalışmalara göre, kaçınganlar diğer bağlanma stillerine kıyasla bu davranışa daha yatkın. California Üniversitesi'nden Philip Shaver, o zamanlar California-Davis Üniversitesi'nden yeni mezun olmuş, şimdi Chicago'daki California State Üniversitesi'nde çalışan Dory Schachner ile yaptığı araştırmada, üç bağlanma stili içinde en çok kaçınganların, başka birinin partneriyle yakınlık kurmaya ya da böyle bir çabaya karşılık vermeye eğimli olduğunu buldu.

Fakat kaçınganlar da sadık olabilir, partnerlerini cinsellikle uzak tutmak için başka yolları var. Kaygılı bağlanan kişiler cinsellik esnasında güçlü bir duygusal bağdan ve sevişmenin öpüşmek ve okşamak gibi daha az cinsel yanlarından keyif alırlarken, kaçıngan kişilerin tercihleri farklı oluyor. Sadece seksin kendisine odaklanmayı seçerek, dokunmak ve okşamaktan vazgeçebiliyorlar ya da "öpüşmek yok" gibi kuralları devreye sokarak sekste yakınlığı azaltıyorlar. Bazı kaçınganlar partnerleriyle seksi daha nadir –ya da tamamen hiç– tercih edebiliyor ya da bir başkasını hayal ediyorlar. (Uzun vadeli ilişkiye sahip birçok çift cinsel hayatlarını renklendirmek için fanteziler kurabilir, böylece yakınlaşırlar. Kaçınganlar içinse fantezi, ortak bir macera olmak yerine kendilerini uzak tutmayı sağlayan bir devre dışı bırakma stratejisi.) Evli ve birlikte yaşayan çiftler arasında yapılan bir araştırmada, Kanadalı biliminsanları Audrey Brassard ve Yvan Lussie, Philip Shaver'le birlikte, kaçıngan bireylerin diğer bağlanma stilindeki kişilere kıyasla partnerleriyle daha az seks yaptıklarını tespit etti.

Daha ilginci, kaçıngan kişilerin *partnerleri kaygılı bağlanma stiline sahip olduğunda* seks yapmaya daha yatkın olduklarını da buldu. Araştırmacılara göre, Marsha ve Craig'inki gibi ilişkilerde daha az sevişme oluyor. Çünkü kaygılı partner çokça fiziksel yakınlık istiyor ve bu yaklaşım kaçıngan partnerin daha fazla çekilmesine neden oluyor. Cinselliği en aza indirmekten daha iyi bir uzaklaşma yöntemi olabilir mi?

Kaygılı partner cinselliği bir onay ve partnerinin gözünde çekiciliğinin ölçüsü olarak da görüyor. Kaygılı kişi cinselliğe bu kadar önem yükler ve kaçıngan taraf fiziksel yakınlıktan uzak dururken çatışmanın neredeyse kaçınılmaz olduğunu görüyoruz.

Elbette cinselliğin mesele olmadığı kaygılı-kaçıngan çiftler de var. Bu durumda duygusal ayrılık başka bir şekilde gerçekleşiyor.

YAKIN ÇEVREDE YAŞAM

Craig'le birlikteyken cinsellik Marsha'nın asıl kaygılarından biri değildi. Craig'in her gün, bazen arkadaşlarının yanında, bazen evde yalnız olduklarında kullandığı devre dışı bırakma stratejilerinin sadece bir bölümüydü. Stratejileri aralıksız ve sonsuzdu. Kısacası Craig, Marsha'ya düşmanı gibi davranıyordu. Dünyanın geri kalanına (Craig harika biriydi ve herkeste iyi izlenim bırakıyordu. Onu tanıyan insanlar da tanıdıkları kadarıyla onun iyi biri olduğunu düşünüyordu) gösterdiği sevecen ve ilgili kişinin tam tersiydi. Bu ikilik Marsha'nın aklını karıştırıyordu. Dünyadaki herkesin içinde ona en yakın ama aynı zamanda en kötü davrandığı kişiydi. Herkese karşı bu kadar iyiyken, ona karşı nasıl kötü olabiliyordu? Mantıklı gelmiyordu. Belki ona ne kadar kırıldığını gösterirse, o da herkese davrandığı gibi iyi davranabilirdi.

Marsha, Craig'in ona en yakın kişi olmasına *rağmen* değil, ona en yakın kişi olduğu *için* kötü davrandığının farkında değildi. Artık Craig'in *yakın çevresinde* yaşıyordu. Partnerlerimiz o yakın çevreye dahil olduğunda onlarla, sadece en yakın akrabalarımızla –eşlerimiz ve çocuklarımızla (ve çocuksak ebeveyn ve kardeşlerimizle)– yakınlaştığımız gibi yakınlaşırız. Ne yazık ki kaygılı-kaçıngan çift için birbirinin yakın çevresi gül bahçesi sayılmaz. Marsha o çizgiyi aştıktan sonra Craig onun fazla yakın olmasından rahatsızlık duydu ve onu düşman ilan etti. Marsha yakınlaşmaya çalıştıkça o uzaklaştırmaya çalıştı. Kaygılı bağlanma stiline sahipseniz ve kaçıngan biriyle birlikteyseniz hayat çoğunlukla bu şekildedir.

"Düşman" Haline Geldiğinizin İşaretleri

- Arkadaşlarınıza ve ailenize partnerinizin size *gerçekte* nasıl davrandığını söylemekten utanırsınız.
- İnsanlar eşinizin ne kadar tatlı, hoş ve düşünceli olduğunu söylediklerinde şaşırırsınız.
- Hayatında gerçekten ne olduğunu öğrenmek için partnerinizin diyaloglarına kulak kesilirsiniz.
- Partneriniz önemli konuları genellikle sizin dışınızda insanlara danışır.
- Acil durumlarda partnerinizin her şeyi bırakıp yanınızda olacağından emin olamazsınız.
- Partneriniz için sizde değil, başka insanlarda iyi izlenim bırakmak önemlidir.
- Partnerleri tarafından saygı gören arkadaşlarınıza şaşırırsınız.
- Eşi tarafından aşağılanan ve küçümsenen kişi genellikle siz olursunuz.
- Duygusal ve fiziksel sağlığınız partnerinizin öncelik listesinde aşağılardadır.

Bu ifadeler durumunuza uyuyor mu? Yabancılara çok daha iyi davranırken size soğuk davranıyorsa, sorularınızı pas geçiyorsa –sizinle konuşmamayı seçiyorsa– düşman olmuşsunuz demektir. Tek suçunuz yakınlığı kaldıramayacak biriyle yakınlaşmaktı.

Güvenli birinin yakın çevresindeki hayat bundan çok farklıdır.

Krallar Kraliçeler Gibi Davranıldığında Yakın Çevre

- İyiliğiniz her şeyden önce gelir.
- En çok size güvenilir.
- Fikirleri en önemli olan siz olursunuz.
- Sevilir ve korunursunuz.
- Yakınlık ihtiyacınız daha fazla yakınlıkla karşılanır.

Marsha gibi kaygılı-kaçıngan ilişki içindeki insanlar "krallara kraliçelere layık bir yakın çevre"nin varlığına inanmaz ve herkesin aynı yakın çevre deneyimini yaşadığını düşünürler. İnsanların kapalı kapılar ardında yaşananlar konusunda dürüst olmadığını varsayarlar. Fakat biz söylüyoruz ki, böyle bir yakın çevre var ve çok da az rastlanmıyor. Sonuçta güvenli insanlar nüfusun yüzde ellisinden fazlasını oluşturuyor ve yakın çevrelerindeki kişilere krallar kraliçeler gibi davranıyorlar.

Marsha ve Craig'in Hikâyesindeki "Açık Deliller"

Marsha ve Craig'in ilişkisindeki ilk haftalar ve aylarda Marsha'nın fark edip tuzaktan kaçabileceği çeşitli işaretler –tıpkı olay yerindeki silah kadar açık– vardı.

- Craig, Marsha antrenmana geldiğinde onu görmezden geldi.
- Çift olduklarını herkesten gizlemeye çalıştı.
- Marsha'nın eski sevgilisini görmeyi bırakmasına şaşırdı (kendisi bu bağa değer vermiyordu).
- Onunla ilgili değersizleştiren ve küçümseyen yorumlar yaptı.
- Onu hoş olmayan bir şekilde "hayalet eski sevgilisi" Ginger'la kıyasladı.
- Marsha'nın endişelendiği ve kendinden şüphelendiği durumlarda ona kendini daha kötü hissettirdi.
- En önemlisi, tüm davranışlarıyla Marsha'nın duygusal ihtiyaçlarına cevap veremeyeceği mesajını güçlü bir şekilde verdi.

Açık deliller hakkında daha fazlası için 3. Bölüm'deki Tehlikeye Karşı Altıncı Hisle Yaşamak: Kaygılı Bağlanma Stili'ni okuyun.

SORUN OLDUĞUNU İTİRAF ETMEK

Kaçıngan-kaygılı kapanında yaşayan insanlar, bir çıkmazda yaşadıklarını kendilerine itiraf etmekte zorlanır. İlişkilerinden tam anlamıyla memnun olmadıklarını itiraf eder ama bu durumu da şu şekilde normalleştirirler: "Kim memnun ki? Tüm çiftler kavga ediyor, herkes öfkeleniyor. Bizim onlardan ne farkımız var?" Kendilerini partnerlerinin o kadar da kötü davranmadığına inandırmaya çalışırlar. Durumun şiddetinin farkında olan Marsha gibi kişiler de vardır, fakat bu durumdan çıkmak için gerekli adımları atamazlar. Teşebbüste bulunurlar ama ayrılmanın acısı onlara ağır gelir. Ve yeniden "yoksunluk sendromu"nu deneyimlerler.

YOKSUNLUK SENDROMU

Düşmana dönüştüğünüze ikna olduktan sonra bile uzaklaşıp gitmek neden bu kadar zor? Öncelikle, çok acı verici. Partnerinizin kötü davranması çok acı verici olsa da bir bağı kesmek dayanılmaz ölçüde acı verebilir. Mantıken gitmeniz gerektiğini bilirsiniz ama duygusal beyniniz bu hamlede bulunmaya henüz hazır olmayabilir. Bağlanma sisteminizi oluşturan duygusal devreler bizi yalnız kalmaktan uzak tutacak biçimde evrilmiştir. Kendimizi tekrar sevgilimizin güvenli kollarına atmamızı sağlayan şey, yalnız kaldığımızda hissettiğimiz güçlü acı olur. Çalışmalara göre, partnerimizden ayrıldığımızda ya da bacağımızı kırdığımızda beynin aynı bölgeleri harekete geçiyor. Bağlanma figüründen ayrılmaya tepki olarak beynimiz tıpkı fiziksel acıya verdiği tepkiyi veriyor.

Fakat yönetimi ele geçiren tek şey acı değil. Başka düşünce süreçleri de devreye giriyor. Bağlanma sisteminiz harekete geçtikten sonra bir fenomen daha tetikleniyor: Birlikte geçirdiğiniz güzel zamanlara ait olumlu anılar zihninize üşüşüyor ve kötü deneyimlerin çokluğunu unutuyorsunuz. Geçen gün size karşı ne kadar tatlı davrandığını hatırlıyorsunuz ve gergin olduğunuzda en başta sizi incitenin o olduğunu unutmak işinize yarıyor. Harekete geçmiş bir bağlanma sisteminin etkisi büyüktür. Ve Marsha'nın ilişkisini bu kadar uzun süre sürdürmesinin en önemli sebebi bu.

SUÇ MAHALLİNE GERİ DÖNMEK

Ayrılığın ardından partnerinizle yeniden birleştiğinizde ne olur? Amir'in iş arkadaşlarından Columbia Üniversitesi'nden Myron Hofer, anne-bebek bağlanmasını fizyobiyolojik açıdan inceleyen çalışmalara öncülük ediyor. Çalışmalarında ilginç bir buluşa ulaştığını anlatıyor. Bebek fareler annelerinden ayrıldığında birkaç fiziksel tepki gerçekleşiyor: Hareketleri yavaşlıyor, nabızları düşüyor ve sonunda büyüme hormonlarının seviyesi de azalıyor. Hofer sonraki çalışmalarında, eksik olan anne yerine yapay bir şey yerleştirdi: Yavruları önce ısıtma pediyle ısıttı, onları mideleri dolana kadar besledi, fırçayla taradı, annenin yalama hareketini taklit etti. Her müdahalenin ayrılık gerilimine *bir* açıdan yardımcı olduğunu gördü. Beslemek nabızlarını normal seviyede tutuyordu, ısıtmak hareket etmelerini sağlıyordu ve taramak büyüme hormonlarını yükseltiyordu.

Fakat tüm bu semptomları bir kerede teskin edebilen sadece bir müdahale vardı, o da anneyle bebekleri yeniden bir araya getirmek.

Bu durum insanlar için de çok benzerdir. Birinden ayrıldığımızda bağlanma sistemimiz hızlanır ve tıpkı yavru fareler gibi sevdiğimiz kişiyle yeniden bir araya gelmek dışında bir şey düşünemez oluruz. Bir tek kişinin bir anda tüm huzursuzluğumuzu yok edecek olması, onu tekrar görme isteğimize karşı koymamızı zorlaştırır. Aynı odada olmak bile başka bir arkadaşın ya da aileden birinin yapamayacağı şekilde endişemizi hafifletmeye yeter.

Bu basit sebepten ötürü, Marsha dahil birçok kişi, defalarca denemiş olsalar da ayrılma isteklerini gerçekleştirmekte zorlanırlar. Bu aynı zamanda, Marsha'nın ayrıldıktan uzun zaman sonra bile Craig'le bağlantısını neden sürdürdüğünü açıklıyor. Kaygılı insanlar kötü bir bağlanmayı atlatmakta uzun zaman harcar ve ne kadar süreceğine karar veremezler. Bedenlerindeki her bir hücre partnerlerinin değişmeyeceğine ve yeniden birleşmeyeceklerine ikna olduğunda sistem devre dışı olur ve bağı keser.

ALCATRAZ'DAN KAÇIŞ

Marsha yoksunluk sendromunu bilmese bile başının dertte olduğunu görebiliyordu. Sonuçta yokluğuna alışamayacağını daha önce defalarca hissetmişti. Yeniden öyle hissedeceğinden korkuyordu. Craig'in ipleri elinde tutması –bir daha boşanma lafı ettiğinde onu terk edeceği sözünü tutması– onu oldukça rahatlatmıştı. Gitmek istediğini söylediği gece her şey çok çabuk gerçekleşti. Küçük bir çanta hazırladı ve kız kardeşini arayarak gelip onu almasını istedi. Bağlanma penceresinden bakıldığında, bu çok iyi planlanmış bir ayrılık.

Kız kardeşinin yanında, tanıdık ve onu besleyen bir çevrede olmak, sıkıntı içindeki bağlanma sistemini bir açıdan rahatlattı. Arkadaşlarıyla konuşmak ve desteklerini almak başka bir açıdan, dondurma ve çikolata yemek de başka bir açıdan iyi geldi. Bunların hiçbiri ayrılık üzüntüsünden tamamen kurtulmasına yetmedi. Zaman zaman Craig'le neden ayrıldığını göremez oldu. Arkadaşları ve ailesi çoğu zaman bunun neden gerekli olduğunu hatırlattı.

DEVRE DIŞI BIRAKMA STRATEJİLERİ BAZEN İYİDİR

Marsha ayrılıktan uzun zaman önce, bilinçdışı bir şekilde bağlanma sistemini devre dışı bırakmaya başlamıştı. Craig'le işleri yürütmeye çalıştığı –kendi bakış açısını anlatmak, duygusal açıdan uzaklaşmak, davranışına mazeretler bulmak– yılların ardından umudunu yitirdi. İlk yıllar her gün mutlaka ağlamasına rağmen son yıl neredeyse hiç ağlamadığını söyledi. Duygusal olarak kopmaya başlamıştı. Hiçbir şeyin değişmeyeceğini, yani aslında Craig'in *değişmeyeceğini* artık biliyordu. Craig'in hatalarına giderek daha çok odaklanmaya başladı ve zaman zaman gerçekleşen olumlu deneyimleri düşünmeyi bıraktı. İçinden geçtiği süreç, kaçıngan bireylerin daima yaptığına benziyordu: yakın olmayı engellemek için partnerlerinin olumsuz özelliklerini ve davranışlarını göz önünde tutmak. Marsha kaygılı olmasına rağmen Craig canını sayısız kez yaktıktan sonra devre dışı bırakma stratejilerini kullanmaya başladı. Bu, birini bağlanma sisteminizden atmak için gerekli bir süreçtir. Hâlâ partnerinizle birlikteyken bu süreci başlatmak, yoksunluk sendromunu tecrübe etmeyeceğiniz anlamına gelmez. Ayrılığın sonucu olarak bağlanma sisteminiz harekete geçtiğinde işler çığırından çıkar. Marsha'nın durumunda devre dışı bırakma süreci, onun ayrılmanın ilk aşamasını ve devamında boşanmayı güvenle tamamlamasını sağladı.

Bugün artık Marsha, Craig'le bağlantısını sürdürmüyor ve arkadaş da değiller. Bunun yerine kendine gerçek bir ruh eşi bularak yoluna devam etti.

Ayrılıktan Sağ Çıkmak

Bağlanma prensipleri de kullanılarak hazırlanmış aşağıdaki dokuz strateji, ilişki bittikten sonra yaşanan acı dolu süreci atlatmanıza yardımcı olacak.

1. **Kendinize "yakın çevre"de olduğunuzda hayatınızın neye benzediğini sorun.** Ayrılmaya karar veremiyorsanız, size düşman gibi mi yoksa krallar kraliçeler gibi mi davranıldığını kendinize sorun. Düşmansanız, gitme vakti.
2. **Destek ağı oluşturun.** Bu *ilerisi* için gerekli. Arkadaşlarınıza ve ailenize ilişkinizin gerçekte nasıl olduğu konusunda açılmaya başlayın. Bu, utanç ve acı dolu günlerde uzak tuttuğunuz arkadaşlarınızı yeniden kazanmanızı sağlar ve harekete geçtiğinizde size yardım etmeleri için onları hazırlar (bakınız 7. madde).
3. **İlk birkaç gece kalmak için rahatlatıcı ve destek veren bir yer bulun.** İlk başta alabileceğiniz tüm desteğe ihtiyacınız olacak. Geri dönme isteğiniz çok güçlü olacak. Anne babalar, kardeşler, en yakın arkadaşlar bu dürtüyü kontrol etmenize yardım edebilir.

4. **Bağlanma ihtiyaçlarınızı başka yollardan karşılayın.** Size yakın insanlarla bir araya gelin, masaj yaptırın, spor yapın, rahatlatıcı ve sağlıklı gıdalar tüketin. Bağlanma sisteminizi ne kadar susturabilirseniz, ayrılık da o kadar acısız olacaktır.
5. **Ayağınız kayar ve olay yerine dönerseniz utanmayın.** Eski partnerinizle yeniden bağ kurmamanızın daha iyi olacağı kesin ama bu olursa kendinize yüklenmeyin. Kendinize şefkatli davranmanız çok önemli. Ne kadar kötü hissederseniz, içinde bulunduğunuz ilişkinin sahte güvenliğine geri dönmeyi de o kadar istersiniz.
6. **Zorlanıyorsanız suçlu hissetmeyin. Unutmayın, acı gerçektir!** Arkadaşlarınız sizi eski partnerinizi unutmaya, kendinize acımanızı durdurmaya ve hızla yolunuza devam etmeye zorlayabilir. Fakat hissettiğiniz acının gerçek olduğunu biliyoruz, onu inkâr etmeyin. Bunun yerine kendinize karşı nazik olun, ruhunuzu ve bedeninizi şımartın. Bacağınız kırılsaydı öyle yapardınız!
7. **Olumlu anılar zihninize üşüştüğünde, yakın bir arkadaşınızdan bu anıların gerçek olup olmadığını kontrol etmesini isteyin.** Bağlanma sisteminizin ilişkiye bakış açınızı bozduğunu kendinize hatırlatın. Bir arkadaşınızdan işlerin gerçekte nasıl olduğunu hatırlatmasını isteyin. Eski partnerinizi özleseniz ve kafanızda mükemmelleştirseniz de gerçekler yavaş yavaş *geri gelir*.
8. **Devre dışı bırakın: Ayrılmak isteme sebeplerinizi yazın.** Amacınız bağlanma sisteminizi devre dışı bırakmak. Bunu yapmanın en iyi yolu ilişkideki kötü anları hatırlamak olur. Olumlu hatıralar zihninizi işgal etmeden önce bunlara göz atın.
9. **Ne kadar acı çekerseniz çekin, geçeceğini bilin.** İnsanların çoğu kırık bir kalbin ardından iyileşiyor ve daha iyi günlere doğru yol alıyor.

IV. KISIM

Güvenli Yol – İlişki Becerilerinizi Geliştirmek

8

Etkin İletişim: Mesajı Karşı Tarafa Ulaştırmak

ETKİN İLETİŞİM KULLANARAK DOĞRU PARTNERİ SEÇMEK

Ethan'la birkaç kez çıktıktan sonra Lauren'ın kafası karışmıştı. İlk buluşmalarında romantik bir plaj barına gittiler ve birkaç saati birbirlerini tanıyarak geçirdiler. Akşamın sonunda Ethan hızlı bir veda öpücüğü verdi ve kayboldu. Tekrar arayıp çıkma teklifinde bulunması Lauren'ı şaşırttı. Bu sefer limanda bir kulübe gideceklerdi. Birkaç şey içtiler ve dans ederek saatler geçirdiler. Hatta sahilde yürüdüler ama yine ayrılırken havada kalan bir "haberleşiriz" cümlesinden başka hiçbir şey olmadı. Bu döngü bir sonraki buluşmalarında yine tekrarladı. Kaygılı bağlanma stilindeki Lauren, Ethan'ın belki de kendisini çekici bulmadığını düşündü. Peki o zaman neden ona çıkma teklif ediyordu? Belki de sadece arkadaşlık etmek istiyordu? Gerçek bir sebep olmadan onunla görüşmeyi bırakmak istemiyordu, çünkü ondan çok hoşlanıyordu. Yakın bir arkadaşı, Ethan'ın davranışlarını düşünüp durmak yerine basitçe ona sormasını söyledi.

Lauren normalde bu kadar cesur davranamazdı – duyacağı incitici cevaptan fazlasıyla korkardı. Fakat artık yanlış kişide zaman harcamak istemeyeceği bir noktaya gelmişti. Konuyu Ethan'a tereddütle açtı ve diyalog ilerledikçe oldukça net konuşmaya başladı: "Platonik bir şeylerden fazlasını istiyorum. Senin aklından ne geçiyor?" Tahmininin aksine Ethan onu çekici bulmuyor değildi. Ondan çok hoşlandığını ve partner bulmaktaki isteğini ifade etti. Fakat Lauren bir adım daha ileri gitti ve neden "dokunmak yok" kuralına bağlı kaldığını sordu. Ethan yanıtlamadı ve lafı dolandırdı. Lauren onun neden fiziksel temas kurmadığına dair net bir yanıt alamasa da geleceklerine dair resmi görmüş oldu: Böyle bir resim yoktu!

Lauren onu partner adayı olarak gözden çıkardı ama arkadaş kaldılar. Ethan ona kafa karıştıran davranışlarının, çıktığı diğer kadınları da sinirlendirdiğini anlattığında Lauren parçaları birleştirdi. Ethan'ın yaklaşımında gizemli bir durum yoktu, sadece cinsel tercihleri konusunda ciddi şüpheleri vardı. Lauren endişelerini yolun başında açtığı için şükretti, böylece aylarca boş yere ümitlenip reddedilmekten kurtulmuştu.

Lauren'ın hikâyesi, etkin iletişimin önemini gösteren harika bir örnek. Beklentilerinizi ve ihtiyaçlarınızı partnerinize doğrudan ve onu suçlamadan ifade etmek çok güçlü bir araçtır. Bu genellikle güvenli bağlanan insanlar tarafından doğal olarak kullanıldığı halde kaygılı ve kaçıngan bireylere mantıksız gelir.

Ethan'la yaptığı tek bir net konuşma, Lauren'ın zihninde yürüteceği tahminler ve kuracağı teorilere son verdi. Ethan için Lauren'ın onun davranışına katlanmasının bir mahzuru yoktu. İstediğini alıyordu – arkadaşlarına ve ailesine gösterecek (kendisini rahat bırakmalarını sağlayacak) bir kız arkadaş ve cinsel tercihlerini çözümleyeceği bir zaman. Lauren ihtiyaçlarını ifade ederek kendisi için bir şeyler aramış oldu ve bir başkasının gündemine göre yaşamaktan kurtuldu. Bu durumda altta yatan neden bağlanma stili değildi ama Lauren bunu önceden bilemezdi. Ethan'ın davranışı bağlanma stilinin bir göstergesi olsaydı, etkin iletişim onu tamamen ortaya çıkaracaktı ve bağlanma stillerinin birbirine uygun olmadığını en baştan görmüş olacaklardı.

Peki ama Lauren onunla açık konuştuğunda, utanmasına sebep olsa ve nihayetinde davranışının ne bağlanma stilinden ne de cinsel yönelimden, sadece utangaçlıktan olduğunu öğrense ne olurdu? Pekâlâ, tam da böyle bir deneyim yaşamış birini biliyoruz.

Tina'nın durumu Lauren'a benziyordu. Serge'le üçüncü buluşmalarında Tina koltukta yanına oturmuş film izliyor ve neden harekete geçmediğini düşünüyordu. Bir yere varmayan yeterince ilişki yaşamıştı ve Serge'in kendine ait sorununun ne olduğunu düşünerek zamanını boşa harcamak istemiyordu. Çapkın bir gülümsemeyle, basitçe sordu: "Bir öpücük alabilir miyim?" Serge birkaç saniye durup ağzının içinde bir şeyler mırıldanmasına rağmen kendini topladı ve uzanıp onu öptü. İlişkileri üç yıldır yolunda gidiyor ve bu, çekingenliğin aralarında son kez sorun oluşuydu.

Bu durumda kur yaparak öpücük istemek, etkin iletişimin güzel bir yoluydu. Tina ihtiyacını ifade etti, kısacık tuhaf bir an yaşansa da dolaysızlığı Serge'e onları daha da yakınlaştıracak bir güç verdi. Sadece fiziksel anlamda değil, duygusal olarak da. Serge başka türlü davransa ve olaylar farklı gelişmiş olsaydı da faydalı olacaktı: İnsanların etkin iletişime verdikleri karşılık daima çok şey anlatır. Lauren ve Ethan'ın durumunda olduğu gibi sizi çıkmaz bir sokağa sapmaktan kurtarır ya da Serge ve Tina'da olduğu gibi ilişkiyi daha derin bir yakınlık düzeyine taşır.

Etkin iletişim, ilişkilerde çoğunlukla bağlanma stilimiz tarafından belirlenen belli ihtiyaçlarımızı anlamakta işe yarar: Bunlar iyi ya da kötü değildir, oldukları gibidir. Kaygılı biriyseniz, yakınlığa güçlü bir ihtiyaç duyarsınız, partnerinizin sizi sevdiğinden ve saygı duyduğundan her durumda emin olmak istersiniz. Kaçıngan biriyseniz, duygusal ya da fiziksel olarak belli bir mesafeyi korumaya ihtiyaç duyarsınız ve belli bir mesafeyi muhafaza etmek istersiniz. Bir ilişkide mutlu olmak için, saldırıya ya da savunmaya geçmeden bağlanma ihtiyaçlarımızı ifade etmenin yolunu bulmalıyız.

ETKİN İLETİŞİMİ NEDEN KULLANALIM?

Etkin iletişim iki hedefe varmanıza yardımcı olur:

- **Doğru partneri seçmek:** Etkin iletişim, partner adayınızın ihtiyaçlarınızı karşılayıp karşılayamayacağını öğrenmenin en doğrudan yoludur. Bu tür bir konuşma olmadan aylarca görüşerek öğrenebileceğiniz bir şeyi beş dakika içinde ortaya çıkarabilir. Karşı taraf ihtiyaçlarınızı anlamak, iyiliğinizi öncelikli kılmak konusunda içten bir isteğe sahipse, ilişkiniz gelecek vaat ediyor demektir. Endişelerinizi önemsiz bulup kenara atıyorsa ya da kendinizi yetersiz, aptal, rahatına düşkün hissettiriyorsa, bu kişinin sizin için iyi olmayacağı ve birbirinize uymayacağınız sonucuna varabilirsiniz.
- **İlişkide –yeni ya da uzun vadeli olsa da– ihtiyaçlarınızın karşılandığından emin olmak:** İhtiyaçlarınızı belirterek partnerinizin bunları gerçekleştirmesini kolaylaştırırsınız. Bir şeyin sizi rahatsız edip etmediğini ya da ediyorsa ne olduğunu tahmin etmek durumunda kalmaz.

Etkin iletişimin güzelliği, zaaf sanılan bir şeyi kazanca dönüştürme imkânı sunmasıdır. Partnerinizin sizi sevdiğinden ve sizi çekici bulduğundan (en azından ilişkinin başlangıcında) emin olmak istiyorsanız –muhtaç görünmek toplumca çok kabul görmediği için– isteğinizin üzerini örtmek yerine en baştan belirtirsiniz. Bu şekilde ifade ettiğinizde zayıf ya da muhtaç değil, özgüvenli ve istediğini alan oluyorsunuz. Elbette etkin iletişim saldırgan olmayan bir şekilde iletişim kurmak, her şeyi partnere yüklememek ve onun da saldırıya uğramış, eleştirilmiş ve suçlanmış hissetmeden kendini açabilmesi anlamına gelir.

Etkin iletişimin bir başka avantajı da partneriniz için model olmanızdır. İkinizin de dürüst olduğu ve birbirinin iyiliğini kutsal görev kabul ettiği bir ilişki şeklini belirleyen taraf olursunuz. Partneriniz açık davranabildiğinizi gördüğünde sizi takip edecektir. 6. Bölüm'de, Kaygılı-Kaçıngan Kapanı'nda gördüğünüz gibi, ilişkinizi geliştirmek adına etkin iletişimi kullanmak için asla geç değil. Bu, güvenli insanların günlük hayatta partnerleri, çocukları ve iş hayatlarında kullandığı en güçlü araçlardandır. Çevrenizdeki insanlarla ilişkinizi tamamen değiştirebilir.

KARŞILIĞI DEĞERLENDİRMEK

Etkin iletişimle bir sorunu veya fikir ayrılığını ânında çözemeyebilirsiniz. Fakat iyiliğinizin partneriniz için ne kadar önem arz ettiğini *hemen* değerlendirebilirsiniz:

- Endişelerinizin köküne inmeye çalışıyor mu?
- Meseleye hemen karşılık mı veriyor, yoksa sizi kandırmaya mı çalışıyor?
- Çekincelerinizi ciddiye alıyor mu, yoksa onları masaya yatırdığınız için sizi küçümsüyor ve aptal gibi mi hissettiriyor?
- Size daha iyi hissettirmenin yollarını arıyor mu, yoksa sadece savunmaya mı geçiyor?
- Çekincelerinize sadece gerçeklere dayalı (mahkeme salonundaymış gibi) cevaplar mı veriyor, yoksa aynı anda duygusal iyiliğinizle de ilgileniyor mu?

Partneriniz karşılık veriyorsa, mutluluğunuz ve güvende olmanızla içtenlikle ilgileniyorsa, ilişkiye devam etmek için yeşil ışık yandı demektir. Fakat partneriniz önemli konulardan kaçıyor, savunmaya geçiyor, size kendinizi aptal ve muhtaç hissettiriyorsa, bunu ciddi bir uyarı işareti olarak görmelisiniz.

GÜVENSİZ BAĞLANMA STİLİNE SAHİP KİŞİLER ETKİN İLETİŞİMDE NEDEN ZORLANIR?

Etkin iletişim, üstünde hemen hiç düşünülmeden yapılan bir şeydir. Sonuçta herkes bir kere kafaya koydu mu yapar, değil mi? Evet, *tabii güvenli bağlanan kişilerse*. Güvensiz bağlanan kişiler kendilerini rahatsız eden şeyler konusunda genellikle iletişim kurmaz. Duyguların ağırlığı altında ezilir ve ani, sert tepkiler verirler. Araştırmalara göre, güvenli bağlanan insanlar çok sert tepkiler vermiyor, çabuk pes etmiyor, bir de sakin ve etkin bir şekilde duygularıyla ihtiyaçlarını partnerlerine ifade edebiliyorlar. Güvenli insanlar ayrıca kendilerini sevgi ve şefkate değer buluyorlar, partnerlerinin de buna karşılık vermesini ve ilgili olmasını bekliyorlar. Bu inançlarla nasıl olumsuz düşüncelerin esiri olmadıkları, sakin ve aklıselim kaldıkları ve karşı tarafın olumlu davranacağını düşündükleri anlaşılıyor. Aslında bu tavır bulaşıcıdır. California Üniversitesi'nden Nancy Collins'in ana araştırma alanı içinde, yetişkinlikteki ilişkilerimizi şekillendiren sosyal ve bilişsel süreçler ve bu süreçlerin sağlığımız ve iyiliğimiz üzerindeki etkileri yer alıyor. Southern California Üniversitesi'nden Stephen Read, sosyal muhakeme ve davranışların sinir ağlarını çalışıyor. Bu iki uzman birlikte gerçekleştirdikleri çalışmada, güvenli bağlanan kişilerin etkin iletişim koçları kadar iyi olduklarını buldu. Başkalarının da kendini açmasını ve kişisel konularda konuşmasını sağlayabiliyorlar. Ama peki ya güvenli biri değilseniz?

KAYGILI BİRİYSENİZ...

İlişkinizde bir şeyler sizi rahatsız ediyorsa, olumsuz duyguların esiri olur ve uç düşünceler geliştirirsiniz. Güvenli birinin aksine, partnerinizin olumlu karşılık vereceğini düşünmez, tam aksini beklersiniz. İlişkinin kırılgan ve tutarsız bir şey olduğunu düşünür, her an yıkılabileceğini zannedersiniz. Bu düşünceler ve varsayımlar ihtiyaçlarınızı etkin bir şekilde dile getirmenizi zorlaştırır. Nihayet partnerinizle konuştuğunuzda, bunu genellikle bir patlama ânında, suçlayıcı, eleştirel ve tehdit eder bir tarzda yaparsınız. Partneriniz ihtiyacınız olan güvenceyi vermek yerine ortamı terk eder. Aslında Collins ve Read bunu çalışmalarında kanıtladılar: Kaygılı bireylerle çıkan erkeklerin kendini daha kapalı tuttuğunu ve diğerlerine kıyasla genel iletişim düzeylerinin daha düşük olduğunu gösterdiler. İhtiyaçlarınızı partnerinizi uzaklaştıracak bir şekilde (etkin iletişim yerine) ifade ettikten sonra tepkisel davranışı devreye sokarsınız – bu, yakınlık ve güvence ihtiyacınızı davranışlarınızla dışa vurmaktır. Böyle yaparak güçlü bir aracın faydalarından mahrum kalırsınız. Etkin iletişimin aksine tepkisel davranış, asla açık bir şekilde kaygılarınızı ifade etme şansı vermez. Partneriniz olumsuz karşılayabilir ama tepkisel davranışınıza mı yoksa ihtiyacınıza mı cevap veriyor bilemezsiniz. Mesela, aldattığından korktuğunuz için partnerinizi sürekli cep telefonundan arıyorsunuz. Nihayet bardak taşar ve sizden ayrılır. Yine tahmin yürütmek zorunda kalırsınız: Acaba çok fazla yapışarak onu uzaklaştırdınız mı, yoksa sadece ona uygun kişi olmadığınız için mi bu kararı verdi, bilmiyorsunuz. Gerçek çekincenizin cevabını alamıyorsunuz. Kaygılarınızı önemseyecek, sizi rahatlatacak ve size kendinizi güvende ve seviliyor hissettirmek için elinden geleni yapacak biri mi, öğrenemiyorsunuz.

Bu yüzden, gayet anlaşılır olan incinme korkunuza rağmen, size tepkisel davranışı bırakacak, etkin iletişimi uygulayacak cesareti toplamanızı öneriyoruz. Şimdiye kadar etkin iletişimi kullanan tanıdığımız herkes uzun vadede buna müteşekkir oldu. Etkin iletişim çoğunlukla partnerinizin hislerinin ne kadar güçlü olduğunu göstererek sizi rahatlatır. Ve aranızdaki bağı güçlendirir. Bazı durumlarda da umduğunuz gibi bir karşılık alamazsanız ve her şeyi berbat ettiğinizi –başka bir şey söyleseydiniz ya da yapsaydınız kesin dönerdi– düşünseniz de şunu söyleyebiliriz ki, geçmişe bakan birinin ilişkiye dair önemli bir konuyu gündeme getirdiği için pişman olduğunu duymadık. Hatta etkin iletişimin onları *uzun vadede* doğru kişiyi bulmaya ya da halihazırdaki bağı güçlendirmeye yaklaştırdığını minnetle anlattılar.

Mesela Hillary. Güneşli bir cumartesi sabahı Steve'le Brooklyn Köprüsü'nde romantik bir yürüyüş planlıyordu. Fakat onu aradığında Steve çamaşır yıkadığını ve onu sonra arayacağını söyledi. Hillary'nin kızdığını gören arkadaşı, onu Steve'i tekrar aramaya ve çamaşırı yürüyüşten sonra bitirmesini söylemeye zorladı. Sonuçta çok güzel bir bahar günüydü. Hillary isteksizce aradı. Steve çamaşır işini bitirmek istediğini söylemekle kalmadı, o gün bir de hiç görüşmek istemediğini ekledi. Hillary yıkılmıştı. Arkadaşına aramasına sebep olduğu için kızdı. Çok fazla ilgili göründüğü için Steve'le olan şansını kaybettiğini düşündü. Aylar sonra ortak bir arkadaşları, Steve'in acı dolu bir boşanmanın ardından derin bir üzüntü içinde olduğunu ve biriyle ilgilenmekten –ilgilenebilmekten– ya da yeni bir ilişkiye başlamaktan çok uzak olduğunu anlattı. Hillary o sabah ısrarcı davranarak, Steve'in duygusal olarak ulaşılmaz oluşunun onda yaratacağı üzüntüden kurtulmuş oldu. O zaman arkadaşına Steve'le olan şansını mahvettiği için kızmıştı ama daha sonra arkadaşının ona ilişkilere dair önemli derslerden birini verdiğini fark etti: ihtiyaçlarını etkin bir iletişimle ifade etmek. Hillary ilk defa ilişkide kendini içtenlikle ve tam olarak ortaya koyduğunu hissetti – oyun yoktu. Steve'le işler istediği gibi gitmese de elinden gelenin en iyisini yaptığını biliyordu. Zamanla insanların ona kaba davranmasının kendi çekiciliği ya da cazibesiyle ilgili bir durum olmadığını keşfetti.

Ne istediğini mazeretsizce ifade etmenin ne kadar etkili olduğuna dair bir örnek daha:

Jena yıllar boyunca çaresiz görünmekten korkarak, çıktığı insanlara evlenmeyi ve çocuk sahibi olmayı çok istediğini açıkça söylemedi. 40 yaşına geldiğinde biyolojik saati her şeyin önüne geçti ve artık sevgili adaylarına ilk görüşmede anne olmak istediğini söylemekle kalmıyor, en kısa zamanda çocuk sahibi olmak isteyen adamlarla çıkmak istediğini de belirtiyordu. Birçok adamın bunu duyar duymaz aksi yöne kaçacağını düşünmesine rağmen –öyle de oluyordu– reddedilme korkusu Jena'nın artık en önemli çekincesi değildi. Birkaç adayı uzaklaştırdı ama Nate'le tanıştı. Nate, tehdit altında hissetmek bir yana, kendisi de tam olarak aynı şeyi istiyordu. Jena'nın ne istediğini bilmesi ve söylemekten korkmamasını rahatlatıcı buldu. Etkin iletişimi kullanmak işe yaramıştı. Bugün Jena ve Nate'in iki çocuğu var.

Siz de Hillary ve Jena gibi etkin iletişimi öğrenebilirsiniz. Kaygılı bağlanma stiline sahip olsanız ve bu sizin için korkutucu olsa bile.

KAÇINGAN BİRİYSENİZ...

İki kişiyi, birbirini anlamak ve birbiri tarafından anlaşılmak kadar yaklaştıran bir şey olmamasına rağmen, etkin iletişimin mesafeyi seven kaçıngan kişilere de verebileceği şeyler var. Kaçıngan biri olarak, genellikle mesafe ve ayrılık ihtiyacınızın farkında olmazsınız – gitme isteği duyarsınız ama nedenini anlayamazsınız. Bu his geldiğinde partnerinizi eskisi kadar çekici bulmamaya başladığınızı düşünürsünüz, bu durumda da zaten konuşacak ne kalmıştır ki? Karşınızdaki belli ki "o kişi" değil, o zaman bu acıyı neden sürdüresiniz? Fakat kendinizi birbiri ardına başarısız ilişkilerde bulursunuz, aynı döngüyü defalarca tekrarlarsınız. Kaçıngansanız, ilk adım çok yakınlaştığınızdaki alan ihtiyacınızı –fiziksel ya da duygusal– kabul etmek ve bu ihtiyacı ifade etmeyi öğrenmektir. Partnerinize çok duygusallaştığınızda yalnız zaman geçirmek isteyebileceğinizi, bunun onunla ilgili olmadığını, *hangi* ilişkide olursanız olun (bu kısım önemli) buna ihtiyacınız olduğunu önceden açıklayın. Bu onların endişelerini bastırır ve bağlanma sistemlerini bir şekilde sakinleştirir. Böylece size yaklaşmak için çabalamaya (ki bu sizi en rahatsız hissettirecek şey) çalışmazlar. Ayrıca partnerinizle kaçma-kovalama dinamiği dışında bir ilişki kurma şansınız olur.

Kaçıngan bağlanma stiline sahip Andres, Monica'yla yirmi beş yıldır evliyken bağışıklık sistemiyle ilgili ilerleyen bir hastalığı olduğunu öğrendi. Hastalığının tedavisi olmadığı söylendi ama yaşı düşünüldüğünde beklediğinden daha kısa yaşamayacak gibi görünüyordu. Düzenli kan testleri yaptırması gerekiyordu. Andres bunu öğrenmenin şokunu atlattıktan sonra durumuyla ilgili tüm düşünceleri uzaklaştırmayı ve hayatına devam etmeyi başardı. Fakat Monica bunu yapamadı. Ona göre "her şey normalmiş" gibi yaklaşmak yanlıştı. Andres'i başka bir doktorun görüşünü almaya ve internette durumuyla ilgili araştırma yapmaya ikna etmeye çalıştı. Andres bu konuşmalardan kaçınıyor, tıbbi önerileri duymazdan geliyor ve zaman zaman aralarında ciddi çatışmalar oluyordu. Birkaç öfke dolu ayın ardından Monica'ya konuyu açtı. Endişe ve kaygı duyduğunu biliyordu ama yardım etmek yerine ona durumunu tekrar tekrar hatırlatıp duruyordu. Doktoruna güveniyordu ve daha fazla sorgulamaya gerek duymuyordu. Monica'nın davranışının, sağlığını iyileştirmekte faydasız olduğu kadar ilişkilerine de zarar verdiğini hissediyordu. Monica, Andres'e yardım etmediğini fark etti – bu, böyle bir teşhisle onun başa çıkma şekliydi, Andres'in değil. Kendi isteklerini dayatmak yerine onun isteklerine saygı duyarak daha iyi ve destekleyici bir eş olabileceğini anladı. O zamandan beri Monica kendini (tamamen olmasa da) sansürlüyor ve bu da aralarındaki çatışmaları azaltıyor.

ETKİN İLETİŞİM KULLANARAK İLİŞKİDE İHTİYAÇLARIN KARŞILANDIĞINDAN EMİN OLMAK

Monique ve Greg birkaç aydır çıkıyorlar ve 4 Temmuz yaklaşıyor. Monique bir arkadaş grubuyla kutlamayı planlıyor ama Greg'i davet etmedi, en azından henüz. Greg buna giderek daha da öfkeleniyor. Bunun ne anlama geldiği konusunda endişe duyuyor. Monique onu gelip geçici biri olarak mı görüyor? Belki de ondan utanıyordur ve arkadaşlarıyla tanıştırmak istemiyordur? Greg bunu doğrudan soramıyor, çünkü fazla istekli ve muhtaç görünmekten korkuyor. Bunun yerine kapalı mesajlar veriyor: "4 Temmuz'da ne yaparım henüz bilmiyorum. Birkaç teklif var ama hangisini değerlendireyim karar veremiyorum." Aslında başka planı yok ama davet edilmek için olta atmış görünmek istemiyor. Monique bu mesajları okumuyor: Gerçekten fikirlerini paylaştığını zannediyor ve yardım etmeye çalışıyor. Bu noktada Greg vazgeçiyor, yani bu mesajlardan sonra bile Monique onu davet etmemeyi seçtiğine göre, belli ki gelmesini istemiyor. İçi öfke doluyor ve Monique'in onun için doğru kadın olup olmadığını uzun ve derin bir şekilde düşünmesi gerektiğine karar veriyor.

Peki Greg etkin iletişimi kullansaydı ne olurdu? Kaygılı bir bağlanma stili var, etkin iletişim onun içinden gelen bir yol değil. O, tepkisel davranış sergilemeye alışık. Fakat farklı bir yol seçiyor. Monique'e dönüp, "4 Temmuz'u seninle geçirmek istiyorum. Benimle ve arkadaşımla gelmek mi istersin, yoksa benim sana katılmamı mı tercih edersin?" diyor... Bu soruya Monique'in yanıtı şöyle oldu: Onu davet etmeyi düşünmediğini, çünkü liseden eski arkadaşlarıyla takılmanın Greg'in hoşlanacağı bir şey olmadığını sandığını anlattı. Ama madem istiyordu, neden olmasındı? Greg basit bir soruyla istediği cevabı aldı. Daha da önemlisi, bu ilk başarılı girişimin ardından ikisi için de açıkça konuşmak kolaylaştı.

Monique farklı bir karşılık verse ve Greg'in isteği geri çevrilse ne olurdu? Etkin iletişimde her zaman olduğu gibi, her şekilde kazanırsınız. Monique isteğini reddetse ve konuyu hızla değiştirse bile, Greg önemli bir şey öğrenmiş olurdu. Monique'in onun ihtiyaçlarına ve hassasiyetlerine karşılık vermesi konusunda (Greg'in kaygılı varsayımlarının dışında) uyarı işaretini fark ederdi. Greg'in Monique'ten hemen ayrılması gerektiğini söylemiyoruz. Fakat bu bir işaret kabul edilebilir. Bu tür birkaç girişim Greg'in aşkı başka yerde aramasını sağlayabilir.

ETKİN İLETİŞİMİ NE ZAMAN KULLANMALIYIM?

Bize etkin iletişimi ne zaman kullanmak gerektiği sorulduğunda otomatik cevabımız, "Her zaman," oluyor. Fakat sıklıkla, "Peki her ilişki sorununu hemen gündeme getirmeli miyiz? Ben kaygılı biriyim, yani bu aklımdan geçen her endişe ve şüpheyi dile getireceğim anlamına gelir ki gerçekten epeyce fazlalar," dendiğini işitiyoruz. Genellikle sizi rahatsız eden şeyleri belirleyip olumlu karşılık aldığınızda tüm tutumunuz değişir. Kaygılar ve korkular iletişim kurmadığınızda ve biriktirdiğinizde daha çok üste çıkar.

Fakat etkin iletişimi tam anlamıyla kullanana kadar en azından şu temel kuralları önerebiliriz:

- **Kaygılı biriyseniz:** Tepkisel davranış sergilemeye başladığınızı hissettiğinizde etkin iletişime geçin. Partneriniz bağlanma sisteminizi harekete geçiren bir şey söylediğinde ya da yaptığında (veya söylemek ya da yapmaktan kaçındığında) ve kendinizi davranışlarınızla tepki koymaktan alamadığınızda –telefonları yanıtlamamak, ayrılmakla tehdit etmek ya da başka bir tepkisel davranış– durun. Sonra gerçek ihtiyaçlarınızı bulun ve tepkisel davranmak yerine etkin iletişim kullanın. Fakat tamamen sakinleştikten bir gün sonra (kaygılı biri için bu bazen bir iki gün sürebilir).
- **Kaçıngan biriyseniz:** Etkin iletişimi kullanma zamanı, içinizde kaçınılmaz bir gitme isteği uyandığı an olabilir. Etkin iletişimi kullanarak partnerinize, biraz alana ihtiyacınız olduğunu ve bunu onun kabul edeceği şekilde yapmanın bir yolunu bulmak istediğinizi açıklayın. Birkaç seçenek

sunun, karşı tarafın da ihtiyaçlarını göz önünde bulundurduğunuzdan emin olun. Böyle yaparak ihtiyacınız olan molaya sahip olacaksınız.

UNUTMAYIN, YANLIŞ ADIMLA BAŞLASANIZ BİLE ETKİN İLETİŞİM KURMAK İÇİN HİÇBİR ZAMAN GEÇ DEĞİL

Larry bir cumartesi günü işyerinden rahatsız edici bir e-posta aldı. Bu esnada yedi yıllık partneri Sheila bir arkadaşıyla buluşmak için dışarıdaydı. Sheila spora gitmeden eşyalarını almak için eve uğradığında, Larry gergin ve sinirliydi: "Yine mi dışarı çıkıyorsun? Daha yeni gelmiştin. Hafta sonları yüzünü göremiyorum!" Ve bunu söylerken bile aslında adil davranmadığını biliyordu. Sheila bu yersiz saldırıya şaşırdı –Larry'nin onun planlarından haberi vardı– çünkü planlarını netleştirmeden önce isterse onunla evde kalmayı bile teklif etmişti. Ortam gerildi ve ikisi de bir süre konuşmadı. Larry sakinleşmek için bir şeyler okuduktan sonra davranışının neyle ilgili olduğunu fark etti. İşyerinden gelen e-posta yüzünden gergindi ve Shelia'nın güvenli yakınlığına ihtiyaç duymuştu. Fakat planlarını değiştirmesini rahatça isteyememişti. İçgüdüsel olarak tepkisel davranış sergilemişti, sırf bağlantı kurmak için kavga çıkarmıştı. Sheila'dan ihtiyaçlarını etkin bir şekilde ifade etmediği için özür diledi ve durumu açıkladı. Doğru mesaj ulaşınca Sheila da sakinleşti. İhtiyacı olan desteği verdi ve Larry de spora gitmesi için ısrar etti.

Larry başta tepkisel davranış sergilese de etkin iletişimin sonradan devreye girmesine rağmen buzları eritmeye yetebildiğini keşfetti.

ETKİN İLETİŞİMİN BEŞ İLKESİ

Etkin iletişim anlayışının kendisi gibi ilkeleri de çok doğrudan:

1. **Yüreğinizi ortaya koyun.** Etkin iletişim, duygularınız konusunda içten ve tamamen dürüst olmaktır. Duygusal açıdan cesur olun!

2. **İhtiyaçlarınıza odaklanın.** Anafikir ihtiyaçlarınızı ifade etmek. İhtiyaçlarınızı ifade ederken partnerinizin iyiliğini de göz önünde bulundurun. Sonunda incinecekse sizin de incineceğiniz kesin. Nihayetinde duygusal açıdan birlik içindesiniz. İhtiyaçlarınızı ifade ederken partnerinizin yetersizliklerine değil, *"ihtiyacım var, hissediyorum, istiyorum"* gibi sizin başarmak istediklerinize odaklanan fiilleri kullanmak faydalı olur.
   - *"Bu ilişkide güvende hissetmeye ihtiyacım var. Garson kızla sohbet ettiğinde kaygan zeminde olduğumu hissediyorum."*
   - *"Arkadaşlarının yanında bana karşı çıktığında kendimi aşağılanmış hissediyorum. Düşüncelerime saygı duyduğunu hissetmeye ihtiyacım var."*
   - *"Sana güvenebileceğimi bilmek istiyorum. Arkadaşlarınla bara gittiğinde beni aldatabileceğinden endişe duyuyorum."*
3. **Net olun.** Genel ifadelerle konuşursanız, partneriniz tam olarak neye ihtiyacınız olduğunu anlamayabilir ve bu da onun doğruyu yapabilme ihtimalini azaltır. Sizi tam olarak rahatsız eden şeyi belirtin:
   - *Geceleri kalmadığında...*
   - *Beni gün içinde aramadığında...*
   - *Beni sevdiğini söyleyip sonra lafını geri aldığında...*
4. **Suçlamayın.** Partnerinizi bencil, yetersiz ve eksik hissettirmeyin. Etkin iletişim, karşıdakinin eksikliklerinin altını çizmek ve sizi varmak istediğiniz noktadan uzaklaştıracak suçlamalar yaparak düelloya çevirmek değildir. Bu konuları tartışmak için sakin zamanlar seçin. Patlama noktasına geldiğinizde, etkin iletişim kullanma girişimi meselenin özüyle çelişir – sesiniz muhtemelen öfkeli ve yargılayıcı olur.
5. **Hakkınızı savunun, özür diler bir tavrınız olmasın.** İlişki ihtiyaçlarınız meşrudur. Nokta. Farklı bağlanma stilindeki insanlar çekincelerinizi mantıklı bulmayabilir ama bunlar *sizin* mutluluğunuz için gereklidir ve onları kendinize özgü ifade etmek etkin iletişim için hayati önem taşır. Bu, özel-

Miranda'nın Yeni İlişki Kanunu: En Baştan Etkin İletişim

1966 yılında Yüksek Mahkeme tarafından Miranda uyarıları zorunlu kılınmıştı. Polisin, haklarını okuyarak insanları tutuklaması, yani "Mirandize etmesi" gerekiyordu. *"Sessiz kalma hakkına sahipsin. Söylediğin her şey mahkemede aleyhine delil olarak kullanılacaktır. Sorgu esnasında avukat tutabilirsin. Avukat tutacak paran yoksa, sana bir tane atanacaktır. Haklarını anlıyor musun?"*

Meslektaşlarımızdan biri olan Diane, kendisine Miranda kuralları sunan erkeklerle, yani onlarla çıkarken ne beklemeye "hakkı" olduğu konusunda kendisini bilgilendirenlerle dalga geçerdi. "Bağlanmaya hazır hissetmiyorum," derken, "Yürümezse, uyarmadı diyemezsin," demek istiyorlardı. Görünüşe bakılırsa, tıpkı bir şüpheliyi sorgularken yasal açıdan korunan polisler gibi, bu adamlar da Diane'e kanunları sıraladıktan sonra duygusal yükümlülükten kurtuluyordu.

Bu bağlanma prensiplerini kullanarak kendi güvenli (kaçıngan yerine) Miranda Kanunlarınızı yaratabilirsiniz. İnsanlar âşık olduğunda ruhlarını karşıdaki insanın avuçlarına tamamen bırakır ve korumasını beklerler; iki tarafın da bunu koruması gerektiğine ve ilişkinin yürümesi için sorumluluk almasına inandığınızı söyleyebilirsiniz.

Partnerinize sevgi ve ilişkiler konusunda güvenli bir model sunarak, kendiniz için de en baştan güvenli bir bağ kurmuş olursunuz:

- Yüreğinizi ortaya koyarsınız.
- Karşı tarafın verdiği tepkiyi hemen görürsünüz.
- Kendinize ve partnerinize aradığınız güvenli ve karşılıklı bağı vermiş olursunuz.

likle kaygılı bağlanma stiline sahipseniz önemli bir nokta, çünkü kültürümüz ihtiyaçlarınızın çoğunun mantıksız olduğu fikrini destekler. Fakat başka biri için mantıklı olup olmaması mesele değil. İhtiyaçlarınız sizin mutluluğunuz için gerekli ve önemli olan da bu.

ETKİN İLETİŞİME GİRİŞ

Başlarken

Etkin iletişime alışık değilseniz, vermek istediğiniz mesajı açık ve kesin bir şekilde yazmak çok faydalı olabilir. Bunu öfkeliyken yapmamak daha iyi olur ve ihtiyaçlarınızı karşılamak için, partnerinizi kıskandırmak gibi dolaylı stratejiler kullanmanızı tavsiye eden arkadaşlarınızı görmezden gelmeniz de önemlidir. Mümkünse bağlanma konusunda danıştığınız kişiden, güvenli bağlanan bir arkadaşınızdan ya da etkin iletişimin ilkelerine aşina birinden doğru kelimeleri seçmekte yardım isteyebilirsiniz. İçerikten emin olduğunuzda, kulağa nasıl geldiği konusunda rahat edene kadar kendi kendinize tekrarlayın. Yazmak sizi rahatlatabilir, korkularınızı aşarsınız ve "repliklerinizi" unutmazsınız. Böylece partnerinize güvenle hitap etmeniz kolaylaşır. Bir kere yaptıktan ve olumlu etkilerini gördükten sonra etkin iletişim bir parçanız haline gelecek.

Egzersiz: Metninizin konusunu belirlemek için aşağıdaki soruları yanıtlayın.

Bu ilişkide kendimi neden zor ya da güvensiz (harekete geçmiş ya da devre dışı kalmış) hissediyorum? Partnerimin yaptığı hangi hareketler bana böyle hissettiriyor? (6. Bölüm'deki envanter işinize yarayabilir.)

1. ____
2. ____
3. ____

Partnerimin hangi davranışları bana kendimi güvende ve sevilmiş hissettirirdi?

1. ____
2. ____
3. ____

Yukarıdaki davranışlardan hangisini en rahat şekilde gündeme getirir ve konuşurum?

Bu son soruya cevabınız, etkin iletişiminizin konusuna rehberlik edecektir. Şimdi etkin iletişimin beş prensibine bağlı kalarak bu konuya odaklanan kısa bir metin yazın.

Metnim:

Aşağıdaki örnekleri gözden geçirin. Etkin olmayan bir iletişim farklı yorumlara açıkken, etkin iletişimin tek ve belli bir anlamı oluyor. Bu yüzden partnerinizin etkin iletişime karşılığı, etkin olmayan iletişim ya da tepkisel davranıştan çok daha fazla şey söyler.

Durum	**Etkin Olmayan İletişim/Tepkisel Davranış**	**Etkin İletişim**
İşyerinde hep çok meşgul ve onu göremiyorsunuz.	Onu birkaç saatte bir arayıp durun ki, aklında olduğunuzdan emin olun.	Onu özlediğinizi ve geçici olsa da yeni çalışma düzenine uyum sağlamakta zorlandığınızı anlatın.
Konuşurken sizi gerçekten dinlemiyor, bu da size kendinizi önemsiz ve anlaşılmamış hissettiriyor.	Diyaloğun ortasında kalkın ve (peşinizden gelip özür dileyeceğini umarak) başka bir odaya gidin.	Karşılık vermediği sürece dinlemesinin yeterli olmadığını açıkça anlatın. Düşüncelerine herkesinkinden fazla değer verdiğinizi ve ne düşündüğünün sizin için önemli olduğunu vurgulayın.
Eski sevgilisinden bahsediyor ve bu size güvensiz hissettiriyor.	Eski sevgilisinden bahsedip durmasının zavallıca olduğunu söyleyin *ya da* birlikte olduğunuz diğer adamlardan bahsedin ki nasıl bir his olduğunu anlasın.	Eski sevgilisinden bahsetmesinin size kendinizi yetersiz hissettirdiğini ve ondaki yerinizden emin olmadığınızı anlatın. Biriyle mutlu olmak için güvende hissetmeniz gerektiğini söyleyin.
Plan yapmak için hep son dakikada arıyor.	Bunu her yaptığında meşgul olduğunuzu söyleyin. Zamanla önceden aramayı öğrenir.	Onu ne zaman göreceğinizi bilmediğinizde rahatsız hissettiğinizi ve bir dahaki buluşmanızda sonraki görüşmeleri kabaca belirlemenin iyi olacağını söyleyin.

Durum	**Etkin Olmayan İletişim/Tepkisel Davranış**	**Etkin İletişim**
Aramalarınızı yanıtlamıyor ve kendine uygun olan zamanda geri dönüş yapıyor.	Gülümseyin ve buna katlanın.	*Onun* aramalarına zamanında dönmenin sizin için önemli olduğunu anlatın ve aynı şekilde davransa ne kadar iyi hissedeceğinizi söyleyin.
Sizi birkaç gündür aramıyor. İlişkiyi bitirmek istediğinden endişe ediyorsunuz.	Nihayet aradığında ona meşgul olduğunuzu söyleyin. Bu ona gününü gösterir.	Ortadan kaybolmasının acı verdiğini ve ilişkide sevgiliniz için öncelikli olmanın en önemli ihtiyacınız olduğunu anlatın.

Etkin iletişimle bazı sorunların ânında çözülmeyeceğini hatırlamakta fayda var. Partnerinizin verdiği karşılık hayatidir; böylece iyiliğinizi önemsiyor mu, sizin için en iyisini düşünüyor mu ve meseleler üzerinde çalışmaya istekli mi, anlayabilirsiniz.

9

Sorunları Çözmek: Çatışmayla Baş Etmenin Beş Güvenli Yolu

KAVGA BİZİ DAHA MUTLU KILAR MI?

Romantik ilişkilerdeki çatışmalarla ilgili büyük bir yanlış kanı, iyi ilişkiler yaşayan insanların az kavga ettiğidir. İnsanlar iyi eşleştiğinde, partnerinizle aynı görüşlerde olacağınız ve nadiren kavga edeceğiniz düşünülür. Bazen kavgalar iki kişinin birbirine uygun olmadığının ve ilişkinin rayında gitmediğinin kanıtı olarak kabul edilir. Bağlanma teorisine göre, bu varsayımlar doğrulanmamıştır; tüm çiftler –güvenli bağlananlar bile– kavgalardan kendilerine düşen payı alırlar. Çiftler arasında değişen ve ilişkideki memnuniyet düzeylerini belirleyen şey ne kadar fazla fikir ayrılığı yaşadıkları değil, nasıl ve ne konuda aynı fikirde olmadıklarıdır. Bağlanma araştırmacıları çatışmaların, çiftlerin yakınlaşması ve bağlarını derinleştirmesi için bir fırsat olarak görülebileceğini öğrendi.

İki çift çatışma vardır: günlük konularla ilgili olanlar ve yakınlık temelli olanlar. 6. Bölüm'de, insanların birbirine ters düşen yakınlık ihtiyaçları olduğunda, iyi niyetli olsalar da nasıl çatıştıkları ve orta yolu bulmakta zorlandıklarına şahit olduk. Bu çatışan ihtiyaçlar yaşamın her alanına bulaşır ve bir tarafın sürekli taviz vermek durumunda kalmasıyla sonuçlanır. Günlük çatışmaların yakınlıkla ilgisi yoktur.

GÜNLÜK ÇATIŞMALAR

İsminden de anlaşılacağı gibi, günlük çatışmalar, farklı isteklere sahip farklı karakterlerin günlük hayatı paylaşması sonucu kaçınılmazdır – hangi kanalı izleyeceğiniz, klimayı hangi derecede tutacağınız, yemek için ne sipariş edeceğiniz gibi. Bu tür anlaşmazlıklar iyidir, çünkü sizi birine bağlı olarak yaşamaya zorlar ve uzlaşmayı öğrenirsiniz. Bir insana verilecek en zalimce ceza onu yalnızlığa mahkûm etmektir; bizler sosyal varlıklarız ve başkalarıyla ilişki içinde olduğumuzda en iyi şekilde yaşarız. Düşüncelerimizde ve davranışlarımızda esnek olmak zaman zaman konfor alanımızın dışına adım atmayı gerektirse de zihinlerimizi genç ve canlı tutar, hatta yeni beyin hücreleri üretilmesini sağlar.

Fakat bu kâğıt üstünde iyi görünürken –başka birinin ihtiyaçlarını ve tercihlerini kendininkilerle örtüşmese dahi hesaba katmak– uygulaması her zaman kolay olmaz. İlginçtir ki, güvenli bağlanan insanlar içgüdüsel olarak bunun nasıl yapılacağını bilir. Tartışmanın hararetini düşürmeyi ve gittikçe artan bir çatışmayı sakinleştirmeyi bilirler. Eğer kendinizi karşı tarafın çekincelerinizle içtenlikle ilgilendiği ve onları dikkate almaya istekli olduğu bir tartışmanın içinde bulduysanız, fikir ayrılığı yaşadığınız kişi muhtemelen güvenli bağlanan biridir. Fakat bu becerilerle donatılmamış olanlarımız için doğal bir yatkınlık söz konusu mu?

Aslında daha yakından baktığımızda, güvenli bağlanan kişilerin davranışının ardında yatan metodu görebiliriz. Mesele sihirli güçlerden çok faydalı çalışmalarla ilgili. Güvenli bağlanan kişilerin çatışmaları çözmekte kullandığı beş özel davranışı belirlemekle kalmıyoruz, ayrıca onların öğrenilebilir olduğuna da inanıyoruz.

Yetişkin bağlanma teorisi bağlanma stilimizi değiştirebileceğimizi defalarca ispatladı. Ve yeni bir ilişki becerisini öğrenmek için asla geç değildir.

ÇATIŞMALARI ÇÖZMENİN GÜVENLİ PRENSİPLERİ

Güvenli kişilerin partnerleriyle fikir ayrılığı yaşadıklarında kullandığı beş prensibe yakından bakalım.

Çatışma Çözen Beş Güvenli Prensip

1. Partnerinizin iyiliğini göz önünde bulundurmak.
2. O anki soruna odaklanmak.
3. Çatışmayı genellemekten kaçınmak.
4. Dahil olmaya istekli olmak.
5. İhtiyaçlarını ve duygularını etkin bir şekilde ifade etmek.

1. Partnerinizin iyiliğini göz önünde bulundurmak: Berkshires'da bir kulübe

Frank dışarıda olmayı ve ona ailesinden kalan Berkshires'daki yazlık evi çok seviyor. Sandy nefret ediyor. Çanta hazırlamak ve boşaltmak, trafikte hep uzun saatler kalmak onu canından bezdiriyor. Ona göre çektikleri eziyete değmiyor. İki tarafın da kendi isteklerine odaklanıp diğer tarafınkileri görmezden gelerek mutsuz olduklarını fark etmesi birkaç kavga sonra oldu. Boş zamanlarını farklılıklarına rağmen birlikte geçirecekleri bir sistem buldular. Artık Sandy şehir hayatının ne zaman Frank'e fazla geldiğini hissetse, fedakârlık yaparak onu ormanda yürüyüşe götürüyor. Aynı şekilde Frank de Sandy'nin seyahatte fazla yorulduğunu fark ettiğinde evde kalıyorlar – bazen uzun bir zaman boyunca. Bu tür durumlarda Frank, akıl sağlığını korumak için dışarıda yapacağı aktiviteler planlıyor. Mükemmel bir sistem değil, zaman zaman içlerinden biri kızıp şikâyet ediyor ama birbirlerine uyum sağlayabilmek için ellerinden geleni yaparak bunu çözebiliyorlar.

Frank ve Sandy iyi bir ilişkinin olmazsa olmazını anlıyorlar – karşı tarafın iyiliğinin kendinizinki kadar önemli olması. Partnerinizin ihtiyaçlarını görmezden gelmekle kendi duygularınız, memnuniyet seviyeniz ve hatta fiziksel sağlığınız da darbe alır. Çatışmalara genellikle bir tarafın kazandığı, diğer tarafın kaybettiği maçlar gibi bakarız: Senin dediğin ya da benim dediğim olacak. Fakat bağlanma teorisi bize mutluluğumuzun partnerimizinkine bağlı olduğunu ve tam tersinin de geçerli olduğunu söylüyor. Birbirinden ayrı isteklerine rağmen Sandy ve Frank bir ileri bir geri giden bir ritim tutturdular ve bu, birbirlerinin ihtiyaçlarına uyum sağladıkları için ikisini de memnun etti. Bağlanma penceresinden bakıldığında bu gerçekten mükâfat sayılacak bir deneyim.

2. O anki soruna odaklanmak: George'un dağınık evi

Kelly, "İlk çıktığımız zamanlar George'la evinin önünde dururduk ve beni davet etmezdi," diye anımsıyor. "Bana evinin yenilenmekte olduğunu ve bu halini görmemden rahatsız olacağını söylerdi. Şüpheci biriyimdir, mazereti bana mantıklı gelmedi. Hemen sonuca vardım, banyoda fazladan diş fırçası ve yatağında başka bir kadının iç çamaşırlardı olmalıydı. Keyfimin kaçtığını hissetti ve bana neler olduğunu sordu. Ben de bir şey sakladığının çok açık olduğunu söyledim ve buluşmamız tatsız bitti.

Fakat ertesi gün George beni eve davet etti. Beni içeri aldı, hatta merdivenlerden çıkarken kapıyı açıp bir kol hareketiyle, 'Hoş geldiniz, hoş geldiniz,' dedi. Ev gerçekten darmadağınıktı ama ikimiz de buna güldük ve aramızdaki tatsızlık sona erdi."

George durumu tersine çevirebildi, çünkü güvenli bağlanma stiline sahip biri. Verdiği karşılıklar doğal olsa da yakından baktığımızda herkes için doğal olmadığını görürüz. George o anki soruna odaklandı. Kaygılı bağlanma stiline sahip Kelly konudan uzaklaşarak kişisel suçlamalar yaparken, George onun tepkisel davranışını gördü ve onu gerçekten rahatsız eden şeyi buldu. Davranışı Illionois'da bağlanma laboratuvarının başındaki Garry

Creasey'nin araştırma sonuçlarına uyuyor. Garry Creasey bağlanma penceresinden çatışma yönetimine özel bir ilgi duyuyor ve yine Illoniois State Üniversitesi psikoloji bölümünden Matthew Hesson-McInnis'le birlikte güvenli insanların partnerlerinin bakış açısını daha iyi anladığı ve soruna odaklanabildiğini buldular. George, Kelly'nin korkularına cevap vererek, onları hızla ve etkin şekilde çözmeye çalışarak daha ilerideki bir çatışmayı önledi. Güvenli bir bağ kurmasından ikisi de faydalandı: Kelly onun iyiliğinden sorumlu hisseden bir partneri olduğunu ve George da olduğu halini, dağınıklığının kabul gördüğünü öğrendi. Belli bir sorunu çözmek için istek varsa, insanlar kendilerine kulak verildiğini hisseder ve bu iki tarafı da yakınlaştırır.

Fakat güvenli insanlar da meseleleri her zaman böyle asilce çözmez. Zaman zaman kontrolü kaybettikleri ve partnerlerinin ihtiyaçlarını görmezden geldikleri olur.

3. Çatışmayı genellemekten kaçınmak: Alışveriş turu

Terry ve Alex ellilerinin ortalarındalar ve güvenli bağlanma stiline sahipler. Yine de otuz yıldır devam eden bir kavgaları var. Terry, Alex'i çok detaylı bir alışveriş listesiyle –doğranmış domates, tam buğday ekmeği, Barilla marka makarna– markete gönderiyor. Alex birkaç saat sonra benzer ama tam olarak aynı olmayan ürünlerle dönüyor. Farklı marka bir makarna alıyor, doğranmış domates yerine domates püresi getiriyor. Terry sinirleniyor ve bunların kullanılamayacağını, markete kendisinin gitmesi gerektiğini savunuyor. Alex de öfkesine yeniliyor, getirdiklerini alıp evden hışımla çıkıyor. Doğru şeyleri almış olarak dönüyor ama anlaşmazlık yüzünden günleri berbat oluyor.

Terry ve Alex birbirlerini çokça önemseseler de kavga rutinlerine hiç dönüp bakmadılar. Düşünüp inceleselerdi başka bir çözüm bulmanın değerini anlarlardı. Alex ayakta uyuyan biri, marketteki detaylara dikkatini veremiyor, peki o zaman neden ikisi de onun beceremediği bir konuda ısrar ediyor? Terry için bu küçük detaylar hayati önem taşıyor. İstese de onları görmezden gelemiyor. Terry de tüm yükü üstlenmemeli. Yaratıcı bir çözüm gerekiyor.

Terry, Alex'i marketteyken arayabilir ve doğru şeyleri aldığından emin olabilir. Ya da internetten sipariş vererek, Alex'in gidip almasını sağlayabilir. Veya Alex evde ev işleri yaparken kendisi gidip alabilir. Daha az zorlandıkları akıp giden bir yol bulabilirler.

Bir şeye dikkat etmek lazım. Kavga etmelerine rağmen yıkıcı birçok tuzaktan kaçınmayı başarıyorlar. En önemlisi, çatışmanın diğer alanlara sıçrayarak kontrolden çıkmasına izin vermiyorlar. Birbirleri hakkında aşağılayıcı yorumlar ya da kırıcı genellemeler yapmıyorlar. Tartışmayı o anki konuyla sınırlı tutuyorlar ve işlerin çığırından çıkmasına izin vermiyorlar. Terry markete kendi gitmekle tehdit etse ve bunu zaman zaman yapsa da, tartışmayı "yetti artık" ya da "kendi yemeğini kendin yap o zaman, ben gidiyorum" şeklinde genişletmiyor.

4. Dahil olmaya istekli olmak

Yukarıdaki üç çatışmada da mesele sakince ya da patlayarak çözülüyor ama güvenli partner (ya da partnerler) fiziksel ve duygusal olarak "orada" kalıyor. George, Kelly'nin kişisel saldırısını içgüdüsel olarak görmezden geliyor, kırılmasının sorumluluğunu alıyor ve dahil olmaya devam ederek durumu tersine çeviriyor. Kaçıngan ya da kaygılı olsaydı, Kelly'nin sessizliği karşısında ortamı terk eder, daha fazla mesafe ve düşmanlık yaratarak karşılık verirdi.

Frank ve Sandy de ayak diremeye karar verebilirdi. Sandy, "Bak ne diyeceğim? Ne istersen yap, ben hafta sonlarını şehirde geçireceğim," deyip daha fazla tartışmamayı seçebilirdi. Frank de aynısını yapabilirdi. Köşeye sıkışıp birbirlerini özledikleri bir sürü mutsuz hafta sonu geçirebilirlerdi. Kalıp meseleyi çözmek istedikleri için, ikisine de uygun bir çözüm buldular ve bu süreçte birbirlerinin ihtiyaçlarına uyum göstermeyi öğrendiler.

5. İhtiyaçlarını ve duygularını etkin bir şekilde ifade etmek: Eşinin kız kardeşini ziyaret etmek

Tom o kadar yoğun çalışıyor ki, Rebecca onu hafta boyunca pek az görüyor ve kendini çok yalnız hissediyor. Cumartesileri genellikle yakında oturan kız kardeşini ziyaret ediyor. Tom bu ziyaretlere genellikle katılmıyor, evde kalmayı ve kanepede yayılmayı tercih ediyor. Bu genellikle sorun olmuyor ama bu cumartesi, özellikle yoğun geçen ve Tom'un evde pek olmadığı bir haftanın ardından Rebecca ona gelmesi için ısrar ediyor. Tom işle dolu haftanın yorgunluğuyla gitmemekte diretiyor. Rebecca hayırı cevap olarak kabul etmiyor ve ısrara devam ediyor. Tom da ayak diremeye devam ediyor. Sonunda Rebecca onun bencil olduğunu söylüyor, Tom televizyona dalıp konuşmuyor ve Rebecca yalnız gidiyor.

Rebecca kaygılı insanların tipik davranışını sergiliyor. Kocasının tüm hafta işyerinde daha çok zaman geçirmesi bağlanma sistemini harekete geçirdi ve yeniden bağ kurmaya ihtiyaç duyuyor. En çok ihtiyacı olan şey Tom'un ulaşılabilir durumda olması, onunla ilgilenmesi ve birlikte olmak istemesi. Fakat onu neyin rahatsız ettiğini doğrudan *söylemek* yerine tepkisel davranış sergiliyor – onu bencil olmakla suçlayarak kız kardeşine gelmesi için ısrar ediyor. Tom, Rebecca'nın birden bu kadar mantıksızca davranmasına köpürüyor; nihayetinde kız kardeşine gitmesinin zorunlu olmadığı konusunda anlaşmışlardı.

Rebecca şöyle söylese, Tom'un tepkisi farklı olabilirdi: "Kardeşime gitmekten nefret ettiğini biliyorum ama bu sefer benimle gelsen dünyalar benim olurdu. Bütün hafta seni pek görmedim ve daha fazla ayrı zaman geçirmek istemiyorum."

Bir kişinin sihirle zihninizi okumasını beklemek yerine duygusal ihtiyaçlarınızı etkin bir şekilde ifade etmek çok daha iyidir. Kulak verilmesi gereken aktif bir varlık olduğunuz anlamına gelir ve daha da zengin duygusal diyalogların yolunu açar. Tom, Rebecca'yla gelmese bile onu anlardı ve rahatlatacak başka bir yol bulurdu: "Gerçekten gelmemi istiyorsan gelirim. Ama dinlenmem gerek. Bu akşam baş başa dışarı çıkmaya ne dersin? Sana iyi gelmez mi? Sonuçta zaten kardeşine gelmemi gerçekten istiyor değilsin, değil mi? İkinizin sohbetini bozarım."

Çatışmayı Önlemek - Bağlanma Biyolojisine Giriş

Söz konusu çatışma olduğunda, mesele her zaman kimin kime ne yaptığı, nasıl uzlaşılacağı ya da kendinizi etkin bir şekilde ifade etmek bile değildir. Bazen bağlanmanın temel biyolojisini kavramak, çatışmayı daha çıkmadan önlemenizde yardımcı olur. Bir hormon ve nöropeptid olan oksitosin son yıllarda basında çok yer alıyor, bağlanma süreçlerinde büyük rolü var ve birkaç amaca hizmet ediyor: Kadınlarda doğumu başlatıyor, bağlanmayı güçlendiriyor ve sosyal uyum hormonu olarak biliniyor. Araştırmalara göre, güven ve işbirliğini artırdığı görülüyor. Orgazm ve sarılmak bile beynimizde oksitosin salınımını sağlıyor. Bu yüzden de adına "sarılma hormonu" deniyor.

Çatışma oksitosinle nasıl azaltılabilir? Bazen partnerimizle daha az kaliteli vakit geçiririz – özellikle başka beklentiler üzerimize yığıldığında. Fakat nörobilime göre, önceliklerimizi değiştirmemiz gerekiyor. Partnerimizle yakınlaşmayı ihmal ettiğimizde kendi oksitosin salınımımız da azalıyor ve çevremizle anlaşmaya hazır olmuyor, çatışmalara karşı daha kırılgan oluyoruz.

Bir dahaki sefere iş yetiştirmek için pazar sabahı yatak keyfini atlayacak olduğunuzda tekrar düşünün. Bu küçük hareket ilişkinizi sonraki birkaç günde yaşanabilecek çatışmalardan koruyabilir.

GÜVENSİZ İNSANLAR ÇATIŞMAYI NEDEN ÖNCEDEN GÖREMEZ?

Kaygılı ve kaçıngan zihin yapıları birkaç sebepten güvenli çatışma çözme prensiplerini kolayca benimseyemez. Kaygılılar için çatışma, partnerlerinin ihtiyaçlarına karşılık vermesi, reddetmesi ve terk edilmesi konusundaki temel kaygılarını tetikler. Fikir ayrılığı olduğunda olumsuz düşüncelerle dolar ve tepkisel davranışla karşılık vererek partnerin dikkatini çekmeyi amaçlarlar. Sert suçlamalarda bulunur, ağlar ya da partnerlerini sessizlikle cezalandırırlar. Partnerlerinin, ihtiyaçlarıyla ilgilenmeyeceğinden korkarak, dikkat çekmek için gerçekten etkilemeye ihtiyaç duyarlar. Partnerlerin buna karşılığı ne kadar coşkulu olsa da, genellikle işe yaramaz.

Kaçıngan bağlanan insanlar da ihtiyaç duyduklarında partnerlerinin orada olmayacağı ihtimalinden endişe duyar. Fakat bu inançlarla baş etmek için tam tersi yolu seçerler – yakınlık isteklerini duygusal açıdan bastırırlar ve bağımsızlık rolüyle savunmaya geçerler. Çatışma kişiselleştikçe, durumla aralarına mesafe koyma dürtüleri artar. Partnerden daha uzak hissetmek için devre dışı bırakma stratejilerine (partnerde kusur bulmak gibi) başvururlar.

Gary Creasey'nin iki son sınıf öğrencisi Kathy Kershaw ve Ada Boston'la birlikte yaptığı bir diğer çalışmada, kaygılı ve kaçıngan kişilerin güvenlilere kıyasla daha az çatışma çözme taktiği kullandığı, daha çok öfke gösterdiği, ortamı terk etme ve gerginliği artırma eğiliminde olduğu bulundu. Çatışmaya karşı tavırlarındaki benzerlik –partnerlerinin ulaşılır olmadığındaki temel inançları ve ihtiyaçlarını etkin şekilde ifade edememeleri– bu bulguyu açıklıyor.

PAUL VE JACKIE'NİN ÇOCUK SORUNU

Jackie ve Paul bir yıldan fazladır görüşüyor ve çoğunlukla geceleri birlikte geçiriyorlardı. Paul'ün Jackie'nin henüz tanışmadığı üç çocuğu vardı. Jackie'nin arkadaşları ve ailesi bu durumdan endişe duyuyor ve ilişkinin nereye gideceğini merak ediyorlardı.

Jackie meseleyi gündeme getirmek istedi, Paul doğru zaman olmadığını düşünüyordu – çocukların hayatındaki istikrarı korumak onun için en önemli şeydi. Paul her iki hafta sonundan birinde çocuklarıyla olduğunda Jackie için ulaşılmaz oluyordu ve Jackie konuyu tekrar açacak olursa ilişkilerinin tehlikeye gireceğinden korkuyordu. Hatta uygun oldukları durumlarda bile –Paul'ün onu ne kadar sevdiğini söylediği ve birlikte ev almaktan bahsettiği zamanlarda– Jackie çocuklarla ilgili sessiz kalıyor ve onun sevgi dolu sözlerine karşılık vermiyordu. Paul gerçekten yakın olmak istiyorsa, onu hayatının tamamına, çocuklarla olan kısmına da alırdı.

Jackie'nin ailesi yemeğe geldiğinde Paul çocuklarından ve ne kadar harika olduklarından bahsedip durdu. Tatlıdan sonra Jackie'nin babası onunla yürüyüşe çıkmayı teklif etti. Ona çocuklarının harika olduğunu ve Jackie'nin de onlarla kısa zamanda tanışacaklarını umduğunu söyledi. Çünkü karısı ve o Paul'den hoşlanıyor ve ilişkilerinin ilerlediğini görmek istiyorlardı. Paul ilişkileri konusunda ciddi olduğunu söyleyerek onu rahatlattı. İkisi de Jackie'ye bu konuşmadan bahsetmedi.

Ertesi hafta Jackie, Paul'un neden bu kadar sessiz olduğunu ve sorularına "evet, hayır, bilmiyorum" gibi kısa yanıtlar verdiğini anlamadı. Sonunda sorunun ne olduğunu sordu. Paul patlayarak yanıt verdi; çocuklarından bahsettiği için babasının onu eleştirmesinden şikâyet etti ve defalarca duygularını ifade etmesine rağmen anlaşılamadığını söyledi. Jackie de onun hayatının bu kadar büyük bir kısmının dışında kalırken, kendini açmanın zor olduğunu anlattı. Paul tartışmaya katılmak yerine kalktı, eşyalarını topladı ve "biraz alana" ihtiyacı olduğunu söyleyerek gitti. Birkaç hafta sonra döndü ama konuyu tartışmaktan kaçındılar ve baştaki hallerine döndüler.

Güvensiz bağlanma stiline sahip insanların tipik özelliği olarak, Jackie ve Paul çatışmayı ele almanın tüm güvenli yollarını ihlal etti. İkisi de ihtiyaçlarını etkin şekilde ifade etmedi, o anki konuyu –Jackie'nin çocuklarla tanışması– konuşmayıp başka sebeplerden tartıştılar. Paul'ün bu konudaki görüşü kesindi –emin olmadan çocuklarını biriyle tanıştırmak istemiyordu– ve Jackie onun sevgi ifadelerine asla karşılık vermedi. Jackie'ye iki haftada bir ayrı olmanın onu rahatsız edip etmediğini sormak da Paul'ün aklına gelmedi. Onu sevdiğini söylemesine rağmen, çocuklar söz konusu olduğunda Jackie'nin hislerinin ne olabileceğini göz ardı etti (tam da bir kaçıngan tavrı). Ayrıca Jackie çocuklarla tanışma konusunu sık açmadığı için umurunda olmadığını da düşünüyordu.

Öte yandan Jackie çocuklarla tanışma konusunu artık açmıyordu, çünkü kaygılı biriydi ve taleplerde bulunmanın ilişkiyi tehlikeye atacağından endişe duyuyordu. Paul'ün, ilişkilerinin "bu çabaya değmeyeceğine" karar verme ihtimalinden korkuyordu.

Paul, Jackie'ye babasıyla geçen diyaloğu anlatmayarak güvenli prensiplerden kaçınmış oldu. Daha da beteri, nihayet konuştuklarında, konuya dahil olmak yerine tamamen çekildi. Güvensiz bağlanma stiline sahip insanlar, partnerlerinin onların ihtiyaçlarını yanlış anlayacağı ve ilgisiz davranacağı fikriyle hareket ederler. Bu yüzden ihtiyaçlarını etkin bir şekilde dile getirmenin işe yaramayacağını düşünürler. Paul, Jackie sorana kadar öfkesini biriktirdi, bu yüzden ipler koptu ve ona saldırdı. Güvensiz olan Jackie de durumu kurtarmayı başaramadı. Onu sakinleştirip kavgayı dindirmek yerine karşı ataklarda bulundu. Kaygılı olduğu için Paul'ün sözlerini kişisel reddedilme olarak aldı ve savunmaya geçti. Ne yazık ki ikisi de incinmelerinin arkasında yatan büyük resmi ve diğer tarafta neler olduğunu görmedi.

Temel kural hassas konuları –partnerin çocuklarıyla tanışmak gibi– daima konuşmaktır. Konuşulmasa bile bunların önemli olduğunu unutmayın. Hemen bir çözüme ulaşmanız beklenmez ama en azından birbirinizi dinlemeye açık olursanız, iki taraf da kırgınlığını gömmez ve gelecekte kontrolsüzce patlamaz. Ve tabii bir konunun görmezden gelinmek yerine tartışılması daha iyi olacaktır.

GÜVENLİ PRENSİPLERİ NASIL KENDİNİZE UYGULARSINIZ

Güvensiz varsayımlar çatışmalara karışır. Özellikle merkeze kendi ihtiyaç ve kırgınlıklarınızı koymak çok fazla derde yol açar. Birinin ilişkiye duygusal olarak sizin kadar dahil olmadığından, sizin kadar yakın olmak istemediğinden korkmak anlaşılabilir. Fakat çatışma durumlarında zihnin bunlarla meşgul olması çok zarar verebilir. Kavganın ortasındayken bazı gerçekleri aklınızda tutmaya çalışın:

- Tek bir kavga ilişkiyi bitirmez.
- Korkularınızı ifade edin! Davranışlarınızı yönlendirmesine izin vermeyin. Sizi reddetmesinden korkuyorsanız, bunu söyleyin.

- Partnerinizin keyfinin kaçmasından kendinizi suçlu hissetmeyin. Çoğunlukla sizinle ilgili *değildir.*
- Partnerinizin ilgili, karşılık veren biri olduğuna *güvenin* ve ihtiyaçlarınızı ifade etmekten çekinmeyin.
- Partnerinizin sizin düşüncelerinizi okumasını beklemeyin. Aklınızdan geçenleri söylemediyseniz bilmiyor demektir!
- Partnerinizin sözleriyle neyi kastettiğini varsayımla bulmaya çalışmayın. Şüphe duyduğunuzda sorun.

Genel bir tavsiye: Çatışma durumlarında *en iyiyi* düşünmek daima işe yarar. En kötüyü beklemek –güvensiz bağlanan kişilerin tipik davranışı– genellikle kendini gerçekleştiren kehanet olur. Partnerinizin kırıcı olacağını ya da sizi reddedeceğini düşündüğünüzde, otomatik olarak savunmaya geçersiniz – ayrıca bir olumsuzluk kısırdöngüsü başlatırsınız. Fakat kendinize yukarıdaki "olumlu gerçekleri" –başta yarım ağızla da olsa– telkin edebilirsiniz, bu çabaya da değer. Olumlu gerçekler çoğu zaman diyaloğu doğru tarafa yönlendirir.

Kavga ânında şu alışkanlıklardan uzak durun:

Kaçınmak Gereken Güvensiz Çatışma Stratejileri

1. Konunun gerçek sorundan sapması.
2. İhtiyaçlarınızı ve isteklerinizi etkin bir şekilde ifade etmemek.
3. Kişisel saldırıya ve yıkıcı olmaya geçmek.
4. Kısasa kısas yapmak, partnerin olumsuzluğuna daha fazla olumsuzlukla karşılık vermek.
5. Ortamı terk etmek.
6. Partnerin iyiliğine odaklanmayı unutmak.

Paul ve Jackie'nin kavgası yakınlık temelliydi, günlük kavgalardan biri değildi. Soldaki "yapılmamalı" listesini en ufak bir tartışmada bile uygulamanın nasıl kolay olduğunu gösterdik. Birbirlerine duydukları aşka rağmen (1) gerçek sorundan uzaklaştılar ("baban çocuklarımdan bahsettiğim için beni eleştirdi"); (2) ihtiyaçlarını ve duygularını asla etkin bir şekilde açıkça dile getirmediler. Özellikle Jackie tarafında birçok şey söylenmeden kaldı, (5) duygusal olarak ortamı terk etti ve Paul'ün başka yollardan yaklaşma çabalarına karşılık vermedi. Bir haftalık sessizlikten (yine 5) sonra nihayet konuştuklarında (4) kısasa kısas yaptılar. Her ikisi de kendi çekincelerine dalmıştı ve (6) hem ilişki boyunca hem de o tartışma ânında karşı tarafın iyiliğine odaklanmakta zorlanıyorlardı.

ÇATIŞMA STRATEJİLERİ KONUSUNDA BİR ATÖLYE ÇALIŞMASI

Kendi çatışma taktiklerinizi tespit etmenin ve onları değiştirmenin ilk adımı, etkin ve etkin olmayan çatışma stratejilerini öğrenmek olacaktır. Aşağıdaki durumlara göz atın ve çiftlerin güvenli prensipleri mi, yoksa güvensiz prensipleri mi takip ettiğini belirleyin. Güvensiz yoldan gittiklerini düşünüyorsanız, kullanılabilecek güvenli yolları yazın.

1. Marcus, Daria ile çıkmaya başlamadan altı ay önce Brezilya'ya, çoğunlukla bekârların katılığı bir gemi seyahati planladı. Birlikte oldukları zamanın çoğunda Daria'nın evinde kaldığı için, Daria onsuz bu yolculuğa çıkmasından rahatsızdı ve gemi seyahatlerini sevmiyordu. Konuyu Marcus'a açtığında, "Yani her şeyi seninle yapmak zorunda mıyım? Sen zaten böyle gezileri sevmiyorsun, o zaman niye takıyorsun? Ayrıca parasını çoktan ödedim. Ne yani, üç bin dolar zarar mı edeyim?" dedi.

   Marcus'un tepkisi:
   ☐ Güvenli
   ☐ Güvensiz

Marcus'un kullandığı güvensiz taktikler:

____

____

Marcus'un kullanabileceği güvenli taktikler:

____

____

Cevap: Güvensiz. Marcus bir sürü güvensiz taktik kullanıyor. Önce ona saldırarak çatışmayı genelleştiriyor ("Ne yani, üç bin dolar zarar mı edeyim?") ve Daria'ya kendini muhtaç ve bağımlı ("Her şeyi seninle yapmak zorunda mıyım?") hissettiriyor. Daria'nın aldatılma korkusuna odaklanmıyor. Konuyu saptırmayı tercih ediyor ve mesele para ve Daria'nın ona ihtiyaç duymasıymış gibi konuşuyor.

Marcus'un kullanabileceği güvenli taktikler: Marcus'a verilebilecek en iyi tavsiye, o anki soruna odaklanması olurdu. Daria'nın çekincesi gerçek ve ona parmak basmadıkça bu mesele asla tam olarak çözülmeyecek.

2. İlk durumda, erkek arkadaşının tepkisi karşısında Daria geri çekiliyor. Konuyu açtığı için özür diliyor. Sonuçta bu geziyi daha tanışmadıkları zaman planlamıştı. Mantıksız, talepkâr ve bağımlı olduğu için kendini kötü hissediyor.

   Daria'nın tepkisi:
   ☐ Güvenli
   ☐ Güvensiz

Daria'nın kullandığı güvensiz taktikler:

____

____

Daria'nın kullanabileceği güvenli taktikler:

____

____

Cevap: Güvensiz. Marcus'un derdi ne? İlişkileri daha altı aylıkken Brezilya'ya bekârlarla gemi turuna mı çıkıyor? Daria sıkıntısını her şekilde dile getiriyor. Fakat çekincelerini açıkça anlatmak yerine teslim oluyor. Aklındakini söylerse ilişkinin biteceğinden korkuyor, o da meseleyi açtığı için özür dileyerek yarattığı hasarı tamir etmeye çalışıyor. Daria böyle yaparak ilişkiye yeni ve konuşulmayan bir bölüm eklemekte hemfikir oluyor: Duyguları ve çekinceleri önemli değil.

Daria'nın kullanabileceği güvenli taktikler: Etkin bir şekilde ihtiyaçlarını ifade etmeli. Marcus'a çekincelerini anlatmalı, gideceği seyahatin ilişkilerinin geleceği için onu ne kadar endişelendirdiğini söylemeli. Onun etkin iletişim kullanması karşısında Marcus'un tepkisi belirleyici olacak. Onu küçümsemeye devam ederse ve duygularını değersizleştirirse, Daria kendine uzun vadede böyle biriyle olmak isteyip istemediğini sormalı.

3. Ruth araba yolculuğunda John'a kızlarının matematikte zorluk çekmesinin onu endişelendirdiğini anlatıyor. John konuşma boyunca başını sallıyor ama pek bir şey söylemiyor. Birkaç dakika sonra Ruth patlıyor: "Bu neden sadece benim sorunum? O senin de kızın ama ilgileniyor gibi değilsin. Onun için endişelenmiyor musun?" Bu saldırı John'u şaşırtıyor. Birkaç dakika sonra, "Çok yorgunum ve araba kullanmak tüm enerjimi tüketti. Bu konu beni de endişelendiriyor ama yola bile zor odaklanıyorum," diyor.

   John'un tepkisi:
   ☐ Güvenli
   ☐ Güvensiz

John'un kullandığı güvensiz taktikler:

___

___

John'un kullanabileceği güvenli taktikler:

___

___

Cevap: Güvenli. Güvenli insanlar evliya değildir! Yorulabilir, zaman zaman sabırsız davranabilirler. Zihinleri herkes gibi çalışır. Anahtar nokta, çatışma çıktıktan sonra nasıl tepki verdikleridir. John'un Ruth ona saldırdığında savunmaya geçmediğine ve misilleme yapmadığına dikkat edin. Soruna odaklanıyor, doğrudan bir yanıt veriyor ("çok yorgunum") ve karısının kaygısını paylaşarak ("ben de endişeleniyorum") içten bir farkındalık gösteriyor.

John'un kullanabileceği güvenli taktikler: John iyi iş çıkardı. Gereksiz bir gerginliği savuşturdu ve partnerini sakinleştirdi. Onun da patlayarak, "Lanet olsun! Ne kadar yorgun olduğumu görmüyor musun? Kaza yapmamızı mı istiyorsun?" dediğini düşünün. Neyse ki karısının suçlamasının eleştiri değil gerginlik kaynaklı olduğunu anladı, gerçek sorunu ele aldı ve kızlarının iyiliğini düşünen partnerler oldukları konusunda onu rahatlattı.

4. Steve, Mia'yla birkaç haftadır çıkıyordu. Bir cuma günü öğlen arayıp o akşam arkadaşlarıyla barda kendisine katılmak isteyip istemediğini sordu. Mia şaşırdı, çünkü o hep baş başa buluşmak isterken, Steve neredeyse sürekli arkadaşlarıyla olacakları bir buluşma teklif ediyordu. "Benimle yalnız olmaktan korkmuyorsun değil mi? Isırmam," dedi şaka yaparak. Tuhaf bir sessizlikten sonra Steve yanıtladı, "Tamam, gelmek istersen beni ararsın," ve telefonu kapadı.

   Steve'in tepkisi:

   ☐ Güvenli

   ☐ Güvensiz

Steve'in kullandığı güvensiz taktikler:

____

____

Steve'in kullanabileceği güvenli taktikler:

____

____

Mia'nın tepkisi:
☐ Güvenli
☐ Güvensiz

Mia'nın kullandığı güvensiz taktikler:

____

____

Mia'nın kullanabileceği güvenli taktikler:

____

____

Cevaplar: Güvensiz. Steve dahil olmak yerine yüzleşmekten ya da yakın bir diyalog kurmaktan kaçınıyor, ortamı terk ediyor. Mia'nın aklından geçeni öğrenmeye çalışmıyor; ortadan kayboluyor.

Steve'in kullanabileceği güvenli taktikler: Öncelikle Steve'in ciddi bir ilişki peşinde olmadığı kesin. Aksi halde her buluşmaya arkadaş getirmeyi seçmezdi. Fakat yine de bu ilişkiyi yürütmek istiyorsa, Steve soruna odaklanmalı ve Mia'ya ne demek istediğini sormalı. Mia'nın söylediklerinin iğneleyici geldiği kesin ama Steve güvenli biri olsaydı bunu kişiselleştirmezdi. Mia'nın aklından ne geçtiğini görmeye çalışır ve ilişkiyi daha yüksek (ve yakın) bir noktaya nasıl taşıyacağını düşünürdü.

Peki ya Mia? Onun tepkisi de güvensizdi. İhtiyaçlarını etkin bir şekilde ifade etme girişimi biraz saldırıya benziyordu. Sonunda onu kızdırıp kızdırmadığı konusunda endişelenmeye, "Onu eleştirdiğimi mi düşündü acaba?" diye düşünmeye başladı.

Mia'nın kullanabileceği güvenli taktikler: Mia şöyle bir şey söyleyebilirdi: "Ben sürekli kalabalıkta olmak istemiyorum. Seninle baş başa olmak hoşuma gidiyor, ikimiz için plan yapmaya ne dersin?" (ihtiyaçlarını etkin bir şekilde dile getirmek). Steve'in tepkisi partnerinin ihtiyaçlarına kulak verip vermeyeceğini, yerine getirip getirmeyeceğini ortaya koyardı.

5. Yol kenarında bir kafede otururlarken Emma, erkek arkadaşı Todd'un gelip geçen kadınlara baktığını görüyor. "Bunu yapmandan nefret ediyorum. Çok aşağılayıcı," diyor.

   Sevgilisi masumca, "Ne demek istiyorsun?" diye soruyor.

   "Ne demek istediğimi biliyorsun. Gözlerini dikiyorsun."

   "Bu çok saçma! Nereye bakayım istersin? Ayrıca bakıyor olsam bile, güzel kadınlara bakmayan tek bir adam göster bakalım. Bunun bir anlamı yok."

   Todd'un tepkisi:
   ☐ Güvenli
   ☐ Güvensiz

Todd'un kullandığı güvensiz taktikler:

____

____

Todd'un kullanabileceği güvenli taktikler:

____

____

   Emma'nın tepkisi:
   ☐ Güvenli
   ☐ Güvensiz

Emma'nın kullandığı güvensiz taktikler:

____

____

Emma'nın kullanabileceği güvenli taktikler:

____

____

Cevaplar: Güvensiz. Todd, Emma'nın temeldeki kaygısını savuşturuyor – Todd başkalarına baktığında Emma kendini değersiz ve itici buluyor. Todd dahil olmak yerine ortamı terk ediyor. Önce ne söylediği hakkında bir fikri olmadığını belirtiyor, sonra da bunun erkek olmanın doğal bir parçası olduğunu söyleyerek sorunun önemini küçümsüyor. Bu olabilecek en kötü iletişim şekli. Hiçbir şey çözülmüyor. Davranışı hâlâ Emma'yı üzüyor ve ayrıca davranışına neden bularak yapmaya devam etmeye hakkı olduğunu söylüyor.

Todd'un kullanabileceği güvenli taktikler: Güvenli yaklaşım Emma'nın iyiliğini göz önünde bulundurmak ve etrafa bakarak ona kendini ne kadar kötü hissettirdiğini anladığını söylemek olurdu. Ayrıca davranışıyla ilgili neyin rahatsızlık yarattığını anlamaya çalışabilir, onu güzel bulduğunu söyleyebilirdi (o anki soruna odaklanmak). Bir daha aynı şeyi yaptığında kendisini uyarmasını isteyebilir, böylece davranışını değiştirebilirdi: "Üzgünüm. Alışkanlık olmuş. Ama şimdi bunun seni kızdırdığını ve saygısızlık olduğunu anlıyorum. Sonuçta sen farkında olmasan bile başka erkekler sana baktığında ben de öfkeleniyorum. Daha saygılı olacağım. Yanılırsam, bana hatırlatmanı isterim."

Emma'nın tepkisi: Güvenli. Emma etkin bir şekilde ihtiyacını dile getiriyor. Todd'a davranışının kendisine ne hissettirdiğini doğrudan ifade ediyor ve bunu suçlamadan yapıyor (durum göz önünde bulundurulduğunda, suçlaması da mümkün).

Emma'nın kullanabileceği güvenli taktikler: İyi iş çıkardı.

6. Dan'in kız kardeşi, Dan ve Shannon'ın çocuklarına bakmaya geliyor. Böylece ikisi baş başa zaman geçirmek için dışarı çıkabiliyor. Döndüklerinde Shannon yatmaya gidiyor ve Dan kız kardeşiyle sohbet ediyor. Sonrasında Dan sinirli bir şekilde odaya geliyor ve, "Kardeşim bebek bakarak büyük

bir iyilik yapıyor, en azından bir selam verebilirdin," diyor. Shannon da şöyle karşılık veriyor: "Gerçekten merhaba bile demedim mi? Gerçekten dikkatim dağılmış. Böyle yapmak istemezdim. Özür dilerim."

Shannon'ın tepkisi:
☐ Güvenli
☐ Güvensiz

Shannon'ın kullandığı güvensiz taktikler:

____

____

Shannon'ın kullanabileceği güvenli taktikler:

____

____

Cevaplar: Güvenli. Shannon bir sürü güvensiz tehlikeyi bertaraf ediyor. Çatışmayı genelleştirmiyor. Savunmaya geçmiyor ve karşı saldırıda bulunmuyor. Kısasa kısas yapmıyor. O anki soruna odaklanıyor ve sadece ama sadece ona karşılık veriyor. Bunu yaptığı için Dan'in sinirinin geçmesini beklemiyor, rahatsızlığı muhtemelen sürecek. Fakat Shannon onun öfkesini artırmamayı ve çatışmanın hararetlenmesini engelledi. Verdiği karşılık gösteriyor ki, çatışmaya güvenli açıdan yaklaşmak atom parçalamak sayılmaz. Muhteşem bir sözlü ya da psikolojik beceri gerektirmiyor. Sadece hepimizin düşebileceği tuzaklardan kaçınmayı gerektiriyor.

SONSÖZ

Bizlere göre, bu kitaptan alacağınız en önemli mesaj ilişkilerin şansa bırakılmaması olur. İlişkiler yaşamın sunduğu birçok armağandan öte, en değerli insan deneyimlerindendir. 300'den fazla üniversite öğrencisinin katıldığı bir araştırmada, öğrencilerin yüzde 73'ünün yaşamlarındaki hedeflerini romantik bir ilişki için feda etmeye razı olduğu ortaya çıktı. En yakın bağlarımıza yüklediğimiz bu önemin aksine, çoğumuz romantik ilişkilerin ardındaki bilim hakkında pek az şey biliyoruz ve yanlış algıların, efsanelerin esiri oluyoruz.

Yetişkin bağlanmasının ardından yatan bilimi titizlikle çalışan biz iki araştırmacı bile, zaman zaman hassas noktalarımıza dokunan romantik bir film izlediğimizde ya da bir aşk hikâyesi duyduğumuzda, kendimizi tanıdık düşünce döngülerini tekrarlarken buluyoruz. Yakın zamanda meşhur bir "esas adam esas kızı alır" filmi izlediğimizde bu oldu. Genç bir adam, güzel ve akıllı bir kadına tutkuyla âşık olur. Hayatının geri kalanını onunla geçirme isteğiyle dolar. Fakat kadın özgür ve bağımsız olmakta kararlıdır ve bunu daha baştan adama söyler. Hikâye boyunca kadın karışık mesajlar verir. Adama kur yapar ve onu kendine bağlar, böylece adama mutlu son ümidi verir. Fakat tam bir Hollywood numarasıyla kadın adamın kalbini kırar. Adam çok sonradan kadının hayatının aşkıyla evlendiğini ve sonsuza dek mutlu yaşadığını öğrenir. (Film burada bittiği için ancak bu kadarını biliyoruz.)

İlk tepkimiz, bütün seyirci gibi kadına âşık olmak oldu. Güçlüydü, tutkulu ve bağımsızdı – gerçek bir özgür ruh. Ve dürüsttü de. En başta adamı ciddi bir ilişki aramadığı konusunda uyarmıştı. Bu yüzden onu suçlayamazdık. Ayrıca adam onun için "o kişi" değildi (nihayetinde sonrasında "o kişi"yi bulduğunu öğrendik). Filmin büyük bir kısmında, kadının adama açılacağı ve adamın onu kazanacağı fikriyle büyülenmiştik. Film en başta bir aşk hikâyesi sunmayacağına dair ipucuyla başlamış olsa da, esas adam ve kadının günbatımına doğru el ele yürüyeceğini beklemekten vazgeçmedik.

Fakat tekrar düşününce, ilişkilere dair tüm yanlış fikirlere inandığımızı fark ettik. Romantik davranışların ardında yatan bilime kafa yoran bizler bile, eski –ve faydasız– inançlarımıza geri dönmüştük. Derindeki bazı köklü yanlış inançların düşünce biçimimizi etkilemesine izin vermiştik.

İlk yanlış değerlendirme, *herkesin aynı yakınlık kapasitesinde olduğuna inanmak.* Herkesin tutkuyla âşık olacağı fikrine (bu kısım doğru olabilir gerçi) inanarak büyütüldük ve bu gerçekleştiğinde âşık kişi bambaşka biri olup çıkıyordu (bu kısım doğru olamaz). Önceden nasıl biri olduklarından bağımsız olarak, insanlar "o kişi"yi bulduklarında, harika, sadık, destekleyici partnerler oluyorlardı – ilişki kaygılarından muaflardı. İnsanların farklı yakınlık kapasiteleri olduğunu unutmak çok cazip. Bir kişinin yakınlık ihtiyacı, başka birinin mesafe ve bağımsızlık ihtiyacıyla çakıştığında çokça mutsuzluk açığa çıkar. Bunun bilincinde olarak, ikiniz de kendi bağlanma ihtiyaçlarınıza uygun birini bulmak için (henüz bağlanmadıysanız) flört dünyasına yol alabilir ya da var olan ilişkinizdeki farklı ihtiyaçlara yeni bir anlayış katabilirsiniz – ilk ve en gerekli adım daha güvenli bir yöne doğru dümen kırmak.

İkinci yanlış anlama, evliliğin *her şey ve son durak* olduğu gerçeğine kurban gitmek. Romantik hikâyeler genelde orada bitiyor, hepimiz biri evlendiğinde, gerçek aşkın apaçık delili olduğuna inanma eğilimindeyiz: Evlilik kararı, gerçek yakınlık ve duygusal ortaklığa hazır oldukları anlamına geliyor. Evlilikte başarılı olup olmayacakları bir yana, insanların akıllarında bu hedef olmadan da evlenebileceğini kabul etmek istemiyoruz. Filmin hayal ettiğimiz sonuna inanmak istiyoruz: Evlenen herkes değişebilir ve eşine krallar kraliçeler gibi davranır (özellikle de bu iki kişi birbirine âşıksa).

Gerçekte insanlar evlilik yemininin uzun bir yolun başı olduğunu ve evliliklerin yarısının boşanmayla sonuçlandığını biliyor. Yine de çoğumuz evliliği, birinin "o kişi"yi bulmasının kanıtı olarak görüyor. Mutlu olacak ve partnerlerini mutlu edecekler. Fakat bu kitapta *birbirine uymayan bağlanma stillerinin evlilikte birbirlerini seven insanlar için bile mutsuzluğa yol açacağını* anlattık. Bu tür bir ilişkideyseniz, eksik ve memnuniyetsiz hissettiğiniz için kendinizi suçlamayın. Sonuçta en temel ihtiyaçlarınız karşılanmıyor, sadece sevgi bir ilişkiyi yürütmeye yetmez. Bu kitabı okuduysanız ve her birinizin hangi bağlanma stilinden geldiğini anladıysanız, artık bu sorunu bambaşka bir açıdan yaklaşarak çözebilirsiniz.

Üçüncü yanlış anladığımız şey, *duygusal ihtiyaçlarımızdan sadece kendimizin sorumlu olduğunu, partnerimizin bunda bir sorumluluğu bulunmadığını* sanmamız. Partner adayları bize ilişkinin başlarında Miranda kurallarını (bakınız 8. Bölüm) sunduğunda, haklarımızı okuyarak bize bağlanmaya hazır olmadıklarını söylediklerinde ve böylece iyiliğimizin sorumluluğunu üstlenmediklerinde, uzun süren ilişkilerde tek başına karar aldıklarında, ihtiyaçlarımızı göz önünde bulundurmadıklarında, bu kurallara kolayca uyuyoruz. Bu mantık insanlara doğal geliyor. Arkadaşlarımız, "Sana en başta bağlanmak istemediğini söyledi" ya da "Bu konuda ne kadar ciddi olduğunu söyledi, kimseyi değil kendini suçlamalısın," diyorlar. Fakat âşıksak ve ilişkiyi sürdürmek istiyorsak, bu çelişkili mesajları görmezden geliyoruz. Birinin duygularımızı kaba bir şekilde hiçe saymasının onu iyi bir partner yapamayacağını anlamak yerine bu tavrı kabul ediyoruz. Oysa kendimize sürekli hatırlatmalıyız: *Gerçek bir ilişkide, iki taraf da diğerinin duygusal iyiliğini kendi sorumluluğu olarak görür.*

Yanılgıları bir tarafa koyduğumuzda, hayattaki birçok durum gibi, filmin de farklı bir anlamı oluyor. Senaryo tahmin edilebiliyor ve gizemini yitiriyor. Bu artık "esas adam esas kızı alır" hikâyesi yerine "kaçıngan kaygılıyla tanışır" hikâyesi oluyor. Adamın yakınlığa ihtiyacı var ve kadın bundan kaçıyor. Kaderleri en baştan belliydi ama kahramanımız bunu görmedi. O kadının gidip başkasıyla evlenmesi, kaçıngan biri olduğunu ve evlilikten kendisinin (ya da kocasının) mutluluğunu sağlayamayacağı gerçeğini değiştirmez. Davranışını sürdürecek ve kocasını kendinden birçok şekilde uzaklaştıracak. Hepimizin bildiği gibi kahraman onun hayalet eski sevgilisi olacak.

Filmden öğrendiğimiz şey, hayatımız boyunca inandığımız kavramlardan vazgeçmenin ne kadar zor olduğu – bunlar ne kadar faydasız olsa da. Fakat bu fikirlerden kurtularak yükümüzü azaltmak gerekli bir adım, onlara tutunmak fazlasıyla yıkıcı olabilir. Bizi, olmadığımız biri gibi davranarak ve en temel ihtiyaçlarımızı göz ardı ederek mutluluğumuz ve özsaygımız konusunda ödün vermeye itiyorlar.

Nazilerin korkunç toplama kampından kurtulmuş bir nörolog ve psikiyatr olan Viktor Frankl kalan yıllarını hayatın anlamını kavramaya çalışarak geçirdi. *İnsanın Anlam Arayışı* kitabında, "Kimse bir diğer kişiyi sevmedikçe onun varlığının farkında olamaz. Onu sevdiğinde içindeki, henüz harekete geçmemiş ve geçecek olan potansiyeli görür. Dahası sevgisiyle, seven kişi sevilenin de bu potansiyelleri harekete geçirmesine sebep olur."

Herkesin Frankl'ın anlattığı türden bir sevgi deneyimi yaşamayı hak ettiğine inanıyoruz. Yaptığı tarif, bağlanma teorisinin anlamlı bağ tarifine dikkat çekici ölçüde benziyor. Partnerimiz güvenli dayanağımız oluyor, güç aldığımız duygusal çapamız olarak bizi dünyaya açılmaya teşvik ediyor, kendimizi gerçekleştirmemizi ve potansiyelimizi kullanmamızı sağlıyor. Partnerlerimiz olabileceğimizin en iyisi olmamıza yardımcı olmak için yanımızdalar, bizim de onların yanında olduğumuz gibi.

Bu Gerçekleri Unutmayın:

- Bağlanma ihtiyaçlarınız akla yatkındır.
- En yakın olduğunuz kişiye bağımlı hissetmek size kendinizi kötü hissettirmesin – bu genetik yapınızın bir parçası.
- Bağlanma açısından bakıldığında bir ilişki size kendinizi daha özgüvenli hissettirmeli ve huzur vermelidir. Öyle değilse, bu bir uyarıdır.

- Ve hepsinden önemlisi, tamamen kendiniz gibi olun – oyun oynamak ana hedefiniz mutluluktan sizi uzaklaştırır.

Umarız yirmi yıldan fazla süren araştırmaların sonuçlarından süzülen ilişkilere dair bilgelik içeren bu kitabı, romantik bağlarınızda mutluluk bulmakta ve hayatın her alanında yükselmekte kullanırsınız. Açıkladığımız bağlanma prensiplerine uyarsanız, hayatınızın en önemli deneyimlerinden birini kaçırmak yerine, derin ve tatmin edici aşkı bulmakta –ve korumakta– büyük şans elde etmiş olacaksınız!

TEŞEKKÜR

Bu kitabın yazımı sırasında bize yardım eden pek çok insana minnettarız. İlk olarak önemli destekleri için ailelerimize teşekkür ediyoruz. Ayrıca mükemmel editörlük çalışması ve sonsuz teşviki için Nancy Doherty'ye teşekkürlerimizi sunarız. Kesinlikle olağanüstü bir insan!

Temsilcimiz Stephanie Kip-Rostan'a yardımı ve bizi Tarcher'daki editörümüz Sara Carder'la tanıştırdığı için şükran duyuyoruz; bu çalışmayı sadece bir taslak halindeyken alıp kitaba "dönüştüren" odur. Sara'nın öngörüleri ve vizyonu çok kıymetli oldu. Çıkardıkları harika iş için tüm Tarcher ekibine teşekkür ederiz. Buna ek olarak, Eddie Sarfaty'ye, Jezra Kaye'e, Jill Marsal'a, Giles Anderson'a ve Smriti Rao'ya teşekkür etmek istiyoruz. Taslaktaki bölümlere yaptıkları çok değerli yorumlar için Ellen Landau ile Lena Verdeli'ye teşekkür ederiz. Tziporah Kassachkoff'a, Donald Chesnut'a, Robert Risko'ya, David Sherman'a, Jesse Short'a, Guy Kettelhack'e, Alexander Levin'e, Arielle Eckstut'a, Christopher Gustafson'a, Oren Tatcher'a, Dave Shamir'e, Amnon Yekutieli'ye, Christopher Bergland'a, Don Summa'ya, Blanche Mackey'ye, Leila Livingston'a, Michal Malachi Cohen'e, Adi Segal'a ve Margaret ile Michael Korda'ya da çok teşekkürler. Taslağa ilişkin cesaretlendirici sözleri ve sağladığı geribildirim için Dan Siegel'e özel bir teşekkür borçluyuz.

Samimi deneyimlerini ve şahsi düşüncelerini bizlerle paylaşan gönüllülere teşekkür ederiz. Ayrıca Uygulamalı Yetişkin Bağlanması anketimizi dolduran ve beta versiyonda geribildirim sağlayanlara da teşekkürler. Bu kişilerin her biri bize çok faydalı şeyler öğretti.

Yenilikçi bağlanma araştırmasının zengin mirası olmadan bu kitabı yazmak imkânsız olurdu. Bu alanda çığır açıcı keşiflerde bulunan araştırmacılara sonsuz bir borcumuz var. Onların sayesinde ilişkilere farklı –ve yaratıcı– bir bakış kazandık.

Rachel'dan

Modiin Eğitimsel Psikoloji Servisi'nin tüm çalışanlarına teşekkür ederim; son dört yıldır orada çalışıyorum. Onların bilgisi, öngörüsü ve kolektif bilgeliği daha iyi bir psikolog olmamı –hem terapist hem de tanı koyucu olma bakımından– sağladı. Bu destekleyici ve titiz ortamda çalışmak, sürekli öğrenmeme yardımcı olup ufkumu günden güne genişletti.

Shinui Aile ve Evlilik Terapisi Enstitüsü'ne, psikoterapide sistem perspektifiyle tanıştırdığı, semptomları olabilecek en geniş bağlamda görüp tedavi etmeye teşvik ettiği ve hayatımızdaki en yakın ilişkilerin güçlü etkisini hesaba katmamı sağladığı için teşekkür ederim. Ayrıca ilk terapi şefim Batya Krieger'e, teşviki ve rehberliği için teşekkürler.

Kariyerimin başlangıcında düşüncelerimi etkileyen insanlara özel bir teşekkür borçluyum; bunların arasında, sadece olağanüstü bir uzman ve öğretmen değil, aynı zamanda çok cömert bir insan olan Dr. Harvey Hornstein ile bilgeliği ve verdiği ilhamdan ötürü Dr. W. Warner Burke var – ikisi de Columbia Üniversitesi'nden.

Annemle babama minnettarlığımı ifade etmek istiyorum: Bu projenin hayata geçtiğini maalesef göremeyen babam Jonathan Frankel ile pek çok şekilde bana büyük yardımları dokunan annem Edith Rogovin Frankel'e. Ayrıca kocam Jonathan'a sevgisi, desteği, dostluğu ve bilgeliği için; üç çocuğuma hayatıma her gün derinlik ve mana kattıkları için minnettarım.

Amir'den

Son on iki yıldır, harikulade klinik tedavi uzmanları ve araştırmacılarla çalışma fırsatı bulduğum Columbia Üniversitesi psikiyatri ve nöroloji bölümlerinin benim için entelektüel bir yuva olması talihini yaşıyorum. Hayatımı ve düşüncelerimi zenginleştiren pek çok öğretmene, gözlemciye, mentora ve meslektaşa minnettarlık duyuyorum. Kariyerimi halen etkilemekte olan insanlara özellikle teşekkür etmek istiyorum: Bana analitik davranışı ve hastaları dinlerken yargılamaktan nasıl uzak durulması gerektiğini öğreten, Kudüs'teki Hebrew Üniversitesi'nden Dr. Rivka Eiferman; çalışmaları modern analitik düşüncenin özünün oluşmasına yardımcı olan ve psikoterapötik uygulamayı kendisinden öğrenme talihine eriştiğim Dr. Jacob Arlow; klinik tedavi uzmanı ve araştırmacı olarak gelişmemde çok önemli yerleri olan Dr. Lisa Mellman ile Dr. Ron Rieder; Columbia'daki Ebeveyn-Çocuk Projesi'nde Baş Araştırmacı olan, terapötik çocuk bölümünde ebeveyn ve çocuklarla çalışmamı sağlayarak beni bağlanma-temelli terapiyle tanıştıran Dr. Daniel Schechte; yıllar boyunca yaptığımız sohbetlerde çok şey öğrendiğim, bağlanmada uyuşturucu etkili sistemin önemini bana öğreten Dr. Abby Fyer; çocuklarla ve ergenlerle nasıl çok özel bir biçimde çalışılabileceğini bana öğreten Dr. Clarice Kestenbaum; ve benim için bir araştırma kariyerini mümkün kılan Dr. David Schaffer.

Ayrıca bana epidemiyolojik araştırmanın temellerini ve tıpta topluluk örneklerinin önemini öğreten Dr. Dolores Malaspina'ya; çocuklukta cinsiyet uyumsuzluğuyla ilgili literatürü benimle tartışan ve bilimsel literatürü eleştirel biçimde okumayı öğreten Dr. Bill Byne'a ve klinik öğretileri, bilgi ve deneyimi benimle paylaşan Dr. Ann Dolinsky'ye, David Leibow'a ve Michael Liebowitz'e teşekkür ederim. Yıllar boyu destekleri için Dr. Rene Hen'e; hayvan modellerindeki gelişimi araştırmaya yaklaşımı ve yetişkin fenotiplerdeki erken bağlanma etkileri üzerine örnek niteliğinde çalışmaları olan Dr. Myron Hofer'e teşekkürler.

Halihazırda birlikte çalıştığım meslektaşlarım Dr. Eric Kandel, Dr. Denise Kandel, Dr. Samuel Schacher ve Dr. Claudia Schmauss'a da hayranlığımı ve minnettarlığımı ifade etmek isterim. Onlarla çalışmak, zihnimi ve düşüncemi olabilecek en iyi şekilde genişletiyor.

Bana ilk nöroloji araştırmamı yapma fırsatı tanıyan Dr. Jimmy Schwartz'a; açık-kapı politikası ve aydınlatıcı tartışmaları dolayısıyla Dr. Herb Kleber'e; ilk uzun dönemli terapi şefim, bana uzun yıllar destek veren Dr. Francine Cournos'a özel teşekkürlerimi sunuyorum; ayrıca birlikte çalışma şansına eriştiğim, fikirlerinden çok faydalandığım bütün arkadaşlarıma ve meslektaşlarıma da teşekkür ederim.

Milli Sağlık Enstitüsü'ne, araştırmama halen verdikleri destek için teşekkürler, bu destek bu kitabın yazılmasına katkı sağladı.

Aileme özel minnettarlığımı ifade etmek istiyorum. Onların sağladığı güvenli dayanak, dünyayı araştırma cesareti verdi bana. Son olarak ister çocuk ister yetişkin olsun bütün hastalarıma, benimle sıkıntılarını ve umutlarını, hayal kırıklıklarını ve düşlerini paylaştıkları için teşekkür ederim. Onların hayatının bir parçası olmak beni daha iyi, daha zengin bir insan kıldı.